MÉTAPSYCHOLOGIE

SIGMUND FREUD

MÉTAPSYCHOLOGIE

Traduction de l'allemand par Philippe Koeppel

Introduction de Paul-Laurent Assoun
Vie et œuvre de Freud par Jacques Sédat

Champs classiques

Ce recueil de textes a paru pour la première fois dans la revue *Zeitschrift für Psychoanalyse*, sous les titres d'articles suivants :
— « Triebe und Triebschiksale », Band II, 1915
— « Die Verdrängung », Band III, 1915
— « Das Unbewusste », Band III, 1915
— « Metapsychologische Ergänzung zum Traumlehre », Band IV, 1916
— « Trauer und Melancholie », Band IV, 1916
lesquels articles ont été reproduits et regroupés dans les recueils suivants :
— *Sammlung kleiner Schriften zur Neurosenlehre*, Band IV, Verlag Hugo Heller & Co, 1918
— *Gesammelte Schriften*, Band IV, Verlag Hugo Heller & Co, 1924

Le titre collectif *Métapsychologie* n'est apparu que dans les recueils, à partir des *Gesammelte Schriften* de 1924.

ISBN : 978-2-0812-5753-5

Introduction

La métapsychologie ou le nom propre de la psychanalyse

« Il faut donc bien que la sorcière s'en mêle. Entendez : la sorcière métapsychologie. Sans spéculation ni théorisation – pour un peu, j'aurais dit fantasmation – métapsychologiques, on n'avance pas d'un pas ici. »

Ainsi Freud, à la fin de son œuvre [1], situe-t-il la « métapsychologie », pour signifier que, lorsque la quête clinique se heurte à une perplexité majeure, il lui faut répéter cet appel faustien à ladite sorcière [2]. Moment « spéculatif » qui n'apparaît qu'une fois que la loi inconditionnelle du fait se soit heurtée à une difficulté – ce qui crée la nécessité d'aller chercher des ressources dans la théorie. Sauf à reconnaître que « malheureusement les renseignements de la sorcière » ne sont pas toujours « ni très clairs ni très

1. S. Freud, *L'Analyse finie et l'Analyse sans fin*, section III.

2. Allusion au *Premier Faust* de Goethe quand il est question de « cuisine de sorcière » (*Hexenküche*). « *So muss denn doch die Hexe dran* » (« Il faut donc que la sorcière s'en mêle »), dit Méphisto à Faust qui sollicite l'élixir de Jouvence (v. 2365).

détaillés »... Il n'en reste pas moins que c'est ce qui permet d'avancer, de vaincre l'inhibition de la pensée.

« Métapsychologie » est le second nom de la « psychanalyse », son nom crypté en quelque sorte, mais qui peut être tenu pour son nom propre. Il a été inventé par Freud, à un moment déterminant de la naissance de la psychanalyse, pour désigner la théorie psychanalytique, sa partie « spéculative » – au sens qu'il va s'agir de préciser. On ne s'étonnera pas de la résonance « ésotérique » du mot : ce signifiant quelque peu opaque indique qu'il y a là quelque chose à déchiffrer de l'identité secrète de la psychanalyse comme « science de l'inconscient ».

« Métapsychologie » est aussi le nom d'un livre inachevé et l'intitulé générique d'une série de textes majeurs qui portent trace de ce Livre. Il sert en effet à désigner un groupe d'essais, ici publiés, qui constituent eux-mêmes le reliquat remarquable d'un projet inabouti et pratiquement abandonné comme tel – quoique se poursuivant à travers toute l'œuvre freudienne –, celui d'un « Traité de métapsychologie ». Décombres somptueux d'un édifice en cours de construction, témoignage d'un inégalable *work in progress*.

Freud lui-même l'a légitimé en intitulant ainsi les essais parus, mais seulement dans les *Gesammelte Schriften* (« Écrits rassemblés »), soit après coup, en 1924. Le titre envisagé primitivement était *Pour une préparation à la métapsychologie* (*Zur Vorbereitung der Metapsychologie*), regroupant, en

« une série synthétique », ce qui eût été sa version complète, douze essais. On notera le caractère « propédeutique » signifié par cet intitulé, par où se signifie néanmoins une ferme exigence. Il s'agit bien en ce sens d'une Introduction fondamentale à la théorie psychanalytique.

On en est donc venu à appeler « Métapsychologie » les écrits conservés de cette belle et précieuse tentative, faite dans les conditions que nous verrons. Il mérite à ce titre d'être recensé comme tel dans les œuvres psychanalytiques [1] – sauf à garder à l'esprit une fois pour toutes qu'il n'est que le reste, en soi considérable, d'un édifice qui eût été somptueux si Freud avait eu la possibilité – ou la volonté – de l'achever, tout en ne cessant d'en poursuivre l'édification. Ce que l'on va lire ici constitue donc la Métapsychologie *stricto sensu* – la Métapsychologie *largo sensu* devant intégrer un grand nombre de textes touchant à la clarification des présupposés théoriques de la psychanalyse.

On voit donc le problème : la « Métapsychologie » est finalement le nom virtuel d'un Écrit majuscule, qui justement n'a jamais été publié comme tel, mais mériterait de figurer symboliquement, telle une « coupole », au-dessus de l'édifice freudien. S'il n'y a pas chez Freud de « Traité de métapsychologie », on en verra écrits ici des chapitres majeurs.

---

1. P.-L. Assoun, *Dictionnaire thématique, historique et critique des œuvres psychanalytiques*, PUF, 2009, article « Métapsychologie ».

Il faut donc partir de cette triple dimension de ladite métapsychologie :

1) une partie, centrale, de la psychanalyse, son cœur théorique ;
2) par un effet métonymique, la psychanalyse elle-même qui trouve à se nommer ;
3) un écrit central, en un sens le plus important de l'œuvre freudienne, mais qui lui-même vient en suppléance de ce Traité qui n'a pas vu le jour, pour des raisons conjoncturelles mais aussi structurelles qu'il va s'agir de démêler, ne serait-ce que pour prendre la mesure du texte qui en demeure comme une sorte de témoignage archéologique. Cet Écrit majuscule, aussi actuel que « virtuel », puisque décomplété, désigne rien moins que *l'identité épistémique de la psychanalyse* [1], qui doit dès lors être foncièrement envisagée comme « métapsychologie ».

Réserver néanmoins le titre « Métapsychologie » à l'ensemble de ces textes – datant du milieu des années 1910, en reconduisant un choix éditorial classique [2] –, c'est respecter la volonté de Freud comme auteur.

Pour introduire à cette ébauche rigoureuse, véritable « boussole » permettant de s'orienter dans les

1. P.-L. Assoun, *Introduction à l'épistémologie freudienne*, Payot, 1981, 1990.

2. *Cf. Métapsychologie*, traduit de l'allemand par Marie Bonaparte et Anne Berman, Gallimard, collection « Psychologie 10 ».

dédales de la complexité clinique, il est requis, pour le lecteur de la « Métapsychologie », de s'assurer des points suivants :

- Pourquoi et comment Freud a-t-il créé ce néologisme ?
- Comment la métapsychologie a-t-elle pris corps dans l'œuvre freudienne, comme pour répondre à l'appel de ce nom où se notifie un impératif ?
- Pourquoi est-elle et peut-être devait-elle demeurer à l'état inachevé ?
- Quelle en fut la postérité et en quoi consiste son actualité pour la psychanalyse en son statut théorique ?

Origine et signification de la métapsychologie

Pour comprendre le sens de cet événement datable du « millésime » 1915, il convient donc de partir de la genèse du mot et de la chose.

Métapsychologie, un mot neuf

« Métapsychologie » se présente comme un terme spécial. Pourquoi celui-ci s'est-il imposé sous la plume de Freud, à un certain moment de son « travail » ?

La préhistoire du présent recueil, datant des années 1915-1917, comme de la « métapsychologie » même doit nous faire remonter deux décennies auparavant. C'est en effet vers 1895 que ce terme, propre à la langue psychanalytique, est forgé par Freud, concurremment au terme « psychanalyse [1] ». Si la psychanalyse désigne le procédé d'investigation des processus inconscients fondant une méthode de traitement des troubles névrotiques [2], la métapsychologie en est l'organe théorique. Le premier qui fut informé de sa naissance fut donc son ami et premier « compagnon de route » Wilhelm Fliess, qui s'en trouve en quelque manière le parrain. C'est aussi à lui qu'il adresse ce « Projet de psychologie scientifique à l'usage des neurologues » – longtemps connu sous le terme d'« Esquisse » – qui en constitue le premier jet – quoique le mot ne figure pas encore dans ce texte. Il s'y agit en quelque sorte de la « protométapsychologie ». Il faut examiner ce régime originaire de la notion, sachant qu'il faudra attendre 1904 pour que le terme, jusque-là d'un usage en quelque sorte privé et confidentiel, fasse son entrée dans l'œuvre publiée – soit dans *Pour une psychopathologie de la vie quotidienne* où le lecteur peut le trouver au chapitre XII, conclusif.

1. Terme utilisé pour la première fois – en français : « Psychoanalyse » – dans *L'Hérédité et l'Étiologie des névroses* (1896). Voir S. Freud, *Sur la psychanalyse. Cinq leçons*, Flammarion, coll. « Champs », 2010.

2. S. Freud, *« Psychanalyse » et « Théorie de la libido »*, 1922.

Le fait est que Freud se retrouve au milieu des années 1890 en train d'inventer une démarche intellectuelle, chevillée à sa clinique, qui cherche son nom. Se demandant « que suis-je en train de faire ? », il répondra… disons, de la « métapsychologie ». Il se retrouve donc en train de faire de la métapsychologie – comme M. Jourdain de la prose, sans le savoir, à cette différence près que lui va la nommer : « La psychologie – à vrai dire *méta*psychologie – m'occupe sans relâche », écrit-il à Fliess le 13 février 1896 [1]. C'est là le premier usage de ce qui constitue en quelque sorte le principal néologisme freudien, puisqu'il est destiné à désigner le vif original de son « travail ». Il s'agit d'un questionnement : le 2 avril de la même année, il demande à Fliess de « prêter l'oreille à quelques-unes de [ses] questions *métapsychologiques* [2] ». Le substantif et l'adjectif correspondant sont donc institués dans l'usage de la langue freudienne naissante.

Dès alors apparaît un lien intime et en quelque sorte affectif du nom avec la chose. Il tient si intimement à son rejeton qu'il le baptise « mon enfant idéal, l'enfant de mes peines (*mein Ideal- und Schmerzkind*), la métapsychologie [3] ». Il invente donc ce terme comme on donnerait un nom de

1. Sigmund Freud, *Lettres à Wilhelm Fliess 1887-1904*, PUF, 2000, p. 222.

2. *Ibid.*, p. 233.

3. *Ibid.*, p. 276.

baptême à un enfant qui vient de naître, dans la souffrance de la gestation. Créateur de la psychanalyse, Freud se ressent comme le père de « sa » métapsychologie… En entrant dans la logique souvent aride de la théorie métapsychologique, il conviendra de garder à l'esprit qu'elle s'origine dans le désir de Freud autant que dans son épistémè d'origine.

Un mot controversé

Est-ce là le bon mot ? Freud lui-même s'interroge sur la pertinence du choix du terme. En évoquant « la théorie de l'accomplissement de souhait » et sa « solution… métapsychique » (sic), il ouvre une parenthèse : « D'ailleurs je vais te demander sérieusement si je peux utiliser le nom de métapsychologie pour *ma psychologie qui mène derrière la conscience*[1]. » En voici au passage la première définition : psychologie qui mène au-delà (*meta*) de la psychologie du « conscient », donc requise pour investiguer les processus inconscients négligés par ce qu'il appelle « la psychologie des écoles ». L'inconscient, introduit dans la psychologie, est en ce sens en quelque sorte un « méta-objet » qui fait « muter » la psychologie. Malgré ses doutes, le premier « métapsychologue » confirme l'utilité du terme. Dans la fameuse lettre du 21 septembre 1897 où il annonce la remise en cause de

1. *Ibid.*, p. 384. Souligné par nous.

sa *neurotica*, évoquant le rêve, il déclare : « le prix que j'attache à mes débuts dans le travail métapsychologique n'a fait qu'augmenter [1] ». Le voilà donc « faisant ses débuts » dans une discipline... qu'il invente du même mouvement. La « métapsychologie » se démontre, tel le mouvement, en marchant...

Par ce que l'on peut appeler un mauvais hasard, le terme fut employé parallèlement dans des projets contemporains étrangers, c'est le moins que l'on puisse dire, aux préoccupations de la psychanalyse [2]. Il a le défaut de rappeler fâcheusement le mot « parapsychologie » qui apparaît vers la même époque. À cela s'ajoute une ambiguïté plus profonde : sa proximité littérale avec « métaphysique », dont Freud se démarque principiellement [3]. Le terme pourrait apparaître comme un « mot-valise » créé par condensation de « *méta*physique » et de « para*psychologie* ». Mais précisément il est aussi radicalement irréductible à l'un qu'à l'autre. Le terme choisi par Freud va rester lesté de ces ambiguïtés, qui en a peut-être fait craindre l'usage : mais on peut dire qu'il n'avait pas trente-six solutions ! À choses nouvelles, noms nouveaux, comme le suggérait Nietzsche. L'essentiel est de saisir pour quelle « chose » originale le mot a été ainsi intronisé.

---

1. *Ibid.*, p. 337.

2. Voir sur ce point notre étude *La Métapsychologie*, PUF, coll. « Que sais-je ? », 2000, p. 7-8.

3. P.-L. Assoun, *Freud, la philosophie et les philosophes*, 1976 ; 3e éd., PUF, coll. « Quadrige », 2008.

La « psychologie de l'inconscient » : la fonction « méta »

Freud, en affectant d'en demander la permission à Fliess, en caractérise le contenu : il s'agit de la psychologie (« ma » psychologie, dit-il possessivement) qui mène « à côté » et « au-delà » de la conscience. On notera la connotation spatiale : Freud dit d'ailleurs plutôt « derrière ». Cela suppose en tout cas une limite à franchir. « Méta-psychologie » signifie donc une ligne de franchissement. C'est à ce titre un nom pour désigner une limite. C'est un travail sur les frontières et en quelque sorte un savoir « frontalier ».

Cela nous prépare déjà à comprendre le caractère de concept-frontière (*Grenzbegriff*) du « concept fondamental » de la métapsychologie, à savoir la pulsion. La métapsychologie travaille sur les lisières, entre conscient et inconscient, psychique et somatique. S'il se cherche des prédécesseurs (par exemple, Theodor Lipps), c'est sans conviction – s'il dit s'être « fixé la tâche d'établir un pont entre (sa) métapsychologie et celle qui est contenue dans les livres [1] », il n'est pas dupe de son impératif d'innover. En achevant *L'Interprétation du rêve*, dont le dernier chapitre (VII) contient le premier exposé topique de métapsychologie, il mentionne « le métapsychologique » qui se rattache au « clinique-factuel [2] ». Enfin, passé cette période inaugu-

1. Lettre à Fliess du 26 août 1898, *op. cit.*, p. 412.
2. Lettre à Fliess du 22 juillet 1899, *op. cit.*, p. 460.

rale, le terme se fait plus que discret dans l'œuvre publiée, comme s'il conservait de son origine un trait ésotérique. Comme si, une fois découverte, elle devait être tenue encore cachée quelque temps.

L'entrée de la « métapsychologie » dans l'œuvre freudienne

Freud profite néanmoins de la publication de *Pour la psychopathologie de la vie quotidienne* pour la réintroduire et en quelque sorte divulguer le terme. Usage important mais centré.

Elle y est définie ici comme la « psychologie de l'inconscient ». Freud y évoque « la conception métapsychologique du monde » dont il dit qu'« elle anime jusqu'aux religions les plus modernes » et qu'il caractérise comme « une psychologie projetée dans le monde extérieur ». Le raisonnement en forme de diagnostic est le suivant : la « construction de la réalité suprasensible » – fondement du mythologique et du religieux – constitue le reflet d'une certaine « obscure connaissance des faits psychiques de l'inconscient ». Autrement dit, le sujet perçoit de l'intérieur, par un phénomène de « perception endopsychique » de ces « facteurs » et « faits », ce qui est ensuite projeté dans la « vision du monde » métaphysique et religieuse. La tâche de la « métapsychologie » ou théorie analytique des processus inconscients – bref, la « science de l'inconscient » – est de retransformer cette « métaphysique » en une « psychologie de l'inconscient ».

Ainsi se dessine un programme de décomposition ou déconstruction des « mythes relatifs au paradis et au péché originel, à Dieu, au Mal et au Bien, à l'immortalité ». Le religieux, en ses fondements, constitue donc la forme d'expression projective d'un contenu inconscient. Le devoir de la psychanalyse est de rapatrier en quelque sorte ce contenu dans la psyché, bref de « traduire la métaphysique en métapsychologie ». Retraduction en savoir de la perception endopsychique d'un contenu inconscient, qui a trouvé son expression dans la métaphysique. Autrement dit, le sujet perçoit confusément en lui les mouvements pulsionnels inconscients, mais, ne pouvant les reconnaître comme tels, il les projette dans des entités mythologiques et métaphysiques, que la « métapsychologie » retranscrit dans le savoir immanent.

On notera néanmoins que dans ce premier usage officiel du terme, Freud le présente en quelque sorte fonctionnellement. La Métapsychologie attend encore son heure pour être désignée comme le cœur de la rationalité freudienne [1].

L'heure de la synthèse : la décision

Cette préhistoire de la notion permet de comprendre la portée de la décision de doter la « Métapsychologie » de son livre propre, qui apparaît vers

1. P.-L. Assoun, *L'Entendement freudien. Logos et Anankè*, Gallimard, 1984.

1910. À ce moment quelque chose semble mis en chantier qui va devenir la « Métapsychologie ». Freud fait allusion à un essai : *In welchem Sinne darf man von unbewussten Gefühlen sprechen (reden)* ? (« Dans quel sens peut-on parler de sentiments inconscients[1] ? »). Anna Freud a des raisons de penser qu'il s'agit de l'allusion au futur essai sur *L'Inconscient*, ce que confirme précisément la section III dont l'intitulé constitue la paraphrase. Mais il faut attendre quelque cinq ans pour le voir lancé pour de bon. Décision historique : l'heure est venue pour Freud de définir la métapsychologie comme démarche intellectuelle *sui generis*.

Rarement la gestation d'une œuvre psychanalytique aura été aussi intense que celle-ci, ce qu'atteste la présence du projet dans la correspondance pendant toute l'année 1915 et une partie de l'année suivante. Celle-ci permet de suivre pas à pas les états d'âme associés à cet engendrement. Celui-ci apparaît comme mis en chantier fin 1914 : « J'essaie une fois encore de rassembler dans une espèce de synthèse ce en quoi je peux encore y contribuer. C'est un travail qui a déjà produit pas mal de nouveauté, mais qui malheureusement est perturbé par mes brusques sautes d'humeur[2]. » Le

1. Lettre de Freud à Jung du 30 octobre 1910, *in* Sigmund Freud, Carl-Gustav Jung, *Correspondance*, Gallimard, 1975, t. II, p. 109.

2. Lettre de Freud à Jones du 25 décembre 1914, *in* Sigmund Freud, Ernest Jones, *Correspondance complète 1908-1939*, PUF, 1998, p. 374.

10 janvier 1915, il écrit à Binswanger : « Occasionnellement je m'occupe d'une sorte de synthèse des théories psychanalytiques, mais cela ne progresse pas assez vite [1]. » La lettre à Ferenczi du lendemain 11 janvier prend acte de difficultés, non fortuitement en rapport avec l'essai projeté sur la conscience : « La chose la plus particulière était que, deux jours auparavant, une éruption d'idées s'était soudainement produite après une longue pause… et d'un contenu si important que j'en ai été d'abord comme ébloui. Elle concernait la métapsychologie de la conscience, rien de moins [2]. » On notera la thématique de l'éruption et de l'éblouissement. La description de cette espèce de lutte associée à une révélation se poursuit : « Quand je m'y suis mis deux jours plus tard, le dégrisement est venu. La matière était réfractaire à toute description et montrait des lacunes tellement effroyables et de telles difficultés que j'ai tout interrompu. » C'est là au reste un discours omniprésent chez l'auteur Freud, faisant état d'un « dégrisement » une fois l'accouchement du texte achevé. Mais une carte postale du 18 février – qui contient « l'article sur la mélancolie » adressé à Ferenczi pour le transmettre à son tour à Abraham – confirme la progression.

1. Sigmund Freud, Ludwig Binswanger, *Correspondance 1908-1938,* Calmann-Lévy, 1995, p. 203.
2. Lettre de Freud à Ferenczi, *in* Sigmund Freud, Sándor Ferenczi, *Correspondance*, Calmann-Lévy, 1996, t. II, p. 54.

La séquence programmatique

Il est intéressant et quelque peu émouvant, pour éclairer l'enchaînement des essais que l'on va lire, d'en suivre l'émergence sur le vif dans la correspondance freudienne.

Le 1er avril 1915, le programme est fixé dans une lettre à Lou Andreas-Salomé : « Les prochains numéros de la revue apporteront avec trois titres : "Pulsions et destins des pulsions", "Le Refoulement", "L'Inconscient", une sorte de synthèse psychologique de plusieurs opinions récentes, incomplètes comme tout ce que je fais, mais qui ne sont pas sans quelque contenu nouveau [1]. » L'essai sur le refoulement est dit achevé dans une lettre du 8 avril 1915 : « Ces derniers temps, j'ai travaillé régulièrement, terminé le deuxième article de la série synthétique. Il a pour sujet le refoulement ; le premier, les pulsions et les destins des pulsions ; mon préféré sera le troisième, qui traitera de l'inconscient [2]. » Enfin, le 23 avril, il est annoncé : « La série : Pulsions – refoulement – inconscient est maintenant terminée… La *Zeitschrift* est maintenant approvisionnée par mes soins pour toute une année ! *Vivant sequentes* [3] ["Que vivent les suivants"]. » Puis suit une nouvelle vague : le 21 juin 1915, il est question d'une dizaine d'essais : « Je travaille à contrecœur, certes, mais néanmoins avec

1. *Ibid.*, p. 38.
2. *Ibid.*, p. 66.
3. *Ibid.*, p. 69-70.

constance. Dix des douze essais sont terminés, dont deux (conscience et angoisse) demandent cependant des remaniements [1]. » On lit à la date du 30 juin 1915 : « J'ai (presque) terminé, au prix de toutes sortes de difficultés, un recueil de douze essais qui doit paraître sous forme de livre après la guerre et s'intitulera peut-être *Zur Vorbereitung der Metapsychologie* [2]. » À cette date, il est donc bien encore question de la publication de la totalité. Le 17 décembre 1915, évoquant à Binswanger « la série des traités », il déclare : « Il y en a douze, pratiquement terminés. Ils seront intitulés : Préparation à la psychologie [3]. » Finalement, l'ensemble des essais qui seront publiés – les trois premiers en 1915, les deux derniers en 1916-1917 – auront été rédigés entre le 15 mars et le 4 mai 1915. Césure chronologique qui se retrouvera dans l'architecture du présent texte, comme on s'en avisera plus loin. On pourrait donc les intituler les « Cinq essais de Métapsychologie », à entendre comme « trois plus deux ».

De l'enlisement de la « Métapsychologie » à la relance métapsychologique

Écrite en plein conflit mondial, la « Métapsychologie » exprime la guerre que Freud lui-même mène pour protéger la « chose analytique » en la

1. *Ibid.*, p. 74.
2. *Ibid.*, p. 377.
3. S. Freud, L. Binswanger, *Correspondance*, *op. cit.*, p. 210.

dotant d'une espèce de corps théorique. Il se veut le testament théorique du créateur de la psychanalyse : le fait est qu'ayant survécu à cette période de guerre Freud ajourne la rédaction de ce texte de synthèse, comme si le danger majeur était passé.

En novembre 1917, Freud annonce clairement à Ferenczi, après *Deuil et mélancolie*, que « le reste doit être tu (passé sous silence) [1] » (« *Der Rest darf verschwiegen werden* »). L'après-guerre arrivée, il a renoncé à la publication de la synthèse – renoncement acquis dans une lettre à Lou Andreas-Salomé : celle-ci s'enquérant : « Qu'advient-il de la métapsychologie, maintenant que les chapitres imprimés ont pris place dans la théorie de la névrose [2] ? », la réponse de Freud est claire : « Où en est ma *Métapsychologie* ? D'abord elle n'est pas écrite. » « L'élaboration systématique d'une matière, explique Freud le 2 avril, m'est impossible, la nature fragmentaire de mes expériences et le caractère sporadique de mon inspiration ne me le permettent pas » – sauf à ajouter que s'il « vit encore dix ans », il peut lui « promettre d'y ajouter d'autres contributions », dont *Au-delà du principe de plaisir*, ici mentionné. On notera que ce dernier texte marque donc une bifurcation par rapport au chantier antérieur d'une « Métapsychologie » géné-

1. Lettre du 20 novembre 1917 à Ferenczi, in *Correspondance, op. cit.*

2. Lettre à Lou Andreas-Salomé du 18 mars 1919, in Lou Andreas-Salomé, *Correspondance avec Sigmund Freud*, Gallimard, 1970, p. 122.

rale ainsi qu'une sorte de rebondissement. Les essais publiés – le tiers seulement de l'ensemble initial, plus les compléments – constituent les premiers résultats de la « mise en chantier » de la métapsychologie. Mais si Freud laisse s'enliser cette première grande synthèse, c'est qu'il lui donne un nouveau souffle.

On comprend la situation au moment où, dans le volume V des *Gesammelte Schriften*, soit en 1924, cet ensemble est publié sous le titre générique « Métapsychologie ». Seuls les cinq premiers essais auront réellement été publiés sous ce « chapeau », soit dans l'ordre : *Pulsions et destins de pulsions*, *Le Refoulement*, *L'Inconscient*, *Complément métapsychologique à la doctrine du rêve*, *Deuil et mélancolie*, auxquels fut joint *Note sur l'inconscient en psychanalyse* (1912), comme dans la traduction française. N'auront jamais vu le jour « les suivants » annoncés, au point d'être oubliés, soit les essais évoqués dont on connaît du moins les thèmes et les titres virtuels : « La conscience », « L'angoisse », « L'hystérie de conversion », « La névrose obsessionnelle » et « Les névroses de transfert en général » – l'ébauche de ce dernier essai réémergeant de façon inespérée quelque soixante-dix ans après, à la suite de la trouvaille d'Ilse Grubrich-Simitis [1].

1. S. Freud, *Vue d'ensemble des névroses de transfert*, Gallimard, 1986.

« La métapsychologie » : méthode et structure

Une fois saisie la « Métapsychologie » en son engendrement, il est temps de présenter le produit freudien en lui-même.

Le « mode de présentation » métapsychologique

Il est notable et peut-être révélateur que le mot « métapsychologie » soit pratiquement absent dans ces textes, sinon dans l'intitulé.

En revanche apparaît en cours de route et, non fortuitement, au milieu de l'essai sur *L'Inconscient*, en sa section IV, l'expression « présentation métapsychologique » (*metapsychologische Darstellungsweise*) : « Je propose que soit nommée *métapsychologique* toute présentation dans laquelle nous réussirions à décrire un processus psychique d'après ses relations *dynamiques, topiques* et *économiques* » (p. 153).

Cette phrase-clé mérite un commentaire serré car il engage toute la démarche liée à la métapsychologie.

- En premier lieu, il s'agit bien, plus que d'un principe en soi, d'un *mode* (*Weise*) de présentation – *Darstellung* – ou de représentation des processus psychiques.
- En deuxième lieu, il s'agit d'une *méthode* qui porte sur les processus psychiques comme tels – le terme « inconscients » étant sous-entendu, tant il s'impose.

• En troisième lieu, il s'agit d'envisager ces processus selon des rapports (*Beziehungen*) ou « coordonnées » : on n'a véritablement *caractérisé* un processus psychique, notamment inconscient, qu'une fois qu'on l'a envisagé à la fois selon les *forces* conflictuelles engagées (« dynamique »), les *lieux* psychiques concernés (« topique ») et les *quantités* dépensées ou investies (« économie »).

• En quatrième lieu, il s'agit d'impératifs descriptifs (*beschreiben*). Freud ajoute d'ailleurs juste après que l'on ne parvient pas souvent à réaliser cette description. Il s'agit donc d'un idéal régulateur. Mais cette présentation permet de fonder un modèle explicatif. C'est ce point qu'il s'agit d'expliciter, car il engage ce que l'on peut oser appeler la rationalité freudienne. La notion de *metapsychologische Darstellung* sera reprise au seuil d'*Au-delà du principe de plaisir.* Ce « mode de conception » (*Betrachtungsweise*) sera même reconnu de façon ambitieuse comme le « but le plus extrême qui est accessible à la psychologie » – ce qui représente un acte d'audace : « J'osai tenter l'essai d'une "Métapsychologie" », racontera Freud en 1925 [1]. C'est bien en ce sens un « mode de conception ».

Effectuer la présentation métapsychologique, c'est dépasser le point de vue que Freud désigne comme « phénoménologique » – approche purement « phénoménale », c'est-à-dire s'en tenant au

1. S. Freud, *Autoprésentation*, sect. V.

rapport du moi à ses contenus (*Selbstbeobachtung*, « auto-observation ») – en dégageant la causalité des processus inconscients inaccessibles au vécu conscient. Elle accomplit en ce sens une « coupure épistémologique ».

Ce qui se dégage, c'est la métapsychologie comme mode de représentation de « l'appareil psychique », fiction théorique en quelque sorte fondatrice du *modus cognoscendi* métapsychologique, qui vient spécifier les notions de « psyché » et de « vie psychique ».

La « sorcière métapsychologie » : la « fantasmation » au travail ou la théorie psychanalytique

Il y a dans la Métapsychologie une « éruption d'idées ». Il faut conserver cette image volcanique suggérée par Freud dans sa correspondance, pour comprendre que, si abstruse soit-elle, la métapsychologie doit se lire comme une sorte de roman d'idées… à suspense. C'est la « spéculation » et « théorisation », mieux, la « fantasmatisation » métapsychologique, que Freud évoque dans *L'Analyse finie et l'Analyse sans fin*, reprenant une idée déjà présente dans sa correspondance avec Fliess. Depuis les premiers pas de la discipline où le métapsychologue débutant dit n'avoir fait – de onze heures à deux heures du matin ! – qu'« élaborer des fantaisies, traduire et deviner [1] » jusqu'à la mise au

1. Lettre de Freud à Fliess du 25 mai 1895, *in* S. Freud, *Lettres à Wilhelm Fliess*, *op. cit.*, p. 167.

jour explicite du *Phantasieren*, Freud n'a jamais perdu ce fil. C'est là le ferment de la théorie freudienne et en ce sens le ressort de l'écrit psychanalytique. On comprend mieux pourquoi, peu avant de prendre congé, il finira par l'assimiler, dans le même texte, à une « sorcière » dont on quémande les « renseignements » (*Auskünfte*) quand on peine dans l'investigation clinique.

La clinique est omniprésente en soutien du *Phantasieren* métapsychologique, par où il faut entendre l'imaginaire à l'œuvre dans la pensée du réel-symptôme. On y trouve évoquées la schizophrénie – spécialement impliquée, dans *L'Inconscient* et dans *Complément métapsychologique à la doctrine du rêve*, la mélancolie (*Deuil et mélancolie*) –, ainsi que les névroses et la phobie. La métapsychologie, loin d'être une récréation théorique, est la boussole pour cet « art sorcier » qui guide dans le dédale de la complexité clinique – sauf à instaurer une dialectique intime entre « fantaisie » et sens aigu de la réalité clinique

On relèvera le caractère foncier de la métapsychologie qu'est son dynamisme épistémologique. Travail éminemment personnel et novateur, donc en quelque sorte condamné à l'originalité par sa soumission à la spécificité du champ psychanalytique, la métapsychologie travaille sur les frontières disciplinaires qu'elle percute et fait bouger. Ce qui se vérifie au survol des auteurs cités [1] dans *Métapsychologie* : on y trouve, outre des psychanalystes (Abraham,

1. Voir l'index des noms ci-dessous, p. 239.

Ferenczi, Tausk, Jekels, Silberer) et les prédécesseurs historiques (Charcot, Breuer) ainsi que la dualité Adler-Jung, des psychiatres (Kraepelin, Bleuler), des philosophes (Aristote, Kant) et même des biologistes (Ehrlich). Preuve de la vocation transdisciplinaire de la « fantasmation » métapsychologique. *Phantasieren* qui conduit à une construction dont nous sommes à présent en mesure d'examiner en quoi elle éclaire l'unité et l'architecture du texte qui suit.

Architectonique de l'œuvre

On aura compris que l'on va lire une série d'« essais » – une « suite » au sens musical –, mais à concevoir comme des chapitres qui correspondent à autant de « moments ». L'enchaînement des essais qui constituent *Métapsychologie* obéit nécessairement à un certain ordre que l'on a vu se construire avec certaines fluctuations dans sa genèse. Il nous faut ici en interroger la séquence. Si *Métapsychologie* avait été achevée, on aurait été en droit de qualifier les diverses contributions de « chapitres ».

En fait, ce qui en est ressorti est une série d'essais – au nombre de cinq – qu'il convient donc de lire comme des écrits distincts et spécifiques, sauf à en noter l'enchaînement intime : le savoir métapsychologique constituant « cette manière de considérer les choses qui est l'accomplissement de la recherche psychanalytique [1] » (p. 153), il doit comporter cette cohérence.

1. *L'Inconscient*, sect. IV.

La séquence métapsychologique : le « système psychanalytique »

Le fil rouge en est indiqué comme incidemment dans une note de l'essai de la *Métapsychologie* sur le rêve : « L'objectif de cette série est la clarification et l'approfondissement des hypothèses théoriques que l'on pouvait poser au fondement d'un système psychanalytique » (p. 189).

Ce terme « système psychanalytique » doit pourtant alerter. Le mot « système » n'a pas bonne cote dans le discours freudien, puisqu'il comporte le risque de déni de la variété singulière propre à la clinique, qui est de l'ordre du « fait » et de « l'inaccompli [1] ». Si néanmoins Freud métapsychologue ne recule pas devant un tel terme, c'est que la métapsychologie a bien cette ambition de systématisation, inhérente à sa visée explicative. Mais il y a aussi une « diachronie » : autrement dit, il convient de lire les essais dans l'ordre, en leur succession, en s'avisant que l'on passe d'une station à l'autre. La problématique générique des essais se monnaye en questions correspondant aux essais successifs :

- c'est la *pulsion* qui constitue le concept fondamental de la psychanalyse, sa définition propre et l'examen de ses *destins* permet de progresser sur sa nature propre : quels en sont l'essence et le devenir (*Pulsions et destins des pulsions*) ?

1. P.-L. Assoun, « Le fait inaccompli : le savoir clinique à l'épreuve du sujet », *Journal français de psychiatrie*, n° 30, 2007, p. 13-15.

• pourquoi la motion pulsionnelle devrait-elle subir, à titre de destin principal, un devenir tel que le *refoulement* (*Le Refoulement*) ?

• comment parvenir à la connaissance de l'*inconscient*, dont le refoulé n'est qu'une partie (*L'Inconscient*) ?

Pas moyen donc de comprendre l'« inconscient » en son acception freudienne si l'on n'a commencé par poser le cadre de la pulsion et le destin dynamique du refoulement. Il est donc légitime de considérer cette série comme un tout, en lequel se poursuit un même « fil de pensée », à travers une trame serrée. Surtout pas comme une totalité sous laquelle se subsumerait l'ensemble – tant la psychanalyse est antipathique à toute « vision du monde » [1], mais selon une logique *sérielle*. Au sein de celle-ci, il y a lieu de distinguer le groupe des trois premiers essais, explicitement reliés et constituant une solide trilogie, héritiers directs du projet initial, des deux derniers qui se présentent comme des *Addenda* (majeurs) à ce noyau (*Kern*). L'auteur lui-même le confirme en concluant son premier essai sur *Pulsions et destins des pulsions* par l'annonce que « le destin pulsionnel du refoulement est examiné dans les pages qui suivent », renvoyant à l'essai sur *Le Refoulement* comme si c'était la suite du même développement. De même, le début du

1. P.-L. Assoun, *Le Freudisme*, PUF, 1990 ; 2e éd. coll. « Quadrige », 2001.

troisième essai sur *L'Inconscient* se réfère explicitement au refoulement en poursuivant le même questionnement sous forme élargie. De ce point de vue, la page inaugurale du premier essai *Pulsions et destins des pulsions* vaut comme une sorte de préface de l'ensemble. Le but de ce premier essai est de « donner un contenu », plus précisément de « remplir de contenu » cette notion pour en faire un concept, et rien moins que le concept fondamental (*Grundbegriff*) et fondateur de la métapsychologie, « en l'abordant par divers côtés ».

D'une part, cet ensemble d'essais *est* tout entier acte d'avancée conceptuelle, dans la mesure où l'on se trouve là au cœur même de l'acte de pensée métapsychologique. D'autre part, on assiste à une mise en écrit des concepts majeurs, soit, dans leur ordre d'entrée en scène : pulsion, excitation, refoulement. Il y a au reste une couture à ce tissu théorique, « fil rouge » qui traverse ce bilan : c'est la réinscription du narcissisme dans les acquis antérieurs. La « Métapsychologie » tire en ce sens les conséquences de *Pour l'introduction du narcissisme*. On en verra en cours de route les effets.

LA TRILOGIE FONDATRICE DE LA MÉTAPSYCHOLOGIE : PULSION, REFOULEMENT, INCONSCIENT

De l'ensemble que l'on va lire, on doit donc détacher les trois premiers essais, constituant le

« noyau dur » de la métapsychologie, les deux suivants en constituant des avancées, au reste d'une grande puissance innovante. Ce qui se dégage est une dramaturgie… en trois actes.

Acte I. La pulsion et ses destins : le foyer originaire de la « métapsychologique »

Que doit être la pulsion sexuelle pour subir ses « destins » et comment ordonner les modes fondamentaux de devenir de la pulsion sexuelle ? Tout part, en métapsychologie, de la pulsion… et de ses destins. Ce terme *Schicksal*, légitimement traduit par « destin », doit s'entendre comme un certain devenir des choses (*schicken*). Si, au singulier, il désigne en effet « l'ensemble des choses dont l'homme n'est pas lui-même responsable, une force supposée supérieure qui dirige la vie », le verbe *schicken* appliqué aux choses désigne plus sobrement le fait d'« avoir lieu », de se passer d'une façon déterminée ». Le passage d'un sens à l'autre se fait par l'idée d'une « disposition » des choses telle que leur devenir s'ensuive en quelque sorte implacablement, « événementialité destinale », en quelque sorte, délicate à restituer eu égard à l'acception française du mot « destin ». Ce qui est désigné est donc la *processualité* pulsionnelle. On notera qu'il est écrit au pluriel, ce qui confirme le second sens – que l'on pourrait restituer par le terme de « vicissitudes ».

Il sera donc question ici des pulsions, de ce qui leur arrive et de ce qui leur échoit, avec une connotation de déterminité – bref, de la « vie pulsionnelle », véritable substance de la « vie psychique ». On peut donc s'attendre à voir *la* pulsion définie, *les* pulsions identifiées, enfin à ce que se trouvent inventoriées et détaillées leurs « vicissitudes » – ce terme ayant l'inconvénient d'évoquer en français surtout les événements difficiles donc malheureux, alors que c'est bien la vie pulsionnelle même, en ses « avatars » objectifs, qui est en jeu dans ce titre. La première traduction française, optant pour « Les pulsions et leurs destins », tout en réduisant l'intitulé de façon dénotative à son contenu, lamine de fait cet effet de répétition qui inscrit les pulsions deux fois, en elles-mêmes *et* en leurs destins.

La pulsion (*Trieb*) est posée d'entrée de jeu comme « concept fondamental » (*Grundbegriff*) de la théorie psychanalytique, au même titre que le concept de « masse » pour la science physique. C'est ici comme là un concept « conventionnel » au sens où il faut nécessairement le pré-poser pour développer le reste, à la façon d'un *a priori* concret. Ce début constitue la plate-forme épistémologique de la *Métapsychologie* dont nous avons dégagé les précédents historiques et modélisations épistémiques [1].

Cela suggère une méthode par « encerclement ». Dans un premier temps, la pulsion va être définie ;

1. P.-L. Assoun, *Introduction à l'épistémologie freudienne*, *op. cit.*

en second lieu, les éléments vont en être inventoriés et les caractéristiques des pulsions sexuelles mises en évidence ; dans un troisième temps, vont être examinés les « destins des pulsions ».

L'investigation commence par la physiologie, c'est-à-dire par la notion d'excitation qui permet de définir la pulsion comme « une excitation pour le psychique », qui, prenant sa source dans l'organisme, se présente comme une manifestation constante, de sorte qu'il est impossible d'« en venir à bout par des actions de fuite ». Elle apparaît corrélativement comme « un concept-frontière (*Grenzbegriff*) entre psychique et somatique ».

Dans un premier temps, est présentée une caractérisation de la pulsion, avec ses quatre paramètres : poussée, source, but et objet. Puis vient le rappel du classement des pulsions fondamentales en « pulsions du moi » ou « d'autoconservation » et « pulsions sexuelles », sous l'effet des psychonévroses. Cela permet d'inventorier quatre destins fondamentaux que les pulsions peuvent subir au cours de leur « vie » :

- la « transformation dans le contraire » (*Verkehrung im Gegenteil*) qui consiste dans le retournement d'une pulsion de l'activité à la passivité – ce qui s'illustre dans les dualités sadisme/masochisme et voyeurisme/exhibitionnisme ;
- le « retournement contre la personne propre » (*Wendung gegen die eigene Person*) qui désigne le processus par lequel la pulsion orien-

tée vers l'objet se retourne sur le moi – renversement quant au contenu : masochisme comme sadisme retourné sur le moi propre, exhibitionnisme comme voyeurisme retourné sur le moi propre ;

• le refoulement (*Verdrängung*) qui fait son entrée comme destin principal de la pulsion – avant d'être traité à part en lui-même – à tout seigneur tout honneur – dans l'essai éponyme qui suit ;

• la sublimation (*Sublimierung*) processus consistant à échanger le but proprement sexuel de la pulsion par un « but non sexuel ».

Ce sont les deux derniers « destins » qui devaient faire l'objet d'un développement détaillé – le premier faisant l'objet de l'essai suivant, mais le second ne voyant pas le jour.

L'examen en débouche sur la notion d'ambivalence, double direction affectale opposée (amour/haine) vers le même objet. La notion de narcissisme intervient ici pour rendre compte de cet effet de « retournement ». L'aimer et le haïr sont présentés comme un couple notionnel qui débouche sur l'interrogation de la triple polarité sujet (moi)/objet (monde extérieur), plaisir/déplaisir, actif/passif. C'est ce développement qui occupe toute la fin de l'essai.

Ce texte purement métapsychologique a pour source l'expérience des psychonévroses, comme cela est indiqué dès le début du texte. C'est sur cet objet psychopathologique que la métapsychologie a

« prélevé » son objet pulsionnel. La métapsychologie est en effet le symptôme pris à la lettre et traduit dans le langage des processus. D'où l'enjeu clinique considérable du texte, comme « boussole » métapsychologique de la clinique analytique, comme clinique des pulsions et de leurs destins.

Acte II. Le refoulement, ressort du drame métapsychologique

Du drame inconscient reconstitué par la « métapsychologique », le « refoulement » est le foyer dynamique. La notion intitulante (*Verdrängung*, qui dit le « repoussement ») est connue en psychanalyse (« défense ») depuis l'origine et promulguée comme « pierre d'angle de la théorie psychanalytique [1] ». En quoi consiste le destin principal de la pulsion nommé « refoulement » ? Son essence consiste dans la mise à l'écart et le maintien à distance du conscient d'une représentation liée à un contenu pulsionnel se voyant refuser l'accès au conscient. Ce qui va être examiné, c'est « le destin d'une motion pulsionnelle » qui consiste à « se heurter à des résistances qui veulent la rendre inefficiente ». Dans le cas de la pulsion, « la fuite ne peut servir de rien, car le moi ne peut se fuir lui-même », comme l'a établi *Pulsions et destins des pulsions*. Le refoulement est donc à situer entre fuite et « jugement de condamnation ». Ce n'est pas

1. S. Freud, *Pour une histoire du mouvement psychanalytique*.

seulement un mécanisme de défense, mais un acte de dé-jugement (*Verurteilung*) ou jugement (*Urteil*) de refus dont l'objet est la pulsion dont le sujet s'interdit la satisfaction. D'où la question : comment quelque chose de générateur de plaisir comme la pulsion peut-il causer du déplaisir ?

Le parallélisme avec la douleur [1] est ici éclairant, puisqu'il s'agit d'une excitation issue de l'effraction des limites du corps que l'on ne peut fuir : mais d'une part, pour cette « pseudo-pulsion » (*Pseudo-trieb*) qu'est la douleur, il n'est pas question de plaisir ; d'autre part, si elle est aussi impérieuse que la pulsion, elle ne peut être vaincue que par une « suppression toxique » ou « l'influence d'une diversion psychique ». Le refoulement, lui, est donc bien un acte psychique. Trait distinctif qui permet d'en articuler une définition : « son essence ne consiste que dans l'acte de congédier et de tenir à distance du conscient » (p. 111). En conséquence, « refoulement et inconscient sont corrélatifs » dans la plus grande proportion.

Comme processus, le refoulement comporte trois stades : « un refoulement originaire », « qui consiste en ceci que l'admission au conscient est refusée à la représentance (de la représentation) [(*Vorstellungs-*)*Repräsentanz*] psychique de la pulsion » (p. 112), d'où sa « fixation ». Puis vient « le refoulement proprement dit », portant sur les

1. P.-L. Assoun, *Corps et symptôme. Leçons de psychanalyse*, Economica, 3e éd., 2009.

« rejetons [*Abkömmlinge*] psychiques de la représentance refoulée », ceux-ci pouvant faire « retour » dans un troisième temps. Cela ouvre la voie de la fantasmatisation. Le refoulement « opère [...] de façon *suprêmement individuelle* » (p. 116), en ce sens que chacun des rejetons du refoulé peut avoir son destin particulier.

Parvenus à ce point, il nous faut prendre en compte un autre élément de la représentance psychique », soit « le montant d'affect ». L'affect « correspond à la pulsion, pour autant que celle-ci s'est détachée de la représentation et trouve une expression proportionnelle à sa quantité dans des processus qui se signalent à la sensibilité en tant qu'affects » (p. 119).

D'où le triple devenir possible : ou bien la pulsion est réprimée, ou bien elle se fait jour sous forme d'affect, ou bien elle est « transformée en angoisse ». Le refoulement est raté s'il ne peut éviter l'affect ou l'angoisse. Le refoulement crée cette « formation de substitut » qu'est le symptôme. On trouve formulées la « formation de substitut » et la « formation réactionnelle ». Suit une application de ce modèle métapsychologique aux « trois psychonévroses », hystérie d'angoisse, hystérie de conversion et névrose obsessionnelle, qui comporte la « formation réactionnelle » et l'ambivalence, « substitut par déplacement ». On se rappelle que ces névroses eussent dû faire l'objet d'un traitement par un essai à part, qui n'a pas vu le jour.

Acte III. L'inconscient ou l'objet métapsychologique

Nous voici devant le maître mot de la psychanalyse. On soulignera à nouveau qu'il n'est métapsychologiquement pensable qu'une fois posés la pulsion et ses destins, à commencer par le refoulement, destin en chef qui fraie la voie à l'inconscient. Ce n'est donc plus un principe métaphysique, coupure déterminante [1]. Le terme intitulant est acquis en psychanalyse depuis les années 1890 et a fait l'objet de plusieurs mises au point. Paraissant sous le chapeau *Métapsychologie*, le mot va trouver dans le présent écrit son statut métapsychologique *princeps*. Il est donc posé en sa déterminité : « *l*'inconscient ». Il ne s'agit de rien moins que d'« une caractérisation de l'inconscient [2] ». Il n'est pas anodin que ce texte, que Freud dit son « préféré », fasse partie, selon Ernest Jones, des trois textes que Freud, de toute son œuvre, distinguait, soit auxquels « il attachait une grande importance » et « dont il aurait voulu qu'on se souvienne », comme sa « contribution la plus valable au savoir humain » [3].

Qu'est-ce qui fonde la nécessité et la légitimité de l'hypothèse métapsychologique de l'incons-

---

1. P.-L. Assoun, *Freud, la philosophie et les philosophes*, *op. cit.*

2. Lettre à Binswanger du 1er avril 1915, *in* Sigmund Freud, Ludwig Binswanger, *op. cit.*, p. 205.

3. E. Jones, *La Vie et l'Œuvre de Sigmund Freud*, PUF, t. III, p. 43.

cient ? En dernière instance, la reconnaissance d'un *« système » psychique inconscient* doté de *propriétés spécifiques*.

Pour comprendre la portée de cette avancée, il faut se référer à la description « phénoménologique » (au sens défini plus haut) qu'en donne Freud peu avant dans *Quelques remarques sur le concept d'inconscient* (1912) qui, non sans raison, figurait dans le même recueil que les essais de *Métapsychologie* (comme dans la première traduction française [1]) alors qu'il n'en fait pas partie à proprement parler. Au sens *descriptif*, il se dégage une *première définition*, soit « une représentation inconsciente que nous ne remarquons pas, mais dont nous sommes prêts à admettre sur le fondement d'indices et de preuves d'une autre sorte ». La représentation inconsciente est donc « latente » (par opposition à la représentation dite consciente, présente actuellement à l'esprit, donc « manifeste »). Ainsi est acquise l'idée d'un inconscient comme objet psychologique – et non comme un simple effet de reproduction « physique », événement collatéral du processus organique. Mais il s'agit de faire un pas de plus : l'existence de la « suggestion posthypnotique » démontre le caractère spécifique de représentations inconscientes

1. Dans la traduction Marie Bonaparte-Anne Bermann, le texte traduit sous le titre « Quelques observations sur le concept d'inconscient en psychanalyse » ouvre le recueil « Métapsychologie ».

efficientes susceptibles de déterminer la reproduction des commandements produits sous l'influence du médecin pendant le sommeil hypnotique. « L'inconscient » désigne donc plus précisément l'ensemble des pensées latentes qui « malgré leur intensité et leur efficacité se tiennent loin de la conscience, par l'effet d'un mécanisme de défense » – ce que la suggestion posthypnotique a permis d'établir en quelque sorte expérimentalement.

Voici donc la *seconde acception* : l'inconscient désigne « non seulement des pensées latentes en général, mais, en particulier, des pensées avec un certain caractère dynamique, savoir celles qui, malgré leur intensité et leur action efficiente, se maintiennent éloignées de la conscience ». La représentation inconsciente prend une consistance dynamique qui va se trouver vérifiée par l'idée de *résistance.* Enfin la référence au travail du rêve montre à l'œuvre la conflictualité inconsciente : l'inconscient du début, au sens descriptif, se trouve réduit aux pensées préconscientes, ce qui permet d'isoler les pensées inconscientes proprement dites qui seules ont droit, notons-le, au statut « conceptuel » pour désigner « l'inconscient ».

Reste *un troisième temps* où se dégage la spécificité complète du concept d'inconscient en psychanalyse, non plus comme « qualité », mais comme « index » systémique ou topique, soit : « le système d'activité psychique [...] qui se manifeste à nous par la caractéristique que les processus qui le composent sont inconscients » : d'où l'importance de l'abréviation ou acronyme *Ubw* (*Ics*) pour désigner ce système. Telle en est la véritable caractérisation, proprement métapsychologique. Mais précisément, cet essai s'arrête au point précis que l'essai de la *Métapsychologie* va élaborer.

De fait, avec l'essai de 1915, la problématisation du refoulement – par « la justification (*Rechtfertigung*) de l'inconscient » dont l'hypothèse est démontrée comme à la fois « légitime » et « nécessaire » (p. 130) [section I] – s'accomplit le passage du « point de vue descriptif » au « point de vue topique », défini dans la section II, permettant de dégager le « système inconscient ». Une fois posée la dualité représentation inconsciente/représentation consciente, encore faut-il savoir s'il s'agit d'une seule représentation, changeant d'état (hypothèse dite « fonctionnelle ») ou d'une modification de « localités psychiques », ce qui suppose et impose, avec l'idée de *double inscription*, la représentation topique.

Une fois élucidé le destin de l'élément représentationnel, Freud passe à l'élucidation des « sentiments inconscients » – c'est, il faut le rappeler, la question posée à l'origine même de la rédaction de *Métapsychologie* – et des affects : « Si la pulsion ne se trouvait pas attachée à une représentation ou si elle ne venait pas au jour sous forme d'état affectif, nous ne pourrions rien savoir d'elle » (p. 146) [section III]. Il n'y a pas d'affects inconscients au même titre que des « représentations inconscientes ». Freud incite à penser une labilité topique des affects : ils sont certes susceptibles de séjourner dans le système inconscient, mais au titre de « possibilité d'amorce » [*Ansatzmöglichkeit*] (p. 148). L'affect ne peut être refoulé : il se maintient en l'état, se transforme en angoisse ou se trouve réprimé. L'effet du refoulement est de séparer l'affect de la représentation.

Corrélativement et consécutivement à la topique, il se fait donc un retour à la question dynamique et du « refoulement » (section IV) qui pose la question de la « représentation », le refoulement portant sur le « représentant-représentation » de la pulsion.

Tout ce développement permet de caractériser, dans la section V qui lui est consacrée, le système inconscient, avec ses quatre caractéristiques cardinales : absence de contradiction et de négation, « processus primaire » comportant la mobilité des investissements, atemporalité et remplacement de la réalité extérieure par la « réalité psychique ». Une fois le système dit inconscient démarqué du système conscient, il s'agit d'examiner le « commerce des deux systèmes » (*Ics* et *Cs*) [p. 165].

La section conclusive (section VII) s'intitule « l'identification » au sens de « l'autopsie » (*Agnoszierung*) de l'inconscient, qui porte sur les « représentations de chose » dans leur rapport aux « représentations de mot ». Le conscient est caractérisé par le montage représentations de chose/représentations de mot et l'inconscient comme les représentations de chose seules, ce qui dégage un modèle qui va au-delà de l'alternative topique/

fonctionnelle énoncée plus haut. Ce qu'illustre la schizophrénie – en référence aux apports de Viktor Tausk – où les représentations de chose cessant d'être investies, ce sont les représentations de mot qui sont surinvesties, comme tentatives pour y revenir.

Le texte contient rien moins qu'« une nouvelle définition de l'inconscient, laquelle, en fait, équivaut à une agnostisation [1] », mot qui traduit non sans lourdeur le terme *Agnostizierung* (autopsie).

On y voit définis les destins de l'affect, dont le principal, l'angoisse : « l'affect reste tel (totalement ou partiellement) ou il subit une transformation dans un quantum d'affect qualitativement autre (l'angoisse) ou il est réprimé, c'est-à-dire que son développement est principiellement empêché ». La notion de « réalité psychique » est fondée comme caractéristique du « système » inconscient. La notion de projection est ici située à partir de la phobie, comme destin projectif de l'angoisse, le danger interne étant traité comme s'il venait de l'extérieur.

Le cas clinique de la patiente schizophrène est chargé, dans la section VII, d'illustrer la dialectique entre représentations de mot, surinvesties et les représentations de chose, radicalement désinvesties. La patiente, sous délire d'influence du fiancé, évoque le « retournement d'yeux » et le « déplacement » qu'il lui imposerait, en prenant à la lettre le

1. Lettre de Freud à Lou Andreas-Salomé du 1er avril 1915, *op. cit.*, p. 38.

terme *verdrehen*. On voit ici la clinique rendre visible la logique du processus.

Cet exposé, qui suppose assurément une attention soutenue à la lecture, comporte des rebondissements qui en font une sorte de roman métapsychologique à *suspense*. Celui-ci culmine avec cette métaphore de l'« autopsie » qui, après avoir reconstitué la dynamique des processus inconscients et identifié sa logique systémique, dégage le noyau même, celui de la « représentation de chose ». Autopsie du corps vivant de la vie psychique, c'est sur cet oxymore que s'achève cet essai majeur. Il n'est pas inutile de remarquer, à l'examen de sa structure, que le présent essai sur « l'inconscient » est le seul, parmi les écrits composant la *Métapsychologie stricto sensu*, à être affecté de subdivisions, tandis que les autres sont en développement continu : signe confirmant qu'il s'agit d'un petit traité fortement articulé au sein de la « Métapsychologie ».

Du rêve au deuil : les destins du narcissisme

Nous nous trouvons à présent devant une question qui engage l'unité de l'ensemble qu'on va lire : quel rapport y a-t-il entre les trois premiers essais qui, on l'a compris, posent les bases de l'édifice et les deux suivants, qui envisagent le rêve et le deuil, soit deux phénomènes essentiels, mais pourquoi précisément ces deux-là ? La *Métapsychologie*, drame pulsionnel en trois actes, prend alors la dimension d'une tragédie en cinq actes dont la mélancolie constitue la « chute » !

La montée en puissance du narcissisme

Pour commencer à le comprendre, il faut revenir à l'événement qui secoue la métapsychologie à l'époque de ces essais, soit « l'introduction du narcissisme », officialisée dans l'essai éponyme paru juste avant, en 1914. Il est essentiel de souligner la préposition : ce texte consacre l'introduction *du* narcissisme *dans* la métapsychologie (faisant office par contrecoup d'introduction *au* narcissisme).

Empruntant le terme à la conception sexologique où il désigne la perversion par laquelle le sujet « traite son corps propre comme un objet sexuel », Freud en fait un élément structural d'une tout autre portée. Le « narcissisme primaire et normal » désigne cet investissement originaire de la libido sur le moi propre (« libido du moi »), à partir de laquelle elle est ensuite cédée aux objets et investie sur ceux-ci (« objectalité »). Cela permet de déployer la dialectique de ces deux « pôles ». Nous pouvons nous aviser que le narcissisme court dans *Métapsychologie*, à travers deux dimensions fondamentales.

En premier lieu, le narcissisme rend compte du rôle de l'instance refoulante dans l'action psychique de processus de refoulement – tandis qu'il est essentiel pour déchiffrer le « renversement sur la personne propre ». Bref, c'est l'élément moteur des « destins pulsionnels ». Corrélativement, il donne tout son relief à l'introjection/projection.

En second lieu – et c'est ce qui va se décider dans cette seconde partie de *Métapsychologie* –, le réexamen de la théorie du rêve d'une part, le mécanisme inconscient de la mélancolie, « névrose narcissique », d'autre part, vont permettre de mesurer la portée clinique de cette innovation. C'est même l'opérateur qui va permettre de lire conjointement les deux essais sur le rêve et la mélancolie.

Rêve et narcissisme : le « complément » décisif

On peut comprendre le sens du titre du quatrième essai de *Métapsychologie* : il s'agit d'un « complément » – *Ergänzung* désigne littéralement le fait de rendre complet, d'achever quelque chose en lui ajoutant une pièce manquante (*Fehlendes*), de façon à en faire un « tout » (on entend le terme *Ganze* dans le terme) – qui fait directement écho à l'introduction du narcissisme. C'est donc plus qu'un simple ajout (*Zusatz*), soit le comblement d'une lacune par là même désignée dans la « doctrine » ou « théorie du rêve » (*Traumlehre*), telle que *L'Interprétation du rêve* (1900) en avait défini les assises. Confirmation au reste que la « doctrine » (*Lehre*) du rêve, « voie royale de l'interprétation de l'inconscient », demeure ouverte et révèle de nouvelles potentialités. On en trouve là une « supplémentation » autant qu'une « complémentation ».

Le texte fut rédigé en avril-mai 1915 en onze jours, en même temps que *Deuil et mélancolie*. Dans la lettre où il parle de la série d'essais métapsychologiques en chantier, Freud mentionne : « Un 4e article s'est révélé nécessaire pour comparer le rêve et la démence précoce ; j'en ai déjà fait l'ébauche. Il va avec la métapsychologie [1]. » On retiendra la formule : le texte « va avec » la métapsychologie au départ, plutôt qu'il n'en fait strictement partie, il en constitue donc, bien plus qu'une « pièce rapportée », un volet supplémentaire. « Cet essai et le suivant, précise Freud dans la note liminaire de son texte, proviennent d'un recueil qu'à l'origine je voulais publier en livre, sous le titre "Pour préparer une métapsychologie". » Il se rattache à des textes qui furent imprimés dans la troisième année de l'*Internationale Zeitschrift für ärtzliche Psychoanalyse* [2].

Quel rôle revient à la rétraction narcissique de l'état de sommeil dans l'économie objectale du

---

1. Lettre de Freud à Ferenczi du 23 avril 1915, *op. cit.*, p. 70.

2. L'*Internationale Zeitschrift für ärtzliche Psychoanalyse, Offizieles Organ der Internationalen psychoanalytische Vereinigung* (« Revue internationale de psychanalyse médicale, organe officiel de l'Association psychanalytique internationale »), dirigée par Freud en personne, Ferenczi, Jones et Rank assurant la rédaction, avait été fondée en janvier 1913.

rêve ? Le point de départ est l'état de *sommeil* – considéré comme prototype normal et condition du rêve, caractérisé par « un retrait presque total du monde environnant et par la suspension de tout intérêt pour lui ». Cela est caractérisable comme le « narcissisme de l'état de sommeil ». C'est ce « désir de dormir », expression du « narcissisme primitif », qui va être perturbé par une excitation interne. D'où le conflit entre le narcissisme de l'état de sommeil, qui désigne « le retrait de l'investissement de toutes les représentations d'objet » (p. 193) et la partie refoulée du système « *Ics* » qui « n'obéit pas au désir de dormir émanant du moi ». C'est cette contradiction qui forme le nerf de la question.

Dans un second temps, Freud va donc examiner les destins de cette motion de désir qui « représente dans son essence une revendication pulsionnelle inconsciente et qui, dans le préconscient, s'est constituée en désir du rêve » : soit l'idée délirante – passage à la conscience du fantasme accomplissant le désir –, soit le somnambulisme, décharge motrice directe, soit la forme du rêve – à savoir la régression qui constitue la « voie rétrograde ».

Cela donne lieu, dans un *troisième* et dernier *temps*, à une comparaison entre travail du rêve et psychose – notamment la schizophrénie et l'*Amentia* de Meynert ou psychose hallucinatoire.

Le texte conclut que « tous les caractères essentiels du rêve sont déterminés par la condition de l'état de sommeil » (p. 209), ce qui donne un fondement métapsychologique à l'idée aristotélicienne que « le rêve est l'activité psychique du dormeur ». On assiste donc bien à la promotion métapsychologique du sommeil, cette condition fonctionnelle préalable du rêve. C'est dans *Pour l'introduction du narcissisme* que la corrélation entre rêve et narcissisme avait été établie. Mais le présent texte exploite cette dimension de façon à en tirer toutes les conséquences. On notera que l'accent mis sur cet état anobjectal originaire fraie la voie à la notion de « narcissisme primaire absolu » (développée le plus explicitement dans l'*Abrégé de psychanalyse*).

La notion de projection se trouve renouvelée ici : « Un rêve est [...] aussi une *projection*, une extériorisation d'un processus interne » (p. 192). Le *Wunsch* se trouve en effet projeté à l'intérieur, au moyen de « la prise en considération de la figurabilité ». Cela est tout d'abord rendu possible par le sommeil, reconnu, au-delà de son aspect fonctionnel, comme l'initiateur narcissique et l'embrayeur du processus inhérent au *Wunsch*. L'application du « modèle normal » au déchiffrement psychopathologique a un effet, au-delà d'une sorte de clinique du rêve, sur la clinique du délire, dans le double registre de la schizophrénie et de l'*amentia* ou psychose hallucinatoire.

Le deuil et son destin mélancolique

Que l'on se tourne à présent, en quelque sorte sans transition, vers le cinquième et dernier essai de la *Métapsychologie*, *Deuil et mélancolie*, et l'on s'avisera, à propos d'un tout autre objet, de la même démarche. L'originalité du texte se trouve annoncée dans le titre même, par cette conjonction qui contient toute la problématique de l'écrit : c'est en effet un lien intime, au plan inconscient, entre deuil (*Trauer*) et mélancolie qui est suggéré comme étant à penser. Or, le premier terme désigne, en son usage courant, une profonde douleur ou souffrance (*Schmerz*) en lien avec la perte de quelque chose ou de quelqu'un (par la mort ou l'infidélité, dira Freud) et par extension le temps de cet état de perte douloureuse. Le second terme en revanche désigne une entité psychopathologique. Ce que cet écrit va fonder, c'est bien autre chose qu'une vague analogie entre ces deux formes de tristesse, soit une affinité structurale au plan des processus structuraux, le premier éclairant *homologiquement* le second.

Si le texte fut écrit entre le 23 avril et le 4 mai 1915 (soit en une dizaine de jours), en même temps que la *Complémentation métapsychologique à la doctrine du rêve*, il est le résultat d'une longue gestation antérieure. Il faut relever que quelque vingt ans auparavant, Freud s'était confronté à la mélancolie, tout d'abord en termes neurologiques, comme l'indique le *Manuscrit G* daté de janvier 1895. Dans le *Manuscrit N*, daté du 31 mai 1897, apparaît une approche proprement psychologique. Après ce premier contact, significatif, la question semble être mise en friche. Elle n'est qu'effleurée dans la discussion sur le suicide à la Société psychanalytique de Vienne en 1910, qui pourtant prend date pour son traitement ultérieur. Dans cet écrit, Freud se demandait comment il était possible, dans l'acte suicidaire, de surmonter cette puissance de la « pulsion de vie », sous l'effet d'une déception libidinale ou de « motifs » issus du moi. À présent, il va expliquer ce « surmontement de la pulsion qui oblige tout vivant à tenir fermement à la vie » par l'identification mortifère à l'objet perdu.

Si la mélancolie revient au premier plan d'une façon aussi spectaculaire, c'est bien sous la poussée de l'événement majeur de l'introduction du narcissisme en 1909-1914. C'est Karl Abraham qui, en 1911, réveille l'intérêt de Freud pour cette question de la mélancolie, qui lui était chère. Il en parle en janvier 1914 avec Jones[1] et en fait état le 30 décembre 1914 en réaction à un article sur la mélancolie lu par Tausk à la Société psychanalytique de Vienne. Ce que Freud rédige d'un jet est donc le fruit d'une longue confrontation avec des suggestions qui ont été produites autour de lui sur un sujet – la psychose – dont il ne parle que parcimonieusement, mais aussi sous l'effet de l'introduction du narcissisme qui va lui permettre de fixer sa contribution propre sur la « névrose narcissique[2] » qu'est à ses yeux la mélancolie.

C'est dans une lettre adressée à Ferenczi le 7 février 1915 relative au « mécanisme de la mélan-

1. *Cf.* Lettre de Jones à Freud du 7 décembre 1918.

2. S. Freud, *Névrose et psychose. La perte de la réalité dans la névrose et la psychose* (1924).

colie », présentée comme « un début d'exploration des névroses narcissiques » que l'on trouve le résumé le plus concis et précis du futur écrit sur *Deuil et mélancolie*. Maillon majeur de la genèse, cette version, longtemps méconnue, n'a été découverte qu'en 1991 [1]. Lettre-manuscrit adressée par Ferenczi à Abraham, comme l'apprennent la lettre de Freud à Abraham du 18 février 1915 et la réponse d'Abraham en date du 5 mars. À travers cinq points, se trouvent énumérés les éléments essentiels de la future étude qui en fournissent la clé de lecture :

1) le deuil comme modèle normal de la mélancolie en rapport avec la « psychose hallucinatoire de désir », la mélancolie a perdu quelque chose mais ne sait pas quoi ;

2) le tableau de la mélancolie autour de l'appauvrissement du moi ;

3) les reproches à soi-même comme reproches à quelqu'un d'autre, détournés et dirigés contre le moi propre ;

4) le mécanisme d'« identification narcissique », comparé à l'« énamouration » et à l'identification hystérique, caractérisé comme levée de l'investissement d'objet, le moi s'emparant de son image et la censure du moi restant intacte ;

---

1. Découverte par Ernst Falzeder lors d'un séjour d'étude aux « Archives Freud » (LOC, container B.7) en novembre 1991, transcrite par Ingeborg Meyer-Palmedo, elle a été intégrée dans la Correspondance de Freud avec Ferenczi (*op. cit.*, t. II, p. 58-59).

5) une interrogation sur les conditions spécifiques du mécanisme, cherchées du côté de la prépondérance du choix d'objet narcissique et l'incapacité à l'investissement d'objet.

Ce dernier point permet de faire entendre en toute sa portée la définition par Freud de cet écrit comme « une explication de la mélancolie se référant au narcissisme [1] ».

En quoi consiste donc le mécanisme inconscient de la mélancolie ? C'est, en homologie avec le phénomène normal du deuil, la réaction à une perte d'objet insue du sujet et procédant d'une identification à l'objet perdu, ouvrant une faille narcissique et révélant un défaut d'investissement d'objet.

Le point de départ est « le parallèle entre la mélancolie et le deuil » (p. 212) : il s'agit de « tenter d'éclairer l'essence de la mélancolie en la comparant avec l'affect normal du deuil », en homologie, il faut bien le noter, avec le rapport entre affections narcissiques et rêve – ce qui atteste une homologie méthodologique entre les deux écrits métapsychologiques et assure en quelque sorte l'unité de cette seconde partie de la *Métapsychologie*.

Le premier temps de l'écrit consiste à fonder ce « rapprochement » entre l'affection et son « proto-

1. Lettre de Freud à Binswanger du 1er avril 1915, *op. cit.*, p. 203.

type normal » (*Normalvorbild*). La mélancolie étant caractérisée « au plan psychique par une altération profonde et douloureuse de l'humeur, une mise en suspens de l'intérêt pour le monde extérieur, par la perte de la faculté d'aimer, par l'inhibition de toute production et l'abaissement du sentiment d'estime de soi » (p. 212), il apparaît que les quatre premières caractéristiques s'appliquent également au deuil, tandis que le cinquième et dernier trait est distinctif de la mélancolie. Il serait vain, face à cette spectaculaire autodépression, de tenter de contredire le patient mélancolique. La question serait plutôt « pourquoi il faut d'abord que l'on tombe malade pour accéder à ce genre de vérité » (p. 217). D'où l'énigme de cette double « perte », « quant à l'objet » et « quant à son moi ».

Là intervient la référence à l'idéal du moi, cette structure du moi – introduite dans *Pour l'introduction du narcissisme* – qui fonctionne aussi bien comme « conscience morale ». Si l'on examine l'autodénigrement, l'on peut s'aviser qu'il s'applique mieux à une autre personne : « leurs plaintes (*Klagen*) [des mélancoliques] sont des plaintes accusatrices (*Anklagen* = plaintes contre) ». Il apparaît donc que c'est sous l'effet d'une « atteinte » (*Kränkung*) ou d'une « déception » (*Enttäuschung*) réelles que le choix d'objet primitif a cédé, par un « ébranlement de la relation d'objet ». Ce qui se révèle alors, c'est que « l'investissement d'objet s'avéra peu résistant ». La catastrophe mélancolique révèle donc la précarité de l'investissement narcissique, enclenchant une « identification du moi avec l'objet abandonné ».

Là surgit la métaphore centrale : « L'ombre de l'objet tomba ainsi sur le moi qui put après cela être jugé par une instance particulière comme un objet » (p. 221). D'où la « régression [...] de l'investissement d'objet à la phase orale de la libido ». C'est ce qui vient se signifier dans l'impulsion suicidaire. La blessure du moi se manifeste notamment par l'insomnie. Enfin il ne faut pas négliger que le processus plonge ses racines dans l'érotisme anal.

Le texte s'achève avec l'évocation de la manie [1], devenir possible de la mélancolie et état en soi, « noces » entre le moi et l'idéal du moi, réconciliation triomphale qui marque un « revirement » spectaculaire du rapport des deux instances. L'ambivalence soutient le travail mélancolique, homologue pathologique du travail du deuil, tandis que le retour de l'aptitude à la douleur physique signe le début de la fin de la « douleur psychique » – ce qui permet de situer la théorie psychanalytique de la dépression, en alternance avec son destin obsessionnel.

Surtout, la notion de « relation d'objet » (*Objektbeziehung*) se trouve introduite ici. Mais en contraste de son devenir ultérieur, on voit que chez Freud c'est la perte *d'*objet qui est le moment de vérité de la relation *à l'*objet (ce dont Jacques Lacan se souviendra).

---

1. P.-L. Assoun, *L'Énigme de la manie*, Éditions Arkhè, 2010.

Ce texte d'aspect si structural ne doit pas faire perdre de vue qu'il est tiré, au dire de Freud, d'un « matériel » lié à « un petit nombre de cas dont la nature psychogène ne fait pas de doute ». On y trouve une description inégalée des affres mélancoliques, ainsi qu'une comparaison du destin de l'ambivalence dans la névrose obsessionnelle et la mélancolie. S'y trouve aussi fondée une *clinique analytique de la dépression*, cette référence à des états hétérogènes sans unité clinique réelle, située par Freud selon la double polarité, obsessionnelle et mélancolique.

C'est dans ce texte que culmine le travail de l'écriture métapsychologique qui fait du métapsychologue un auteur, sous la pression de son objet. La fameuse formule de « l'ombre de l'objet » tombant sur le moi exprime l'imposition poétique du récit métapsychologique. Elle révèle rien moins que le *style* du métapsychologue [1].

LA « POSTHISTOIRE » DE LA MÉTAPSYCHOLOGIE

La métapsychologie – comme discipline et démarche – a une vie après *Métapsychologie* ! Autrement dit, d'une part Freud, s'il renonce à une synthèse sous ce titre, poursuit l'élaboration du projet

1. P.-L. Assoun, *Dictionnaire des œuvres psychanalytiques*, *op. cit.*

de recherche que le lecteur de cet Écrit ne peut ignorer. D'autre part, elle constitue bien un héritage, au-delà de Freud : qu'est-ce que les « fils » ont fait de ce trésor ?

La posthistoire de la Métapsychologie

On peut oser dessiner l'allure qu'aurait eue la Métapsychologie si elle était allée jusqu'au bout de sa gestation. On peut par là même se représenter les écrits majeurs suivants comme constituant les rameaux dérivés des essais-souche qui n'ont pas été publiés dans notre *Métapsychologie*.

Il suffit de rappeler la table des matières qui se dégage du programme initial, comportant, outre les cinq essais princeps, des essais-chapitres sur :

- la conscience ;
- l'angoisse ;
- l'hystérie de conversion ;
- la névrose obsessionnelle ;
- les névroses de transfert en général ;
- la sublimation.

Comment Freud a-t-il réalisé ce programme dans les années ultérieures, sur le plan thématique partiel mais aussi sur le plan dynamique global ?

• Sur le plan de la *théorie des névroses*, la partie des *Leçons d'introduction à la psychanalyse* intitulée « Théorie générale des névroses » (*Allgemeine Neurosenlehre*). Ce titre indique de façon cryptée que se trouve écrit là, dans les années 1916-1917, le chapitre manquant correspondant de la *Métapsychologie* de 1915.

• Sur la question de l'angoisse : présente continûment dans la réflexion freudienne [1], récapitulée dans les mêmes *Leçons,* elle a été mise à jour de façon décisive dans *Inhibition, symptôme et angoisse*, une décennie plus tard (1926).

• Quant à la sublimation : nommée par Freud pour la première fois en 1897, située dans les *Trois Essais de la théorie sexuelle* dans le devenir libidinal, l'examen du cas Léonard de Vinci en 1910 lui donne l'occasion de l'illustrer sur ce cas précis et exceptionnel qui en montre la complexité singulière. L'introduction du narcissisme oblige à prendre en compte le rôle du moi dans le processus – ce qui ouvre la question de la « désexualisation ».

Mais surtout, sur un plan dynamique, une série de vagues va relancer la théorisation métapsychologique ou, pour renchérir sur l'image freudienne, faire bouillir la marmite de « la sorcière métapsychologique », faisant imploser, sans le détruire, ce que l'on peut tenir pour le modèle « classique » de la métapsychologie, celui de 1915.

En premier lieu, se produit le formidable bouleversement consacré dans *Au-delà du principe de plaisir* (1920), introduisant la « pulsion de mort », absente des textes que l'on va lire. On n'a pourtant

1. P.-L. Assoun, *Leçons psychanalytiques sur l'angoisse*, Economica, 2002 ; 4e éd., 2011.

pas assez remarqué que la *Métapsychologie* ayant pour point de départ la pulsion et pour terminus la mélancolie, la pulsion de mort monte à l'horizon : Freud présentera en effet le surmoi mélancolique comme « pure culture de pulsion de mort ». L'examen précédent de la genèse montre que ce texte joue un double rôle : d'une part, il coïncide avec l'abandon de la synthèse annoncée, d'autre part la relance et lui donne un nouveau souffle.

En deuxième lieu, les années 1920 voient apparaître un remaniement décisif de la topique avec *Le Moi et le Ça* (1923) – « décomposition de la personnalité psychique » – et *Inhibition, symptôme et angoisse* (1926) qui repositionne le sujet de l'angoisse à partir de la castration. C'est la théorie de la névrose et de la psychose, mais aussi celle des phobies qui se trouve approfondie. C'est enfin *Le Problème économique du masochisme* (1924) qui requiert une modification de cet article de la *Métapsychologie* indiquée dans les notes de l'édition de la même année.

En troisième lieu, l'introduction de la notion de « clivage du moi » (*Ichspaltung*) vient introduire dans les années 1930 un nouveau séisme. Cette fois, ce qui est à penser, ce n'est plus seulement un conflit inter-instantiel (entre moi, ça et surmoi), mais « intra-instantiel », puisque le moi lui-même est susceptible de se scinder (*Le Clivage du moi dans le processus de défense*, 1937).

On serait en droit de conclure que le bouleversement des années 1920-1930 remet en cause systématiquement les fondements mêmes du modèle de 1915 de la métapsychologie : *économique* – par une subversion du « principe de plaisir » et une économie de la répétition mortifère –, *dynamique* – par une reconfiguration de la conflictualité entre les instances – et *topique* – par l'idée subversive de clivage. Ne pourrait-on pas penser que dès lors il ne reste pierre sur pierre de cet édifice ? En fait, le métapsychologue qui dit avoir renoncé à la synthèse continue à travailler des plus activement, en sorte que la « Métapsychologie » présentée ici représente bien le « canon » sans lequel la suite est inintelligible, sauf à se trouver amendée, en une sorte de « complémentation », d'*Ergänzung*, cette fois à grande échelle. Freud s'attaque au mode de penser analytique même dès lors qu'il se fige. Mais il y a bien une continuité de l'effort, sans que l'on débouche jamais sur un « tout » (*Ganze*). On pourrait parler, en analogie avec la physique einsteinienne, d'une « forme restreinte » et d'une « forme généralisée » d'une logique de l'inconscient. « Métapsychologie finie et infinie », sans cesse au travail, mais sans défaillir à l'exigence de rigueur. Legs aussi bien à la postérité analytique.

Réception et postérité de la métapsychologie

Qu'est-elle donc devenue après Freud ? Quel fut le destin postfreudien de la métapsychologie [1] ? On

1. P.-L. Assoun, *Psychanalyse*, PUF, coll. « Quadrige », 2e éd., 2007 et *La Métapsychologie*, *op. cit.*, chap. X, p. 104-120.

pourrait penser que, compte tenu de son rôle fondateur, la métapsychologie a été perpétuée par l'ensemble du mouvement psychanalytique. Or, les choses se présentent tout autrement. Il est vrai que la métapsychologie est contenue dans l'héritage freudien comme un acquis qui en quelque sorte va de soi et qui est présupposé dans les projets analytiques ultérieurs. Il y a pourtant un contraste entre l'utilisation active d'éléments de la métapsychologie freudienne – avec lequel chaque analyste « bricole » en quelque sorte son mode d'emploi – et la perte de la fonction synthétique du savoir de l'inconscient inhérent à la métapsychologie freudienne.

On constate que ce texte, de la théorie pulsionnelle fondamentale à la contribution sur la mélancolie, a eu une postérité considérable dans la théorisation psychanalytique, via la conception de l'objet pulsionnel :

- par la médiation de sa réélaboration de Karl Abraham, la conception de l'objet contenue dans ce texte a fondé la conception de Melanie Klein [1].
- la conception de l'« objet *a* », introduite par Lacan (1960) et définie par lui comme sa contribution fondamentale à la psychanalyse (1966),

1. M. Klein, *Contribution à l'étude de la psychogenèse des états dépressifs* (1934) et *Le Deuil et ses rapports avec les états maniaco-dépressifs* (1940), reproduits dans *Essais de psychanalyse.*

se trouve directement référée à ce texte de Freud : « Si j'ai un jour inventé l'objet *a*, c'est que c'est écrit dans *Trauer und Melancholie*[1]. »

- la notion de relation d'objet (*Objektsbeziehung*), déterminante dans la postérité analytique, trouve là, on l'a vu, sa première occurrence significative. La postérité lui donnera une consistance qui va au-delà de l'usage freudien et jusqu'à sa déformation systématique : les postfreudiens donneront au terme « relation » un sens réaliste, sexuel (Bouvet) ou désexualisé (Fairbairn), négligeant la dimension de manque inhérent à la notion – et que Lacan soulignera vigoureusement, en contraste ;
- la notion de « faille narcissique » a été inlassablement exploitée par la postérité freudienne, au prix de méconnaître que c'est dans la mélancolie qu'elle a son prototype et sa validité propre.

La postérité de ce texte est immense, dans la mesure où elle se confond virtuellement avec l'ensemble de la psychanalyse comme théorie[2]. Mais, tel l'empire des « Diadoques » après la mort d'Alexandre, si l'on ose cette image impériale, elle s'est trouvée parcellisée et exploitée au prix d'être démembrée. Ce qui constitue le caractère incomparable de la Métapsychologie freudienne est préci-

1. J. Lacan, Conférence à Louvain du 13 octobre 1972, *Quarto* n° 5, 1981.

2. Nous le détaillons d'une part dans notre *Introduction à la métapsychologie freudienne* (1993), d'autre part dans notre *Psychanalyse* (*op. cit.*).

sément son caractère « synoptique » autant que différencié, faisant coexister des réseaux de questionnements contrastés.

On relèvera seulement le contraste de deux attitudes envers la métapsychologie : chez Melanie Klein, une reprise sciemment « partiellisée » (autour de l'objet partiel) qui a fait parler de révisionnisme total de la métapsychologie freudienne (Glover) à l'époque des Grandes Controverses de Londres des années de guerre ; chez Winnicott, l'aveu d'une incapacité à « prendre part à une discussion métapsychologique » et une tendance à « dire les choses dans [son] propre langage, au lieu d'apprendre à utiliser les termes de la métapsychologie psychanalytique » [1] ; chez Lacan, la métapsychologie perd son statut princeps, étant relayée par la mathesis du signifiant, mais il tire un parti considérable de pans entiers de la métapsychologie, tout en les redistribuant dans son propre déchiffrement, comme on le voit dans tous les secteurs de la clinique analytique à condition d'en saisir le cheminement [2].

En France, le projet de Jean Laplanche, tel qu'il ressort des *Problématiques* [3], constitue une véritable

1. Lettres de Winnicott à Balint du 5 février 1960 et à Anna Freud du 18 mars 1954. P.-L. Assoun, « Le symptôme humain : Winnicott a-métapsychologue », in *La Nature humaine à l'épreuve de Winnicott*, PUF, 2006, p. 61-78.

2. P.-L. Assoun, *Lacan*, PUF, coll. « Que sais-je ? », 2e éd., 2009, et *Leçons psychanalytiques* (*op. cit.*).

3. *Problématiques*, PUF, *I. L'Angoisse*, 1980 ; *II. Castration-Symbolisation*, 1980 ; *III. La Sublimation*, 1980 ; *IV. L'Inconscient et le Ça*, 1981 ; *V. Le Baquet. Transcendance du transfert*, 1987. Il s'agit d'« une démarche problématique et interpréta-

remise en chantier de la métapsychologie. Il n'est pas inintéressant de constater que la métapsychologie ait servi de fondement à la « psychanalyse à l'Université », démontrant ainsi sa portée de savoir fondamental, à ce titre transmissible solidairement à la clinique.

Qu'il nous soit permis de faire état d'un véritable transfert personnel sur la métapsychologie, que nous avons cherché à montrer à l'œuvre en ses diverses émergences, il y a une vingtaine d'années [1], en écho au logos freudien [2], avant d'en montrer la place de plein droit, de savoir, dans l'encyclopédie [3] comme en sa fécondité clinique. Ce qui y apparaît fascinant est cette élaboration d'une belle rationalité dédiée à l'absolue singularité du « cas » : universel singulier, en ce sens.

CONCLUSION : LA MÉTAPSYCHOLOGIE AU PRÉSENT

« J'estime que l'on ne doit pas faire de théories, elles doivent tomber à l'improviste dans votre

---

tive le long de certains axes majeurs de la théorie psychanalytique ». Travail didactique, d'exégèse très articulée à la lettre du texte freudien, mené à l'université Paris-7.

1. P.-L. Assoun, *Introduction à la métapsychologie freudienne* (PUF, collection « Quadrige », 1993), en instance de réédition.

2. P.-L. Assoun, *L'Entendement freudien. Logos et Anankè*, Gallimard, 1984.

3. P.-L. Assoun, *La Métapsychologie*, *op. cit.*

maison, comme des hôtes qu'on n'avait pas invités, alors qu'on est occupé à l'examen des détails [1]. »

En cette remarque de Freud, dans une lettre juste contemporaine de sa « Métapsychologie », se trouve restituée, avec une métaphore aussi réaliste qu'humoristique, la posture du théoricien freudien. Ce qui est en jeu avec la métapsychologie, c'est la nécessité impérieuse d'une conception de la « causalité psychique », prise en un lien intime avec la pratique clinique.

On mesure mieux le sens de la « sorcière métapsychologie » que l'on appelle à la rescousse : elle n'est pas quelque forçage théorique – Freud est au reste parcimonieux dans son usage du mot « théorie » –, mais elle survient « à l'improviste », elle s'impose, s'invitant en quelque sorte en pleine « occupation » clinique. Freud renvoie ainsi dos à dos le « pousse-à-la théorie » factice et l'empirisme naïf du culte des faits. Au clinicien fier de s'affranchir de toute théorie, pour démontrer sa prise dans le réel, comme au vain spéculateur réduisant à la grise théorie la verdeur de l'expérience (autre image goethéenne), Freud oppose la patience féconde de l'élaboration métapsychologique. Reste que, en contraste des ternes descriptions comme des stéréotypes théoriques, la « sorcière » suscitée par Freud reste, un siècle après, d'une jeunesse insolente dont le lecteur pourra juger à un siècle de distance. En un contexte d'athéorisme – qui trouve dans le

1. Lettre de Freud à Ferenczi du 31 juillet 1915, *op. cit.*

Manuel diagnostique et statistique des troubles mentaux[1] (DSM) sa forme cataloguée – et dans les empirismes cliniques cognitivo-comportementaux ses outils, la pratique de la métapsychologie démontre la consistance d'une théorie des processus et sa puissance à rendre compte des complexités du sujet, du symptôme et de la structure inconsciente.

Il faut ici ne pas mâcher ses mots : la métapsychologie contient des potentialités théoriques qui surclassent la capacité explicative des autres champs de savoir psychique. Mais loin d'avoir le dernier mot, à la façon d'un système ou d'une vision du monde, elle survient dans les moments décisifs – mais aussi nombreux – où le clinicien est à bout de ressources empiriques. C'est alors que la sorcière freudienne « rapplique » ! Le lecteur pourra juger que les « renseignements » de la sorcière métapsychologie ne sont pas aussi parcimonieux que Freud le déplore. Il arrive même que, outil précieux pour la clinique, la clinique semble en quelque sorte faire un pas vers la métapsychologie en saturant ses hypothèses, comblant la « sorcière » ! Si c'est le signe de sa fécondité, le danger serait de faire alors de la métapsychologie une sorte d'« hyper-sens »[2], danger que l'usage freudien

1. P.-L. Assoun, « Métapsychologie et psychiatrie : l'effet "DSM" », *Synapse. Journal de psychiatrie et système nerveux central*, 2001, n° 174, p. 20-22, Éditions NHA.

2. Sur l'aporie entre spéculatif hégélien et « spéculer » métapsychologique, *cf.* notre ouvrage *L'Entendement freudien*, *op. cit.*

exclut. Faute de disposer de ce recours, le clinicien le plus avisé ne peut que piétiner. Tout savoir de la psyché décomplété de la métapsychologie est marqué de cette infirmité. Ce que Freud exprime par la percutante formule que « la santé ne se laisse définir que métapsychologiquement [1] ». Reste que ces ressources ne sont destinées qu'à revenir à l'expérience au moyen de l'éclairage métapsychologique.

D'où l'actualité chronique de ce texte-manifeste, par ailleurs revêtu d'un précieux cachet d'« in-actuel », qui permet, avec quelque persévérance, de faire l'apprentissage de cette langue de l'inconscient. On serait ainsi tenté de paraphraser le propos de Freud relatif à la science [2], par une profession de foi acquise nulle part ailleurs qu'à l'école de la clinique quotidienne de l'inconscient : la métapsychologie, traque du réel inconscient, si elle est une spéculation, n'est pas une illusion, mais ce serait une illusion de chercher hors de la métapsychologie ce qu'*elle* ne peut nous donner…

Paul-Laurent ASSOUN

---

1. S. Freud, *L'Analyse finie et l'Analyse sans fin*, *op. cit.*
2. S. Freud, *L'Avenir d'une illusion*, *op. cit.*, chapitre X.

Métapsychologie

Le lecteur qui souhaiterait consulter l'édition de référence des œuvres de Freud en langue allemande trouvera en marge de la traduction la concordance de la pagination des *Gesammelte Werke*.

Pulsions et destins des pulsions

Nous avons maintes fois entendu formuler l'exi- 210
gence qu'une science devait être bâtie sur des concepts fondamentaux clairs et rigoureusement définis. En réalité, aucune science, même la plus exacte, ne commence avec de telles définitions. Le véritable début de l'activité scientifique consiste bien plutôt en la description de phénomènes qui sont ensuite regroupés, ordonnés et inscrits dans des relations. Déjà, lors de la description, on ne peut éviter d'appliquer au matériel certaines idées abstraites que l'on va chercher où l'on pourra, et certainement pas dans la seule expérience nouvelle. De telles idées – les futurs concepts fondamentaux de la science – sont encore plus indispensables lors de l'élaboration ultérieure du matériau. Elles doivent d'abord comporter un certain degré d'indétermination ; il ne saurait être question d'en cerner clairement le contenu. Tant qu'elles se trouvent dans cet état, on s'accordera sur leur signification par un renvoi répété au matériel d'expérience, auquel elles semblent empruntées, mais qui, en réalité, leur est subordonné. Elles ont donc stric-

tement le caractère de conventions, tout dépendant dès lors de ce qu'elles ne soient pas pour autant élues arbitrairement, mais qu'elles soient déterminées par des rapports significatifs au matériau empirique, qu'on se fait fort de deviner avant même de pouvoir les reconnaître et les démontrer. Ce n'est qu'après une investigation approfondie du domaine de phénomènes concerné que l'on peut aussi en saisir de manière plus rigoureuse les
211 concepts scientifiques fondamentaux et les modifier progressivement afin qu'ils deviennent utilisables dans un large périmètre et, du même coup, libres de toute contradiction. Peut-être serait-il bien temps, alors, de les confiner dans des définitions. Le progrès de la connaissance ne tolère cependant aucune rigidité des définitions. Comme l'enseigne avec éclat l'exemple de la physique, même les « concepts fondamentaux » solidement établis en des définitions subissent une modification constante de leur contenu.

Un tel concept fondamental conventionnel, pour l'instant encore assez obscur, mais dont nous ne pouvons nous passer en psychologie, est celui de *pulsion* [*Trieb*]. Tentons par différents côtés de le charger de contenu.

D'abord, par celui de la physiologie. Celle-ci nous a donné le concept de *stimulus* [*Reiz* *]et le

* Ce mot pouvant désigner aussi bien le « stimulus » au sens strict (l'agent lui-même) que l'action exercée ou l'effet produit par tout un faisceau de facteurs stimulants, nous le rendrons, en fonction du contexte, tantôt par stimulus, tantôt par stimulation.

schéma réflexe d'après lequel une stimulation apportée *de* l'extérieur sur le tissu vivant (la substance nerveuse) est évacuée au moyen d'une action *vers* l'extérieur. Cette action devient pertinente dans la mesure où elle soustrait la substance stimulée à l'influence du stimulus, et la met hors de portée de l'effet stimulant.

Qu'en est-il, dès lors, de la relation entre la *pulsion* et le *stimulus* ? Rien ne nous empêche de subsumer le concept de pulsion sous celui de stimulus : la pulsion serait un stimulus pour le psychique. Mais nous nous voyons aussitôt avertis de ne pas assimiler pulsion et stimulus psychique. Il y a manifestement pour le psychique encore d'autres stimulus que les stimulus pulsionnels, comme ceux qui, par leur comportement, se rapprochent bien davantage des stimulus physiologiques. Quand, par exemple, une forte lumière vient tomber sur l'œil, il ne s'agit pas là d'un stimulus pulsionnel ; en revanche, c'en est bien un quand se fait sentir le dessèchement de la muqueuse du pharynx ou l'irritation de la muqueuse de l'estomac [1].

Nous avons à présent conquis du matériel pour la distinction entre stimulus pulsionnel et stimulus d'autre sorte (physiologique) agissant sur le psychique. Premièrement : le stimulus pulsionnel ne provient pas du monde extérieur, mais de l'inté- 212

1. À supposer, nommément, que ces processus internes soient les fondements organiques des besoins de soif et de faim.

rieur même de l'organisme. Il agit de ce fait aussi autrement sur le psychique et exige, pour sa mise à l'écart, d'autres actions. En outre : tout l'essentiel, concernant le stimulus, est posé si nous admettons qu'il agit à la façon d'un ébranlement unique ; il peut alors également être éliminé par une unique action appropriée, dont l'exemple type est la fuite motrice devant la source de stimulation. Naturellement, ces ébranlements peuvent aussi se répéter et s'additionner, mais cela ne change rien à la conception du processus ni aux conditions de la mise en suspens du stimulus. La pulsion, en revanche, n'agit jamais comme une *force d'ébranlement momentanée*, mais toujours comme une *force constante*. Comme elle n'attaque pas du dehors, mais de l'intérieur du corps, aucune espèce de fuite ne peut valoir contre elle. Nous appellerons de préférence le stimulus pulsionnel « besoin » ; ce qui supprime ce besoin, est la « *satisfaction* ». Celle-ci ne peut être obtenue que par une modification conforme au but (adéquate) de la source interne de stimulation.

Plaçons-nous du point de vue d'un être vivant presque entièrement démuni [*hilflos* *] et pas encore orienté dans le monde, qui intercepte des stimulus dans sa substance nerveuse. Cet être sera

* C'est ce terme, qui signifie « sans aide, impuissant » (au sens d'incapable de subvenir sans aide à ses besoins), que l'on retrouve dans l'« *Hilflosigkeit* », la « détresse » du nourrisson (voir *infra*, p. 101).

bientôt en position d'effectuer une première différenciation et d'arriver à une première orientation. D'un côté, il ressentira des stimulus auxquels il pourra se soustraire par une action musculaire (fuite) et mettra ces stimulus au compte d'un monde extérieur ; mais, d'un autre côté, encore d'autres stimulus contre lesquels une telle action restera vaine, qui garderont malgré tout leur caractère de poussée constante ; ces stimulus sont le signe caractéristique d'un monde intérieur, la preuve de besoins pulsionnels. La substance perceptrice de l'être vivant aura ainsi gagné, par l'efficacité de son activité musculaire, un point d'appui pour distinguer un « dehors » d'un « dedans ».

Nous trouvons donc l'essence de la pulsion d'abord dans ses caractères principaux : l'origine qu'elle tire de sources de stimulation dans l'intérieur de l'organisme, son émergence en tant que
force constante, et nous en déduisons une de ses 213
autres marques distinctives : l'impossibilité de la contraindre par des actions de fuite. Cependant, au fil de ces discussions, quelque chose n'aura pas manqué de nous frapper qui nous contraint à un nouvel aveu. Nous ne nous contentons pas d'appliquer à notre matériel d'expérience certaines conventions au titre de concepts fondamentaux, mais nous nous servons aussi de maintes *présuppositions* complexes, susceptibles de nous guider dans l'élaboration du monde phénoménal psychologique. Nous avons déjà présenté la plus importante de ces présuppositions, il ne nous reste plus qu'à la mettre expres-

sément en évidence. Elle est de nature *biologique*, collabore avec le concept de tendance (éventuellement celui de finalité), et s'énonce ainsi : le système nerveux est un appareil auquel échoit la fonction d'écarter à chaque fois les stimulus qui lui parviennent, de les réduire à un niveau aussi bas que possible, ou qui, si c'était seulement possible, chercherait à se tenir à l'abri de toute stimulation. Ne nous formalisons pas, provisoirement, de l'indétermination de cette idée, et attribuons au système nerveux la tâche – pour le dire en termes généraux – de *la maîtrise des stimulus*. Nous voyons alors à quel point l'introduction des pulsions complique le simple schéma réflexe physiologique. Les stimulus externes n'imposent que l'unique tâche de se soustraire à eux, ce qui s'accomplit alors par des mouvements musculaires dont l'un finit par atteindre le but visé pour devenir alors, en tant que le mouvement adéquat, une disposition héréditaire. Les stimulus pulsionnels qui prennent naissance à l'intérieur de l'organisme sont impossibles à éliminer par ce mécanisme. Ils imposent ainsi au système nerveux de bien plus hautes exigences, l'incitent à des activités tarabiscotées, engrenées les unes dans les autres, qui transforment le monde extérieur jusqu'au point qu'il procure à la source de stimulation interne la satisfaction, et le contraignent avant tout à renoncer à son objectif idéal de tenir à distance la stimulation, car ils entretiennent un apport de stimulus inévitable et continu. Nous sommes donc bel et bien en droit de conclure que ce sont elles,

les pulsions, et non pas les stimulus externes, qui sont les véritables moteurs des progrès qui ont amené le système nerveux, si infiniment performant, à son niveau d'évolution actuel. Naturelle- 214
ment, rien ne vient objecter à la supposition que les pulsions elles-mêmes, au moins pour partie, sont des précipités d'effets de stimulation externes qui, au cours de la phylogenèse, ont exercé sur la substance vivante une action transformatrice.

Si nous nous avisons ensuite que l'activité des appareils psychiques même les plus hautement évolués est soumise au *principe de plaisir* [*Lustprinzip*], c'est-à-dire qu'elle est régulée automatiquement par des sensations de la série plaisir-déplaisir, il nous sera difficile de récuser la présupposition qui en découle, à savoir que ces sensations restituent le mode sous lequel la maîtrise des stimulus se produit. En ce sens, certainement, que la sensation de déplaisir a à faire avec une augmentation, la sensation de plaisir avec une diminution de la stimulation. Nous aurons toutefois à cœur de maintenir soigneusement la large indétermination de cette supposition, jusqu'à ce que nous réussissions d'aventure à deviner la nature du rapport entre plaisir-déplaisir et les fluctuations des grandeurs de stimulation agissant sur la vie psychique. Ce genre de rapport risque assurément de revêtir des formes très diverses et pas très simples.

Si nous nous appliquons maintenant à considérer la vie psychique à partir du versant biologique, la « pulsion » nous apparaît comme un concept frontière entre psychique et somatique, comme représentant [*Repräsentant*] psychique des stimulations issues de l'intérieur du corps et arrivant dans l'âme, comme une mesure de l'exigence de travail imposée au psychique en raison de sa connexion avec le corporel.

Nous pouvons à présent discuter quelques termes qui sont employés dans le contexte du concept de pulsion, comme : poussée, but, objet, source de la pulsion.

Par *poussée* [*Drang*] d'une pulsion, on entend son agent moteur, la somme de force ou la mesure d'exigence de travail qu'elle représente [*repräsentiert*]. Le caractère de sollicitation pressante est une propriété générale des pulsions, voire même l'essence de celles-ci. Toute pulsion est une portion
215 d'activité ; quand on parle négligemment de pulsions passives, on ne peut rien vouloir désigner d'autre que des pulsions à but passif.

Le *but* [*Ziel*] d'une pulsion est toujours la satisfaction, qui ne peut être atteinte que par suppression de l'état de stimulation à la source de la pulsion. Mais, même si ce but terminal reste invariable pour toute pulsion, il demeure que différentes voies peuvent conduire au même but terminal, de sorte que divers buts, plus proches ou intermédiaires, peuvent se proposer pour une seule pulsion, en se combinant les uns avec les autres ou en s'échangeant les uns contre les autres. L'expérience nous autorise aussi à parler de pulsions « *inhibées quant au but* », à propos de processus qui auront la liberté de parcourir un bout de chemin en direction de la satisfaction pulsionnelle, mais qui subiront alors une inhibition ou un détournement. Il faut admettre qu'une satisfaction partielle est attachée même à de tels processus.

L'objet [*Objekt*] de la pulsion est celui dans lequel ou par lequel la pulsion peut atteindre son but. Il est ce qu'il y a de plus variable dans la pulsion, n'étant pas originellement lié à elle, mais ne lui étant conjugué qu'en vertu de son aptitude à rendre possible la satisfaction. Il n'est pas nécessairement un objet étranger, mais tout aussi bien une partie du corps propre. Il peut, au fil de la destinée de la pulsion, être échangé à loisir ; c'est à ce déplacement de la pulsion qu'échoient les rôles les plus significatifs. Le cas peut se présenter que le même objet serve simultanément à la satisfaction de plusieurs pulsions ; ainsi, selon Alfred Adler *, le cas de l'*entrecroisement de pulsions*. Toute liaison particulièrement intime de la pulsion à l'objet se verra désignée comme *fixation* de ce dernier. Celle-ci s'accomplit souvent en des périodes très précoces du développement pulsionnel et met un terme à la mobilité de la pulsion en s'opposant intensivement à toute disjonction.

Par *source* [*Quelle*] de la pulsion, on entend ce processus somatique particulier dans un organe ou une partie du corps, dont l'effet stimulant est représenté [*repräsentiert*] dans la vie psychique par

* A. Adler « Der Agressionstrieb im Leben und in der Neurose », *Fortschritte der Medizin*, n° 26, 1908.

la pulsion. Nous ignorons si ce processus est régu-
216 lièrement de nature chimique ou s'il peut aussi correspondre à la libération d'autres forces, par exemple mécaniques. L'étude des sources de la pulsion ne relève plus de la psychologie ; bien que son origine dans une source somatique soit l'élément proprement décisif pour la pulsion, dans la vie psychique, elle ne nous est connue par rien d'autre que par ses buts. Une connaissance plus exacte des sources de la pulsion n'est pas nécessairement requise pour satisfaire aux desseins de la recherche psychologique. Il arrive qu'on puisse, par inférence, remonter de façon sûre des buts de la pulsion à ses sources.

Faut-il admettre que les différentes pulsions issues du corporel et agissant sur le psychique se distinguent par autant de qualités différentes et se comportent ainsi dans la vie psychique de manière qualitativement différente ? Cela ne semble pas justifié, on se satisfera plutôt de l'hypothèse plus simple selon laquelle les pulsions sont toutes qualitativement identiques et ne doivent leur effet qu'aux grandeurs d'excitation qu'elles véhiculent, et peut-être encore à certaines fonctions de cette quantité. Ce qui différencie les unes des autres les performances psychiques des diverses pulsions se laisse ramener à la variété des sources pulsionnelles. Ce n'est toutefois que dans un nouveau contexte que nous pourrons établir clairement ce que signifie le problème de la qualité pulsionnelle.

Quelles pulsions peut-on recenser et combien ? Ici, manifestement, un vaste espace de liberté est laissé à l'arbitraire. On ne peut rien objecter à ce que quiconque mette en circulation le concept d'une pulsion de jeu, d'une pulsion de destruction ou d'une pulsion de sociabilité là où l'objet l'exige et où les limites de l'analyse psychologique l'autorisent. Mais on ne devrait pas négliger la question de savoir si ces motifs pulsionnels qui, d'un côté, sont si spécialisés, n'admettent pas une décomposition plus affinée en direction des sources pulsionnelles, de sorte que seules les pulsions originaires, impossibles à décomposer plus avant, pourraient prétendre à être prises en compte.

J'ai proposé de distinguer deux groupes de ces pulsions originaires, celui des *pulsions du moi* ou d'*autoconservation* et celui des *pulsions sexuelles*. 217
Mais cette classification n'a pas la signification d'une hypothèse nécessaire, par exemple la supposition relative à la tendance biologique de l'appareil psychique (voir plus haut) ; elle est une simple construction de soutien, qui ne devra être maintenue que tant qu'elle se révélera utile, et dont le remplacement par une autre ne changera pas grand-chose aux résultats de notre travail de description et de mise en ordre. Le motif de cette classification découle de l'histoire du développement de la psychanalyse, qui a pris comme objet initial les psychonévroses – et notamment le groupe qu'il convient de désigner comme « névroses de transfert » (hystérie et névrose obsessionnelle) – pour

aboutir à travers elles à l'idée qu'on devait pouvoir trouver, à la racine de toute affection de ce genre, un conflit entre les exigences de la sexualité et celles du moi. Il est toutefois possible qu'une étude approfondie des autres affections névrotiques (avant tout des psychonévroses narcissiques : des schizophrénies) nécessite une modification de cette formule et, du même coup, un nouveau découpage des pulsions originaires. Mais, pour l'heure, nous ne connaissons pas cette nouvelle formule et n'avons même pas encore trouvé d'argument qui soit défavorable à la mise en opposition de pulsions du moi et de pulsions sexuelles.

Il me paraît d'ailleurs douteux qu'il soit un jour possible, en se fondant sur l'élaboration du matériel psychologique, de récolter des indices décisifs pour la distinction et la classification des pulsions. Il semble bien plutôt nécessaire, dans la perspective de cette élaboration, d'appliquer au matériel certaines hypothèses définies sur la vie pulsionnelle, et il serait souhaitable que l'on puisse emprunter ces hypothèses à un autre domaine pour les transposer à la psychologie. Ce que la biologie apporte à cet effet ne contredit assurément pas la distinction entre pulsions du moi et pulsions sexuelles. La biologie enseigne que la sexualité n'est pas comparable aux autres fonctions de l'individu, car ses tendances vont au-delà de l'individu et ont pour contenu la
218 production de nouveaux individus, autrement dit la conservation de l'espèce. Elle nous fait voir, en outre, que deux conceptions du rapport entre moi

et sexualité cohabitent de manière également justifiée ; l'une, selon laquelle l'individu est la chose essentielle, et qui considère la sexualité comme une de ses activités et la satisfaction sexuelle comme un de ses besoins, et l'autre, d'après laquelle l'individu est un appendice temporaire et éphémère du plasma germinal, quasi immortel, qui lui fut confié par la génération. L'hypothèse selon laquelle la fonction sexuelle se sépare des autres processus corporels par un chimisme particulier constitue même, pour autant que je sache, un présupposé de la recherche biologique d'Ehrlich.

Dans la mesure où l'étude de la vie pulsionnelle à partir de la conscience présente des difficultés à peine surmontables, l'investigation psychanalytique des troubles psychiques reste la source principale de notre connaissance. Jusqu'à présent, conformément au rythme de son développement, la psychanalyse n'a cependant été en mesure de nous apporter d'informations passablement satisfaisantes que sur les pulsions sexuelles, parce que ce groupe de pulsions est précisément le seul qu'elle ait pu observer, pour ainsi dire isolément, dans les psychonévroses. Avec l'extension de la psychanalyse aux autres affections névrotiques, notre connaissance des pulsions du moi trouvera certainement à son tour son fondement, bien qu'il semble présomptueux d'attendre de ce nouveau champ de recherches des conditions aussi favorables à l'observation.

Pour dessiner une caractéristique générale des pulsions sexuelles, on peut avancer ce qui suit :

elles sont nombreuses, émanent de multiples sources organiques, elles exercent leur activité d'abord indépendamment les unes des autres et ne sont rassemblées que tardivement en une synthèse plus ou moins achevée. Le but auquel chacune d'elles aspire est l'obtention du *plaisir d'organe* ; ce n'est qu'une fois la synthèse accomplie qu'elles entrent au service de la *fonction de reproduction,* ce qui leur vaut alors d'être universellement reconnues en tant que pulsions sexuelles. À leur première apparition, elles s'adossent [*lehnen sie sich an* *]
219 d'abord aux pulsions de conservation, dont elles ne se détachent que progressivement et suivent au demeurant, dans le procès de la découverte de l'objet, les voies que leur indiquent les pulsions du moi. Une partie d'entre elles reste, la vie durant, associée aux pulsions du moi et pourvoit celles-ci de composantes *libidinales* qui sont faciles à méconnaître dans la fonction normale et ne sont mises en évidence que par la maladie. Elles se distinguent en ceci que, dans une large mesure, elles peuvent se substituer les unes aux autres par vicariance et échanger facilement leurs objets. Il résulte de ces dernières propriétés qu'elles sont capables de performances très éloignées des actions initialement exigées par leur but (sublimation).

Il nous faudra limiter aux pulsions sexuelles, que nous connaissons mieux, l'examen des destins que

---

* On aura reconnu ici ce qui s'est acquis droit de cité sous le nom d'étayage (« *Anlehnung* »).

des pulsions peuvent connaître au cours du développement et de l'existence. Comme tels, l'observation nous révèle les destins de pulsions suivants :

– le renversement dans le contraire ;
– le retournement contre la personne propre ;
– le refoulement ;
– la sublimation.

Comme je ne prémédite nullement de traiter ici de la sublimation, et que, par ailleurs, le refoulement exige un chapitre particulier, il ne nous reste qu'à décrire et à discuter les deux premiers points. Au regard des motifs qui œuvrent à l'encontre d'un prolongement direct des pulsions, on peut présenter les destins des pulsions comme autant de modes de la *défense* [*Abwehr*] contre les pulsions.

Le renversement dans le contraire se résout, à y regarder de plus près, en deux processus différents : le *retournement* d'une pulsion de *l'activité vers la passivité* et le *renversement quant au contenu.* Parce que différents dans leur essence, ces deux processus sont aussi à traiter séparément.

Les paires d'opposés : sadisme-masochisme et plaisir de regarder-exhibition apportent des exemples du premier processus. Le renversement ne touche que les *buts* de la pulsion ; au lieu du but actif : tourmenter, regarder, c'est le but passif : 220
être tourmenté, être regardé qui se met en place. Le renversement relatif au contenu se rencontre dans l'unique cas de la transformation de l'aimer en un haïr.

Le retournement contre la personne propre nous est inspiré par la constatation que le masochisme est bien un sadisme retourné contre le moi propre, et que l'exhibition implique aussi la contemplation du corps propre. L'observation analytique ne laisse subsister aucun doute quant au fait que le masochiste partage la jouissance de la fureur dirigée contre sa personne, l'exhibitionniste, celle de sa mise à nu. L'essentiel, dans le processus, est donc le changement de *l'objet*, cependant que le but reste inchangé.

Il ne peut toutefois nous échapper que, dans ces exemples, retournement contre la personne propre et retournement de l'activité en passivité se recoupent ou coïncident. Un examen plus approfondi est indispensable afin de mettre au clair ces correspondances.

Dans le cas de la paire d'opposés sadisme-masochisme, on peut présenter le processus de la manière suivante :

a) Le sadisme consiste dans l'exercice de la force violente, la mise en acte de la puissance contre une autre personne prise comme objet.

b) Cet objet est abandonné et remplacé par la personne propre. C'est avec le retournement contre la personne propre que s'accomplit la transformation du but actif de la pulsion en un but passif.

c) De nouveau une personne étrangère est recherchée comme objet, laquelle, en raison de la transformation de but qui s'est produite, devra endosser le rôle de sujet.

Le cas *c* est celui de ce qu'on appelle communément masochisme. La satisfaction est atteinte, là aussi, par la voie du sadisme originel, dans la mesure où le moi passif se transporte fantasmatiquement à sa place antérieure, qui est dès lors cédée au sujet étranger. Qu'il puisse y avoir par ailleurs une satisfaction masochiste plus directe est on ne peut plus douteux. Il ne semble pas qu'il existe un masochisme originel, qui ne procéderait pas du sadisme selon la manière décrite [1]. Que l'hypothèse 221
du stade [*Stufe* *] *b* n'est pas superflue, se déduit aisément du comportement de la pulsion sadique dans la névrose obsessionnelle. On y trouve le retournement contre la personne propre sans la passivité envers une nouvelle personne. La transformation ne va pas au-delà du stade *b*. L'appétit de

* Ce n'est qu'après avoir longuement hésité que nous nous sommes résolus à opter pour une traduction systématique de ce terme par « stade », rejoignant ainsi le chœur des traducteurs de Freud. Nous tenons cependant à souligner les inconvénients de ce choix : 1) le mot « Stadium » existe en allemand, même s'il n'est guère employé par Freud, et surtout, 2) « stade » se prête trop facilement à une interprétation génétique des procès considérés.

1. [Ajouté en 1924] Dans des travaux ultérieurs (*cf. Le Problème économique du masochisme*), j'ai adhéré, dans le contexte des problèmes de la vie pulsionnelle, à une conception opposée.

tourments devient autoflagellation, autopunition et non masochisme. Le verbe actif n'évolue pas en sa forme passive, mais en une voix moyenne, réfléchie.

La conception du sadisme achoppe en outre au fait qu'à côté de son but général (mieux peut-être : à l'intérieur de celui-ci), cette pulsion semble aspirer à une action répondant à un but tout à fait spécifique. À côté de l'humiliation, de la domination, il s'agit d'infliger des douleurs. Or, la psychanalyse semble montrer qu'infliger la douleur ne joue aucun rôle parmi les actions ciblées initiales de la pulsion. L'enfant sadique ne se préoccupe pas, ni ne prévoit, d'infliger des douleurs. Mais une fois que la transformation en masochisme s'est accomplie, les douleurs se prêtent parfaitement à définir un but passif masochiste, car nous avons tout lieu d'admettre que les sensations de douleur, au même titre que d'autres sensations de déplaisir, mordent sur l'excitation sexuelle et engendrent un état rempli de plaisir, pour les bienfaits duquel on peut aussi consentir au déplaisir de la douleur. Dès lors que ressentir des douleurs est devenu un but masochiste, le but sadique peut lui aussi rétroactivement apparaître : infliger des douleurs dont on jouira soi-même de façon masochiste dans l'identification avec l'objet souffrant à mesure qu'on les fera subir à autrui. Naturellement, dans les deux cas, on ne jouira pas de la douleur elle-même, mais de l'excitation sexuelle concomitante, ce qui, pour le sadique, se révélera particulièrement commode.

Jouir de la douleur serait donc un but originellement masochiste, qui néanmoins ne peut devenir un but pulsionnel que chez le sadique originel.

Dans le souci d'être exhaustif, j'ajoute que la 222
compassion ne saurait être décrite comme le résultat de la transformation pulsionnelle à l'œuvre dans le sadisme, mais sollicite le concept d'une *formation réactionnelle* contre la pulsion (pour la distinction, voir plus tard).

On parvient à des résultats quelque peu différents et plus simples avec l'examen d'une autre paire d'opposés, les pulsions qui ont pour but de regarder et de se montrer. (Voyeur et exhibitionniste dans le langage des perversions.) Ici aussi, on peut isoler les mêmes stades que dans le cas précédent : *a*) le regard comme *activité* dirigée vers un objet étranger ; *b*) l'abandon de l'objet, le retournement de la pulsion scopique * [*Schautrieb*] vers une partie du corps propre, avec le renversement en passivité et l'instauration du nouveau but : être regardé ; *c*) l'investiture d'un nouveau sujet auquel on se montre afin d'être contemplé par lui. De

* Même s'il a l'inconvénient d'introduire une terminologie pédante là où Freud se sert des termes les plus courants, l'adjectif « scopique » permet de ne pas fixer l'expression à son seul sens actif. En effet, « *Schautrieb* » englobe aussi bien le but actif (voir) que le but passif (s'exhiber). Au demeurant, ce double sens se retrouve dans le radical « *Schau* », puisque, si « *schauen* » veut dire « regarder », « *die Schau* » signifie aussi « la montre », le « show ». Les mêmes motifs pourront nous amener à traduire « *Schaulust* » par « plaisir scopique ».

même, il n'est guère douteux que le but actif survienne antérieurement à son homologue passif et que regarder précède être regardé. Mais on observe un écart significatif par rapport au cas du sadisme, dans la mesure où, pour la pulsion scopique, il y a lieu de distinguer un stade encore antérieur à celui décrit sous *a*. La pulsion scopique est en effet autoérotique dès le début de son activité, elle a bien un objet, mais elle le trouve auprès du corps propre. Ce n'est que plus tard qu'elle est conduite (par la voie de la comparaison) à l'échanger avec un objet analogue du corps étranger (stade *a*). Or, ce stade préliminaire est intéressant en ceci que c'est de lui que procèdent les deux situations de la paire d'opposés qui en résulte, selon que l'échange sera consommé à l'un ou l'autre endroit. Le schéma pour la pulsion scopique pourrait se tracer ainsi :

α) Regarder soi-même un membre sexuel	=	membre sexuel être regardé par la personne propre
|		|
β) Regarder soi-même un objet étranger (plaisir scopique actif).		γ) Objet propre être regardé par personne étrangère (plaisir de montrer, exhibition).

223 Un tel stade préliminaire fait défaut au sadisme qui se dirige d'entrée de jeu sur un objet étranger, bien qu'il ne soit pas précisément saugrenu de le construire à partir des efforts de l'enfant qui

cherche à se rendre maître de ses propres membres [1].

Pour les deux exemples de pulsions considérés ici, il convient de remarquer que la transformation de la pulsion par renversement de l'activité en passivité et retournement contre la personne propre ne s'applique au fond jamais à la somme entière de la motion pulsionnelle. L'orientation plus ancienne, active, de la pulsion persiste dans une certaine mesure à côté de la plus récente, passive, y compris quand le procès de la transformation pulsionnelle s'est déroulé de façon très accomplie. La seule formulation correcte de la pulsion scopique devrait stipuler que tous les stades de développement de la pulsion, le stade préliminaire autoérotique comme la configuration finale active et passive, persistent l'un à côté de l'autre, et cette affirmation se fait évidente dès lors qu'au lieu d'asseoir son jugement sur les actions pulsionnelles, on se fonde sur le mécanisme de la satisfaction. Au demeurant, il se peut qu'une autre manière encore de concevoir et d'exposer les choses soit justifiée. On peut décomposer chaque vie pulsionnelle en un certain nombre de vagues isolées, temporellement distinctes, et équivalentes à l'intérieur d'une unité temporelle (choisie), qui se comportent les unes envers les autres un peu comme des éruptions de lave successives. On peut alors se représenter, grosso modo, que la première et la plus primitive éruption pul-

1. Voir la note, p. 91 [ajouté en 1924].

sionnelle se perpétuerait de façon immuable et sans connaître le moindre développement. Une vague suivante subirait d'emblée une modification, par exemple le retournement en passivité, et s'additionnerait désormais à la précédente avec ce nouveau caractère, et ainsi de suite. Si l'on jette alors un regard circulaire sur la motion pulsionnelle depuis son départ jusqu'à un point d'arrêt défini, la succession des vagues ainsi décrite ne peut manquer de brosser le tableau d'un certain développement de la pulsion.

Le fait qu'à ce temps plus tardif du développement on puisse observer, à côté d'une motion pul-
224 sionnelle, son opposé (passif) mérite d'être épinglé du juste nom, introduit par Bleuler, d'*ambivalence*.

Le développement pulsionnel pourrait devenir plus accessible à notre compréhension par un renvoi à l'histoire du développement de la pulsion et à la permanence des stades intermédiaires. Conformément à l'expérience, la proportion de l'ambivalence vérifiable varie à un haut degré chez les individus, les groupes humains ou les races. Une forte ambivalence pulsionnelle chez un contemporain peut être conçue comme un legs archaïque, car nous avons des raisons d'admettre que la participation à la vie pulsionnelle de motions actives qui n'ont pas subi de modifications était plus grande aux temps originaires qu'elle ne l'est en moyenne aujourd'hui.

Nous avons pris l'habitude d'appeler *narcissisme* la phase précoce du développement du moi pendant laquelle ses pulsions sexuelles se satisfont autoérotiquement, sans soumettre préalablement à la discussion le rapport entre autoérotisme et narcissisme. Dès lors, nous nous voyons contraints de dire, à propos du stade préliminaire de la pulsion scopique, dans lequel le plaisir scopique a pour objet le corps propre, qu'il appartient au narcissisme, qu'il est une formation narcissique. C'est à partir de lui que se développe la pulsion scopique active, en se détachant du narcissisme, tandis que la pulsion scopique passive maintiendrait l'objet narcissique. De même, la transformation du sadisme en masochisme signifierait un retour à l'objet narcissique, cependant que, dans les deux cas, le sujet narcissique est échangé par identification avec un autre moi étranger. En prenant en considération le stade préliminaire narcissique du sadisme tel que nous l'avons construit, nous approchons de la perspective plus générale selon laquelle les destins pulsionnels du retournement contre le moi propre et du renversement de l'activité en passivité sont dépendants de l'organisation narcissique du moi et portent en eux le sceau de cette phase. Ils correspondent peut-être aux tentatives de défense qui sont mises en œuvre avec d'autres moyens à des stades plus élevés du développement du moi.

Nous constatons ici que nous n'avons jusque-là 225
soumis à la discussion que les deux paires d'opposés pulsionnels : sadisme-masochisme et plaisir de regarder-plaisir de montrer. Ce sont là les mieux connues des pulsions sexuelles qui se présentent

comme ambivalentes. Les autres composantes de la fonction sexuelle ultérieure ne sont pas encore devenues suffisamment accessibles à l'analyse pour qu'il soit possible de les discuter de la sorte. Nous pouvons dire d'elles, de façon générale, qu'elles se comportent de façon *autoérotique*, c'est-à-dire que leur objet disparaît au profit de l'organe qui est leur source et coïncide en règle générale avec celui-ci. L'objet de la pulsion scopique, bien qu'il soit, lui aussi, d'abord une partie du corps propre, n'est pas pour autant l'œil lui-même et, dans le sadisme, la source-organe [*Organquelle*], probablement la musculature apte à l'action, désigne directement un autre objet, fût-ce au niveau du corps propre. Dans le cas des pulsions autoérotiques, le rôle de la source-organe est si déterminant que, conformément à une séduisante conjecture de P. Federn et L. Jekels [1], la forme et la fonction de l'organe décident de l'activité et de la passivité du but de la pulsion.

La transformation d'une pulsion en son contraire (matériel) ne s'observe qu'en un seul cas, dans la *conversion de l'amour en haine* *. Comme ils surviennent tous deux très souvent concomitamment en se dirigeant sur le même objet, cette coexistence nous offre du même coup l'exemple le plus significatif d'une ambivalence des sentiments.

---

* Avant 1924, on pouvait lire : « conversion de l'amour et de la haine ».

1. *Intern. Zeitschr. für Psychoanalyse*, I.,1913.

Le cas de l'amour et de la haine revêt un intérêt particulier du fait qu'il répugne à s'inscrire dans notre présentation des pulsions. On ne saurait douter du rapport le plus intime entre ces deux sentiments opposés et la vie sexuelle, mais il faut naturellement se refuser à concevoir l'aimer plus ou moins comme une pulsion partielle particulière de la sexualité parmi d'autres. On se plairait plutôt à envisager l'aimer comme l'expression de l'aspiration sexuelle totale, mais on ne serait pas, pour 226
autant, sorti d'affaire, et on ignore comment il conviendrait d'entendre un contraire matériel de cette aspiration.

Aimer peut composer, non pas une seule, mais trois oppositions. En dehors de l'opposition : aimer-haïr, il y a cette autre : aimer-être aimé, et, de surcroît, aimer et haïr pris ensemble s'opposent à l'état d'indifférence ou d'apathie. Parmi ces trois oppositions, la deuxième, aimer-être aimé, correspond point par point au retournement de l'activité en passivité et autorise ainsi le même renvoi à une situation fondamentale que dans le cas de la pulsion scopique. Cette situation s'intitule : *s'aimer soi-même*, ce qui est pour nous la caractéristique du narcissisme. Suivant donc que l'objet ou le sujet sera échangé contre un objet ou un sujet étranger, il en ressortira soit l'aspiration active à un but : aimer, soit celle, passive, à être aimé, dont la dernière reste proche du narcissisme.

Peut-être accède-t-on à une meilleure compréhension des différents contraires de l'aimer, si l'on se représente que la vie psychique est généralement dominée par *trois polarités*, les oppositions :

– *sujet (moi)-objet (monde extérieur) ;*
– *plaisir-déplaisir ;*
– *actif-passif.*

L'opposition moi - non-moi (extérieur), (sujet-objet), s'impose précocement à l'être individuel, ainsi que nous l'avons déjà évoqué, par la constatation qu'il peut par son action musculaire faire taire les stimulus externes, mais qu'il est sans défense contre les stimulations pulsionnelles. Elle reste souveraine avant tout dans le domaine de l'activité intellectuelle et compose pour la recherche la situation de base qu'aucun effort ne saurait modifier. La polarité plaisir-déplaisir se rattache à une série de sensations dont la signification indépassable pour la détermination de nos actions (volonté) a déjà été soulignée.
227 L'opposition : actif-passif ne doit pas être confondue avec celle de moi-sujet - extérieur-objet. Le moi se comporte passivement vis-à-vis du monde extérieur dans la mesure où il en reçoit des stimulus, et activement quand il réagit à ces derniers. Il est contraint par ses pulsions à une *activité* toute particulière vis-à-vis du monde extérieur, de sorte qu'on pourrait dire, pour faire ressortir l'essentiel : le moi-sujet serait passif vis-à-vis des stimulus externes, actif à travers ses propres pulsions. L'opposition actif-passif se fond ultérieurement avec celle de masculin-féminin qui, avant que cela ne se soit produit, n'a pas de signification psychologique. La soudure de l'activité avec la

virilité, de la passivité avec la féminité se pose en effet à nous en tant que fait biologique ; mais elle n'est en aucun cas aussi régulièrement radicale et exclusive que nous serions enclins à l'admettre.

Les trois polarités psychiques entretiennent, les unes avec les autres, des connexions des plus significatives. Il y a une situation psychique originaire dans laquelle deux d'entre elles se rencontrent. À l'origine, au tout début de la vie psychique, le moi se trouve investi par la pulsion et partiellement capable de satisfaire ses pulsions sur lui-même. Nous appelons cet état celui du narcissisme, et qualifions la possibilité de satisfaction d'autoérotique [1]. Le monde extérieur n'est alors pas investi par l'intérêt (au sens général) et reste indifférent du point de vue de la satisfaction. À cette époque, le moi-sujet coïncide ainsi avec ce qui promet du plaisir, le monde extérieur avec ce qui est indifférent (éventuellement avec ce qui, en tant que source de

1. Une partie des pulsions sexuelles est, comme nous le savons, apte à cette satisfaction autoérotique et se prête ainsi à se faire le porteur du développement décrit dans la suite du texte, sous la domination du principe de plaisir. Les pulsions sexuelles, qui réclament d'entrée de jeu un objet, et les besoins des pulsions du moi, qui ne peuvent jamais être satisfaits par voie autoérotique, perturbent naturellement cet état et préparent les progrès. Voire, l'état narcissique originaire ne serait pas en mesure de suivre ce développement si chaque être individuel ne traversait une période de *détresse* [*Hilflosigkeit*] et de *soins*, un temps durant lequel ses besoins pressants sont satisfaits par une contribution externe et ainsi tenus à l'écart du développement.

stimulus, promet du déplaisir). Si, de prime abord, nous définissons l'aimer comme la relation du moi
228 à ses sources de plaisir, alors la situation dans laquelle il n'aime que lui-même en restant indifférent au monde éclaire le premier des rapports d'opposition dans lesquels nous avons rencontré l'« aimer ».

Dans la mesure où il est autoérotique, le moi n'a pas besoin du monde extérieur, mais il reçoit de lui des objets à la suite des expériences rencontrées par les pulsions de conservation du moi et ne peut malgré tout se dispenser de ressentir pour un temps les stimulations pulsionnelles internes comme un facteur de déplaisir. Dès lors, sous la domination du principe de plaisir, s'accomplit en lui un nouveau développement. Le moi accueille en son sein les objets offerts, dans la mesure où ils sont sources de plaisir, se les introjecte (d'après l'expression de Ferenczi) et, d'un autre côté, expulse hors de lui ce qui dans son propre intérieur lui est motif de déplaisir. (Voir, ultérieurement, le mécanisme de la projection.)

Ainsi, à partir du moi-réel du début, qui a différencié dedans et dehors selon un critère objectif satisfaisant, il se transforme en un *moi-plaisir* purifié, qui place le caractère de plaisir au-dessus de tout autre. Le monde extérieur se disjoint pour lui en une part de plaisir qu'il s'est incorporé [*einverleibt*], et un reste, qui lui est étranger. Il a détaché du moi propre une partie constitutive qu'il rejette dans le monde extérieur et qu'il ressent comme hostile. Après ce remaniement, le recouvrement des deux polarités :

– moi-sujet - avec le plaisir
– monde extérieur - avec le déplaisir (l'indifférence d'avant)

est restauré.

Avec l'entrée en scène de l'objet au stade du narcissisme primaire, le deuxième sens opposé à aimer : haïr, achève lui aussi sa formation.

L'objet, comme nous l'avons entendu, est apporté du monde extérieur au moi d'abord par les pulsions d'autoconservation, et il n'est pas à exclure que le sens originel de la haine exprime lui-même la relation hostile au monde extérieur étranger qui délivre les stimulations. L'indifférence se range, en
tant que cas spécial, dans la série de la haine, de 229
l'aversion, après être apparue d'abord comme leur précurseur. L'extérieur, l'objet, le haï seraient, tout au début, identiques. S'il s'avère ultérieurement que l'objet devienne source de plaisir, il est alors aimé, mais aussi incorporé au moi, de sorte que, pour le moi-plaisir purifié, l'objet coïncide malgré tout à nouveau avec l'étranger et le haï.

Mais nous remarquons aussi à présent que, de même que la paire d'opposés amour-indifférence reflète la polarité moi-monde extérieur, de même la deuxième opposition amour-haine reproduit la polarité plaisir-déplaisir qui est connectée à la précédente. Après la relève du stade purement narcissique par le stade objectal, plaisir et déplaisir dénotent des relations du moi à l'objet. Lorsque l'objet devient la source de sensations de plaisir, une tendance motrice se dégage, qui veut rapprocher celui-ci du moi, l'incorporer dans le moi ; nous parlons alors encore de l'« attraction » qu'exerce l'objet dispensateur de plaisir et disons que nous « aimons » l'objet. Inversement, lorsque l'objet est source de sensations de déplaisir, une tendance s'applique à augmenter la distance entre celui-ci et le moi, à répéter vis-à-vis de lui la tentative originelle de fuite devant le monde extérieur qui envoie les stimulations. Nous ressentons la « répulsion » de l'objet et le haïssons ; cette haine peut alors croître jusqu'au penchant à l'agression contre l'objet, jusqu'au dessein de l'anéantir.

On pourrait au besoin dire d'une pulsion qu'elle « aime » l'objet auquel elle aspire pour sa satisfaction. Mais qu'une pulsion « haïsse » un objet résonne étrangement à nos oreilles, de sorte que nous veillerons à ne pas nous servir des rapports d'amour et de haine pour désigner les relations des pulsions à leurs objets, mais à en réserver l'emploi à la relation du moi-total aux objets. L'observation de l'usage, assurément riche de sens, de la langue nous indique cependant une nouvelle restriction de la signification de l'amour et de la haine. On ne dira pas des objets qui servent à la conservation du
230 moi qu'on les aime, mais on soulignera qu'on a besoin d'eux et on exprimera au besoin les nuances associées à un autre genre de relation en employant des paroles qui marquent un amour très atténué,

comme : aimer bien, être bien aise de voir, trouver agréable.

Le mot « aimer » décroche ainsi toujours davantage dans la sphère du pur rapport de plaisir du moi avec l'objet et se fixe en fin de compte aux objets sexuels au sens le plus strict et à des objets propres à satisfaire aux besoins de pulsions sexuelles sublimées. La séparation des pulsions du moi et des pulsions sexuelles, que nous avons imposée à notre psychologie, s'avère ainsi conforme à l'esprit de notre langue. Si nous n'avons pas coutume de dire que la pulsion sexuelle isolée aime son objet, mais que nous trouvons l'emploi le plus adéquat du mot « aimer » dans le rapport du moi avec son objet sexuel, cette observation nous apprend que la possibilité d'en faire usage pour cette relation ne commence qu'avec la synthèse de toutes les pulsions partielles de la sexualité sous le primat des organes génitaux et au service de la fonction de reproduction.

Il mérite d'être remarqué qu'aucun rapport aussi intime avec le plaisir sexuel et la fonction sexuelle ne transparaît dans l'usage du mot « haïr », mais que la relation de déplaisir semble être la seule décisive. Peu importe qu'ils signifient pour lui un échec de la satisfaction sexuelle ou de la satisfaction de besoins de conservation, le moi hait, abhorre, persécute dans le dessein de les détruire tous les objets qui deviennent pour lui source de sensations de déplaisir. Voire, on peut affirmer que les véritables prototypes de la relation de haine ne proviennent pas de la vie sexuelle, mais de la lutte du moi pour sa conservation et son affirmation.

Amour et haine, qui se présentent à nous comme de parfaits opposés matériels, n'entretiennent donc pas, pour autant, de rapport simple l'un avec l'autre. Ils ne procèdent pas du clivage [*Spaltung*] d'une communauté originaire, mais ont des origines différentes et auront parcouru chacun
231 sa propre évolution avant de se constituer en opposés sous l'influence de la relation plaisir-déplaisir. Il nous appartient ici de rassembler ce que nous savons de leur genèse.

L'amour provient de l'aptitude du moi à satisfaire autoérotiquement une partie de ses motions pulsionnelles par le gain d'un plaisir d'organe. Il est, à l'origine, narcissique, puis se transporte sur les objets qui ont été incorporés au moi élargi et traduit l'aspiration motrice du moi vers ces objets en tant que sources de plaisir. Il se noue étroitement à l'activité des pulsions sexuelles plus tardives et coïncide, dès lors que leur synthèse est achevée, avec l'ensemble de l'aspiration sexuelle. Les stades préliminaires de l'aimer se présentent comme des buts sexuels provisoires, pendant que les pulsions sexuelles parcourent leur développement complexe. Nous reconnaissons comme le premier d'entre eux l'*incorporation* à soi ou *dévoration* [*sich Einverleiben oder Fressen*], une forme d'amour compatible avec la suspension de l'existence propre de l'objet et qui peut, par conséquent, être qualifiée d'ambivalente. À l'échelon plus élevé de l'organisation prégénitale sadique-anale, l'aspiration vers l'objet apparaît sous la forme de la poussée à l'emprise [*Bemächtigungsdrang*] qui ne se soucie pas de nuire à l'objet ou de l'anéantir. Cette forme et ce stade préliminaire de l'amour ne peuvent guère se distinguer de la haine dans son attitude vis-à-vis de l'objet. Ce n'est qu'avec l'instauration de l'organisation génitale que l'amour sera devenu l'opposé de la haine.

La haine est, en tant que relation à l'objet, plus vieille que l'amour, elle jaillit du refus primordial opposé par le moi narcissique au monde extérieur générateur de stimulations. En tant qu'expression de la réaction de déplaisir engendrée par des objets, elle reste à jamais dans un rapport intime avec les pulsions de conservation du moi, de sorte que pulsions du moi et pulsions sexuelles peuvent facilement verser dans une opposition qui répète celle de haïr et aimer. Dès lors que les pulsions du moi dominent la fonction sexuelle, comme au stade de l'organisation sadique-anale, elles délèguent au but pulsionnel lui-même les caractères de la haine.

L'histoire de la genèse et des correspondances de 232
l'amour nous aide à comprendre qu'il apparaisse si fréquemment « ambivalent », c'est-à-dire accompagné de mouvements de haine envers le même objet. La haine incorporée [*beigemengt*] à l'amour provient, pour une part, des stades préliminaires non encore pleinement surmontés de l'aimer ; pour une autre part, elle est fondée par des réactions de rejet des pulsions du moi, qui, dans les nombreux conflits entre les intérêts du moi et ceux de

l'amour, peuvent se prévaloir de motifs réels ou actuels. Dans les deux cas, la haine incorporée [*beigemengt*] remonte ainsi à la source des pulsions de conservation du moi. Quand le rapport d'amour avec un objet donné est rompu, il n'est pas rare que la haine vienne occuper sa place, d'où nous retirons l'impression d'une transformation de l'amour en haine. Or, il est une conception qui nous permet d'aller au-delà de cette description, et selon laquelle la haine motivée par le réel se voit renforcée en cette occasion par la régression de l'aimer au stade préliminaire sadique, de sorte que la haine en acquiert un caractère érotique et que la continuité d'un rapport d'amour est garantie.

La troisième des oppositivités [*Gegensätzlichkeit*] dans lesquelles aimer est impliqué, la transformation de l'aimer en un être-aimé, répond à l'intervention de la polarité activité-passivité et relève de la même analyse que les cas de la pulsion scopique et du sadisme. Nous sommes en droit d'avancer, en résumé, que les destins des pulsions consistent pour l'essentiel en ceci que les *motions pulsionnelles sont soumises aux influences des trois grandes polarités qui régissent la vie psychique*. De ces trois polarités, celle de l'activité-passivité pourrait être désignée comme la *biologique*, celle du moi-monde extérieur comme la *réelle*, enfin, celle du plaisir-déplaisir, comme l'*économique*.

Le destin pulsionnel du *refoulement* fera l'objet d'un examen attenant.

Le refoulement

Il peut appartenir au destin d'une motion pul- 248
sionnelle qu'elle se heurte à des résistances qui cherchent à la rendre inefficiente. Sous certaines conditions, qu'il nous reste à examiner de plus près, elle accède alors à l'état de *refoulement* [*Verdrängung*]. S'il s'agissait de l'effet d'un stimulus externe, la fuite serait manifestement le remède approprié. Dans le cas de la pulsion, la fuite ne peut servir à rien, car le moi ne peut se fuir lui-même. Plus tard, le jour viendra où sera découvert, dans le rejet par le jugement (*condamnation*), un bon recours contre la motion pulsionnelle. Un stade préliminaire de la condamnation, une chose intermédiaire entre fuite et condamnation, tel est le refoulement dont le concept n'a pu être établi antérieurement aux études psychanalytiques.

La possibilité d'un refoulement n'est pas facile à reconstruire théoriquement. Pourquoi une motion pulsionnelle devrait-elle encourir un tel destin ? Manifestement, il faut ici que soit remplie la condition que l'atteinte du but pulsionnel produise du déplaisir au lieu du plaisir. Mais ce cas n'est pas bien concevable. De telles pulsions n'existent pas, une satisfaction pulsionnelle est toujours emplie de plaisir. Il faudrait admettre des circonstances particulières, quelque processus par lequel le plaisir de satisfaction serait transformé en déplaisir.

Tentons, afin de mieux cerner le refoulement, d'envisager quelques autres situations pulsionnelles. Il peut arriver qu'un stimulus externe s'intériorise, par exemple en attaquant et en détruisant un
249 organe, et fasse surgir ainsi une nouvelle source d'excitation et d'augmentation de la tension permanentes. Il en acquiert une profonde ressemblance avec une pulsion. Nous savons que nous ressentons ce cas sous forme de *douleur*. Le but de cette pseudo-pulsion n'est cependant que la cessation de l'altération d'organe et du déplaisir qui y est associé. Aucun autre plaisir, direct, ne peut être attendu de l'arrêt de la douleur. Car la douleur est impérative ; elle ne cède que sous l'action d'une suppression toxique et sous l'influence d'une diversion psychique.

Le cas de la douleur n'est pas assez transparent pour répondre à notre intention. Prenons le cas où un stimulus pulsionnel, tel que la faim, reste insatisfait. Il en devient impératif, ne peut être apaisé par rien d'autre que par l'action de satisfaction et entretient une tension de besoin constante. Il n'apparaît de loin pas qu'entre ici en ligne de compte quoi que ce soit qui ressemble à un refoulement.

Le cas du refoulement n'est donc certainement pas donné quand, à la suite de l'insatisfaction d'une motion pulsionnelle, la tension devient insupportablement élevée. Ce qui s'offre à l'organisme en guise de moyens de défense contre cette situation devra être détaillé dans un autre contexte.

Tenons-nous-en plutôt à l'expérience clinique, telle qu'elle se présente à nous dans la pratique psychanalytique. Nous sommes alors instruits que la satisfaction de la pulsion soumise au refoulement serait sans doute possible et qu'elle serait aussi à chaque fois pleine de plaisir en elle-même, mais qu'elle serait inconciliable avec d'autres exigences et d'autres desseins ; elle ferait ainsi naître du plaisir à tel endroit, du déplaisir à tel autre. La condition du refoulement, dès lors, est que le motif du déplaisir acquière une puissance plus grande que le plaisir de satisfaction. Nous nous voyons en outre contraints par l'expérience psychanalytique auprès des névroses de transfert de conclure que le refoulement n'est pas un mécanisme de défense originellement présent, qu'il ne peut survenir avant qu'une séparation tranchée de l'activité psychique 250
consciente et inconsciente ne soit instaurée et que *son essence ne consiste que dans l'acte de congédier et de tenir à distance du conscient.* Cette conception du refoulement gagnerait à être complétée par la supposition que, avant qu'un tel stade d'organisation psychique ne soit atteint, ce sont les autres destins de pulsions, comme la transformation dans le contraire, le retournement contre la propre personne, qui commandent la défense contre les motions pulsionnelles.

Nous estimons aussi, à présent, que refoulement et inconscient sont corrélatifs dans une proportion telle qu'il nous faut ajourner l'approfondissement de l'essence du refoulement jusqu'à ce que nous en ayons appris davantage sur la structuration du train psychique des instances et la différenciation entre inconscient et conscient. Avant cela, nous ne pourrons jamais que rassembler, de manière purement descriptive, quelques caractères du refoulement cliniquement constatés, au risque de répéter invariablement beaucoup de choses déjà dites ailleurs.

Nous sommes ainsi fondés à admettre un *refoulement originaire* [*Urverdrängung*], une première phase du refoulement qui consiste en ceci que l'admission au conscient est refusée à la représentance (de la représentation) * [(*Vorstellungs-*) *Repräsentanz*] psychique de la pulsion. Avec lui est déterminée une *fixation* ; la représentance correspondante persiste à partir de là de façon immuable

* Il apparaît clairement, dans la suite, que ces termes ne désignent rien d'autre que ce qui, dans la représentance psychique, est de l'ordre de la représentation (par opposition à la représentance de l'ordre de l'affect). Dans la mesure où, pour l'ensemble de cet ouvrage, « représentation(s) » est réservé à la traduction du seul terme de « *Vorstellung* », et « représentance » à celle de « *Repräsentanz* », nous nous abstiendrons d'en pointer chaque fois l'occurrence. En revanche, nous avons pris le parti de signaler systématiquement l'alternance, dans ce registre du représenter, des substantifs (et des verbes) de « *Repräsentant* » (« *repräsentieren* ») : « représentant », et de « *Vertretung* » (« *vertreten* ») : « représentant, suppléance, mandat ».

et la pulsion reste liée à elle. Cela est la conséquence des propriétés des processus inconscients dont nous aurons à débattre ultérieurement.

Le deuxième stade du refoulement, le *refoulement proprement dit*, concerne des rejetons psychiques de la représentance refoulée, ou bien certains trains de pensées qui, venus d'ailleurs, sont entrés dans un rapport associatif avec elle. À cause de ce rapport, ces représentations encourent le même sort que le refoulé originaire. Le refoulement proprement dit est donc un re-foulement * [*Die eigentliche Verdrängung ist also ein Nachdrängen*]. On a tort, au demeurant, de ne mettre l'accent que sur la répulsion qui agit à partir du conscient sur ce qui est à refouler. Il convient tout aussi bien de
considérer l'attraction que le refoulé originaire 251
exerce sur tout ce avec quoi il est susceptible d'entrer en liaison. Il est probable que la tendance au refoulement n'atteindrait pas son objectif si ces forces n'agissaient de concert, s'il n'y avait un refoulé préalable qui soit prêt à recevoir ce qui est repoussé du conscient.

Sous l'influence de l'étude des psychonévroses, qui nous expose les effets significatifs du refoulement, nous avons tendance à surestimer son

---

* On nous pardonnera cet artifice typographique destiné à marquer : 1) que ce *Nachdrängen* inscrit le refoulement proprement dit dans l'imitation du refoulement originaire, dont il serait la réplique ou la résurgence ; 2) que la phrase de Freud joue indéniablement sur la consonance des termes, autrement impossible à restituer.

contenu psychologique et oublions trop facilement que le refoulement n'empêche pas la représentance de la pulsion de persister dans l'inconscient, de continuer à s'organiser, de former des rejetons et de nouer des connexions. Le refoulement ne perturbe effectivement que le rapport à un seul système psychique, celui du conscient.

La psychanalyse peut nous dévoiler encore d'autres éléments significatifs pour la compréhension des effets du refoulement dans les psychonévroses. Par exemple, que la représentance de la pulsion se développe de façon plus tranquille et plus riche lorsqu'elle est soustraite par le refoulement à l'influence consciente. Elle prolifère alors pour ainsi dire dans l'ombre et trouve des formes d'expression extrêmes qui, dès lors qu'elles sont traduites et exposées au névrosé, non seulement ne peuvent que lui paraître étrangères, mais encore l'effraient en lui présentant le miroir d'une force pulsionnelle extraordinaire et dangereuse. Cette force pulsionnelle qui en impose est le résultat d'un déploiement libre d'inhibition dans le fantasme et de l'accumulation consécutive à un échec de la satisfaction. Que ce dernier effet soit lié au refoulement nous signale où nous aurons à chercher la véritable signification de celui-ci.

Mais si, en attendant, nous reprenons un point de vue contradictoire, nous constatons qu'il n'est même pas exact que le refoulement tienne à l'écart du conscient tous les rejetons du refoulé originaire. Lorsque ceux-ci se sont éloignés à distance suffi-

sante de la représentance refoulée, que ce soit en consentant à des déformations ou en raison du 252
nombre de maillons intermédiaires qui se sont intercalés, le libre accès au conscient leur est ouvert sans plus de restriction. Tout se passe comme si la résistance du conscient à leur encontre était fonction de leur éloignement du refoulé originel. Pendant l'exercice de la technique psychanalytique, nous encourageons sans relâche le patient à produire de pareils rejetons du refoulé qui, du fait de leur éloignement ou de leur déformation, sont à même de passer la censure du conscient. Elles ne sont rien d'autre que cela, en effet, les idées incidentes [*Einfälle*] que nous réclamons de lui moyennant un renoncement à toute représentation de but consciente et à toute critique, et à partir desquelles nous restituons une traduction consciente de la représentance refoulée. Nous observons à cette occasion que le patient est susceptible de dévider une pareille série d'idées incidentes, jusqu'à ce que, en suivant leur cours, il se heurte à une formation de pensées au travers de laquelle le rapport au refoulé perce avec tant d'intensité qu'il se voit contraint de répéter sa tentative de refoulement. Même les symptômes névrotiques doivent avoir satisfait à la condition énoncée ci-dessus, car ils sont des rejetons d'un refoulé qui, par le truchement de ces formations, aura finalement conquis de haute lutte l'accès à la conscience qui lui était refusé.

Il n'est guère facile de définir de manière générale jusqu'où la déformation et l'éloignement par rapport au refoulé doivent aller pour que la résistance du conscient soit levée. Il se produit ici une fine pondération dont le jeu nous échappe, mais dont le mode d'action nous laisse deviner qu'il s'agit de faire halte au seuil d'une certaine intensité de l'investissement de l'inconscient, dont le franchissement occasionnerait une percée vers la satisfaction. Le refoulement opère donc de façon *suprêmement individuelle* ; chaque rejeton particulier du refoulé peut avoir son destin singulier ; il dépend d'un peu plus ou d'un peu moins de déformation que tout le résultat soit renversé. Dans le même registre, il convient de saisir aussi que les objets de prédilection des êtres humains, leurs idéaux, procèdent des mêmes perceptions et des
253 mêmes expériences vécues que ceux qu'ils exècrent le plus, et ne se distinguent originellement les uns des autres que par de minimes modifications. Voire, comme nous l'avons découvert à propos de la naissance du fétiche, il peut arriver que la représentance originelle de la pulsion ait été divisée en deux portions, dont l'une aura succombé au refoulement, tandis que le reste, précisément à cause de cette connexité intime, aura connu le destin de l'idéalisation.

Le même effet produit par un plus ou un moins de déformation peut aussi être obtenu, pour ainsi dire à l'autre bout de l'appareil, par une modification dans les conditions de la production de plaisir-déplaisir. Des techniques particulières se sont développées, aux fins d'entraîner des modulations du jeu de forces psychiques, telles que ce qui, d'ordinaire, engendre du déplaisir devienne aussi, à l'occasion, porteur de plaisir et, chaque fois qu'un tel moyen technique entre en action, le refoulement qui s'applique à une représentance pulsionnelle ordinairement congédiée est levé. Jusqu'ici, ces techniques n'ont été examinées de plus près que pour le *mot d'esprit.* En règle générale, la levée du refoulement n'est que passagère ; il est aussitôt rétabli.

Ce genre d'enseignements est cependant propre à nous rendre attentifs à d'autres caractères encore du refoulement. Il n'est pas seulement, comme nous venons de le développer, *individuel*, mais aussi *mobile* à un haut degré. On ne peut se représenter le processus de refoulement comme un événement unique au succès durable, un peu comme si on avait abattu quelque chose de vivant qui, à compter de là, serait mort ; le refoulement exige bien plutôt une dépense de force permanente, à défaut de laquelle son succès serait compromis, si bien qu'un nouvel acte de refoulement serait nécessaire. Nous pouvons nous représenter que le refoulé exerce en direction du conscient une pression continue, qui doit être contrebalancée par une incessante pression contraire. Le maintien d'un refoulement présuppose donc un déboursement de force constant et sa levée signifie, du point de vue économique, une épargne. La mobilité du refoulement trouve du 254 reste également un écho dans les caractères psychiques de l'état de sommeil, qui seul rend possible la formation de rêves. Avec le réveil, les investissements de refoulement retirés sont à nouveau émis.

Nous ne devons pas oublier, enfin, que nous n'aurons dit que fort peu de choses d'une motion pulsionnelle en constatant qu'elle est refoulée. Elle peut, tout refoulement mis à part, se trouver dans des états très différents, être inactive, c'est-à-dire très peu investie d'énergie psychique, ou investie à un degré variable et ainsi capable d'activité. Son activation n'aura certes pas pour conséquence de lever directement le refoulement, mais mettra assurément en branle tous les processus qui trouvent leur achèvement en se frayant un passage vers la conscience par des voies détournées. S'agissant de rejetons de l'inconscient non refoulés, c'est souvent la dose d'activation ou d'investissement qui décide du sort de la représentation isolée. Il arrive quotidiennement qu'un tel rejeton reste non refoulé tant qu'il représente [*repräsentiert*] une énergie minime, alors même que son contenu serait propre à déclencher un conflit avec ce qui commande au plan conscient. Le facteur quantitatif se révèle toutefois décisif pour le conflit ; sitôt que la représentation malsonnante en son fond se renforce au-delà d'un certain degré, le conflit s'actualise et c'est justement l'activation qui entraîne le refoulement. L'accroissement de l'investissement en énergie agit donc, en matière de refoulement, dans le même sens qu'un rapprochement de l'inconscient, et sa diminution a un effet équivalent à un éloignement par rapport à ce dernier, ou à une déformation. Nous comprenons que les tendances refoulantes peuvent trouver dans l'affaiblissement du déplaisant un substitut à son refoulement.

Dans les développements qui précèdent, nous traitions du refoulement d'une représentance de pulsion, entendant par là une représentation ou un groupe de représentations investies, à partir de la pulsion, d'une somme déterminée d'énergie psychique (libido, intérêt). L'observation clinique nous 255
impose à présent de décomposer ce que nous avions jusqu'ici conçu comme d'un seul tenant, car elle nous montre que quelque chose d'autre, qui représente [*repräsentiert*] la pulsion, entre en considération à côté de la représentation, et que cet autre connaît un destin de refoulement qui peut être tout à fait distinct de celui de la représentation. Pour cet autre élément de la représentance psychique, le nom de *quantum d'affect* est entré dans l'usage ; il correspond à la pulsion, pour autant que celle-ci s'est détachée de la représentation et trouve une expression proportionnelle à sa quantité dans des processus qui se signalent à la sensibilité en tant qu'affects. Nous aurons désormais, lorsque nous décrirons un cas de refoulement, à suivre séparément ce qu'il adviendra, du fait du refoulement, d'une part de la représentation et d'autre part de l'énergie pulsionnelle qui s'y rattache.

Nous voudrions bien, sur chacun de ces deux destins, tenir quelque propos de portée générale.

Un brin d'orientation pourra d'ailleurs nous le permettre. Le destin ordinaire de la représentation représentant [*repräsentierend*] la pulsion ne peut guère être autre chose que de disparaître du conscient si elle était auparavant consciente, ou d'être tenue à l'écart de la conscience si elle était sur le point de devenir consciente. La différence n'est plus significative ; elle revient peu ou prou à délibérer si je presse un hôte indésirable à sortir de mon salon ou de mon antichambre ou si, l'ayant reconnu, je lui interdis tout bonnement de franchir le seuil de ma porte *. Le destin du facteur quantitatif de la représentance de la pulsion peut être triple, comme nous l'enseigne un bref passage en revue des expériences faites par la psychanalyse : soit la pulsion sera entièrement réprimée, si bien qu'on n'en trouvera pas la moindre trace ; soit elle
256 apparaîtra sous la forme d'un affect d'une quelconque coloration qualitative ; soit encore elle sera transformée en angoisse. Les deux dernières possibilités nous imposent d'attacher notre regard, en tant qu'elle constitue un nouveau destin pulsionnel, à la *conversion* des énergies psychiques des *pulsions* en *affects* et tout particulièrement en *angoisse*.

---

* Cette comparaison applicable au processus de refoulement peut aussi être étendue à un caractère du refoulement déjà évoqué précédemment. Je n'ai besoin que d'ajouter que je dois faire surveiller la porte interdite à cet hôte par un garde permanent, sans quoi l'hôte éconduit ne manquerait pas de la forcer.

Souvenons-nous que le motif et l'objectif du refoulement n'étaient rien d'autre que l'évitement du déplaisir. Il s'ensuit que le sort du quantum d'affect de la représentance est de loin plus important que celui de la représentation et que c'est là ce qui décide du jugement à porter sur le processus de refoulement. Si un refoulement ne parvient pas à empêcher l'émergence de sensations de déplaisir, ou d'angoisse, nous sommes en droit d'avancer qu'il aura échoué, quand bien même il aurait atteint son but pour ce qui concerne la partie représentation. Naturellement, le refoulement raté élèvera plus de prétentions à notre intérêt que le refoulement éventuellement réussi, qui se dérobera le plus souvent à notre étude.

Nous chercherons à présent à nous former un aperçu du mécanisme du processus de refoulement et avant tout à savoir s'il n'y a qu'un seul mécanisme du refoulement ou plusieurs, et si, éventuellement, chacune des psychonévroses ne se distinguerait pas par un mécanisme de refoulement qui lui serait propre. Au départ de cette investigation, nous nous heurtons cependant à des complications. Le mécanisme d'un refoulement ne nous est accessible qu'en le reconstituant par inférence à partir des conséquences du refoulement. Si nous restreignons l'observation aux conséquences touchant la partie représentation de la représentance, nous apprenons que le refoulement fabrique, en règle générale, une *formation de substitut*. Quel est, dès lors, le mécanisme d'une telle formation de

substitut ? À moins qu'il n'y ait, là encore, à distinguer plusieurs mécanismes ? Nous savons aussi que le refoulement laisse derrière lui des *symptômes*. Sommes-nous alors en droit de faire coïncider formation de substitut et formation de symptôme et, pour autant que, dans l'ensemble, cela soit juste, le mécanisme de la formation de symptôme et celui du refoulement se recouvrent-ils l'un l'autre ? Pour
257 le moment, la vraisemblance semble indiquer que ces deux mécanismes divergent amplement, que ce n'est pas le refoulement lui-même qui fabrique formations de substitut et symptômes, mais que ces derniers, en tant qu'indices d'un *retour du refoulé*, doivent leur émergence à de tout autres processus. Il semble d'ailleurs judicieux d'examiner les mécanismes de la formation de substitut et de symptôme avant ceux du refoulement.

Il est clair que la spéculation n'a plus rien à faire ici, mais qu'elle doit être relayée par l'analyse studieuse des conséquences du refoulement observables dans les différentes névroses. Je dois cependant recommander d'ajourner également ce travail, jusqu'à ce que nous nous soyons formé des représentations fiables sur la relation du conscient à l'inconscient. Toutefois, afin de ne pas laisser le présent développement se consumer de manière totalement infructueuse, j'avancerai que 1) le mécanisme du refoulement ne coïncide effectivement pas avec celui ou ceux de la formation de substitut, 2) qu'il existe une grande variété de mécanismes de la formation de substitut, et 3) qu'il y a au moins un facteur commun aux mécanismes du refoulement, le *retrait de l'investissement d'énergie* (ou *libido*, si nous traitons de pulsions sexuelles).

Je veux aussi, en me limitant aux trois psychonévroses les plus connues, montrer à partir de quelques exemples comment les concepts introduits ici trouvent une application à l'étude du refoulement. De *l'hystérie d'angoisse*, je choisirai l'exemple bien analysé d'une phobie d'animal [*Tierphobie*]. La motion pulsionnelle soumise au refoulement est une position libidinale prise envers le père, appariée à l'angoisse que celui-ci suscite. Après le refoulement, cette motion aura disparu de la conscience, le père n'y intervient plus en tant qu'objet de la libido. Comme substitut, on trouve à une place analogue un animal qui se prête plus ou moins bien à servir d'objet d'angoisse. La formation de substitut de la partie représentation s'est constituée par la voie du *déplacement* [*Verschiebung*] 258
le long d'une concaténation déterminée de façon particulière. La partie quantitative n'a pas disparu mais s'est convertie en angoisse. Le résultat est une angoisse devant le loup à la place d'une revendication d'amour envers le père. Naturellement, les catégories employées ici ne suffisent pas pour satisfaire aux exigences que soulève l'explication du moindre cas de psychonévrose, aussi simple fût-il. Il reste toujours d'autres points de vue à considérer.

Un refoulement du genre de celui du cas de phobie d'animal peut être qualifié de foncièrement raté. L'opération du refoulement ne consiste que dans la mise à l'écart et le remplacement de la représentation, l'épargne de déplaisir n'a absolument pas été réalisée. C'est aussi pourquoi le travail de la névrose ne connaît pas de repos, mais se poursuit dans un deuxième tempo afin d'atteindre son but le plus immédiat, le plus important. On aboutit à la formation d'une tentative de fuite, de la *phobie* proprement dite, d'un ensemble d'évitements censés faire obstacle à la libération d'angoisse. Quant à savoir par quel mécanisme la phobie touche au but, une investigation plus spécifique pourra nous aider à le comprendre.

C'est à une tout autre appréciation du processus de refoulement que nous contraint le tableau de l'*hystérie de conversion* authentique. Ici, ce qui ressort est qu'il est possible de parvenir à la disparition totale du quantum d'affect. Le malade affiche alors, à l'égard de ses symptômes, l'attitude que Charcot a nommée « *la belle indifférence des hystériques* * ». À d'autres occasions, cette répression ne réussit pas aussi parfaitement, une part de sensations pénibles se noue aux symptômes eux-mêmes, ou bien une portion de libération d'angoisse n'aura pu être évitée, laquelle, de son côté, va mettre en œuvre le mécanisme de la formation de phobie. Le contenu de représentations de la représentance pulsionnelle est soigneusement soustrait à la conscience ; à titre de formation de substitut – et, simultanément, de symptôme – on trouve une innervation excessive –

* En français dans le texte.

somatique, dans les cas paradigmatiques – de nature tantôt sensorielle, tantôt motrice, se traduisant soit comme excitation, soit comme inhibition. 259
L'endroit sur-innervé se révèle, à y regarder de plus près, être une portion de la représentance pulsionnelle refoulée elle-même, qui, comme par *condensation* [*Verdichtung*], a attiré à elle l'investissement tout entier. Naturellement, ces remarques, elles non plus, ne dévoilent pas *in extenso* le mécanisme d'une hystérie de conversion ; avant tout, il convient d'y ajouter le facteur de la *régression* qui devra être détaillé dans un autre contexte.

Le refoulement de l'hystérie peut être considéré comme complètement raté dans la mesure où il n'aura été rendu possible que par d'abondantes formations de substitut ; toutefois, pour ce qui concerne la liquidation du quantum d'affect, la véritable tâche du refoulement, il signifie en règle générale un total succès. Le processus de refoulement de l'hystérie de conversion, enfin, s'achève avec la formation de symptôme et n'a nul besoin, comme dans l'hystérie d'angoisse, de se prolonger en deux temps – soit, en fin de compte : sans limite.

C'est à nouveau un tout autre aspect que va déployer le refoulement dans la troisième des affections que nous convoquons à cette comparaison : dans la *névrose obsessionnelle*. Ici, on se met d'abord à douter de ce qu'il convient de considérer comme la représentance soumise au refoulement : une tendance libidinale ou hostile ? L'incertitude provient

de ce que la névrose obsessionnelle repose sur la présupposition d'une régression, par laquelle une tendance sadique a pris la place de la tendance tendre. C'est cette impulsion hostile contre une personne aimée qui est soumise au refoulement. L'effet, dans une première phase du travail de refoulement, est tout autre que ce qu'il sera plus tard. Tout d'abord, ce travail obtient un total succès, le contenu de représentations est congédié et l'affect est amené à disparaître. Comme formation de substitut, on trouve une modification du moi, l'accroissement de la scrupulosité [*Gewissenhaftigkeit*], que l'on ne peut pas vraiment appeler un symptôme. Formation de substitut et formation
260 de symptôme se disjoignent ici. C'est également à cette occasion qu'on apprend quelque chose sur le mécanisme du refoulement. Celui-ci a, comme partout, mené à bien un retrait de libido, mais s'est servi à cette fin de la *formation réactionnelle* par renforcement d'un opposé. La formation de substitut a donc ici le même mécanisme que le refoulement et coïncide au fond avec lui, mais elle se sépare, aussi bien temporellement que conceptuellement, de la formation de symptôme. Il est très probable que ce soit la relation d'ambivalence, dans laquelle l'impulsion sadique qui est à refouler est inscrite, qui rende possible tout le processus.

Mais le refoulement efficace du début ne tient pas la distance ; dans la suite des opérations, l'échec du refoulement gagne de plus en plus de terrain. L'ambivalence, qui a permis le refoulement par formation réactionnelle, est aussi le lieu où le retour du refoulé s'accomplit. L'affect disparu fait retour sans aucune épargne dans sa transformation en angoisse sociale, en angoisse morale, en reproche, la représentation congédiée est remplacée par un *substitut par déplacement*, souvent par déplacement sur du plus petit, de l'indifférent. La plupart du temps, on ne saurait méconnaître une tendance à rétablir intacte la représentation refoulée. L'échec, dans le refoulement du facteur quantitatif, affectif, met en jeu le même mécanisme de fuite par évitements et interdits que nous avons appris à connaître à propos de la formation de la phobie hystérique. Mais le congédiement de la représentation du conscient est maintenu opiniâtrement, car c'est de lui que dépend l'empêchement de l'action, la tenue en laisse, au plan moteur, de l'impulsion. C'est ainsi que le travail de refoulement de la névrose obsessionnelle s'épuise en une lutte sans issue et sans fin.

On trouvera dans la brève série comparative présentée ici de quoi se convaincre que des investigations encore plus complètes seront nécessaires, avant qu'on puisse espérer percer à jour les processus qui se relient au refoulement et à la formation de symptôme névrotique. L'extraordinaire entortillement de tous les facteurs qui entrent en consi- 261
dération ne nous laisse qu'une seule voie praticable pour leur exposition. Nous devons adopter tantôt un point de vue, tantôt un autre, et le suivre tout du long à travers le matériel, tant que son exploita-

tion semble apporter quelque résultat. Chacune de ces élaborations menée isolément sera en soi imparfaite et ne pourra pas éviter le manque de clarté là où elle confine au non encore élaboré ; il nous est cependant permis d'espérer que de la synthèse finale se dégagera une bonne compréhension.

L'INCONSCIENT

Nous avons appris de la psychanalyse que l'essence du procès de refoulement ne consistait pas à supprimer une représentation représentant [*repräsentierend*] la pulsion, à l'annihiler, mais à la tenir à l'écart du devenir-conscient. Nous disons alors qu'elle se trouve à l'état de l'« inconscient » et sommes à même de produire des preuves solides de ce qu'elle peut même inconsciemment délivrer des effets, dont certains finissent même par atteindre la conscience. Tout ce qui est refoulé doit rester inconscient, mais nous voulons établir d'emblée que le refoulé ne couvre pas tout ce qui est inconscient. L'inconscient a le plus vaste périmètre ; le refoulé est une partie de l'inconscient. 264

Comment sommes-nous censés accéder à la connaissance de l'inconscient ? Nous ne le connaissons naturellement que sous l'espèce du conscient, une fois qu'il a subi une conversion ou une traduction en conscient. Le travail psychanalytique nous permet de faire quotidiennement l'expérience qu'une telle traduction est possible. Il est exigé à cet effet que l'analysé surmonte certaines résistances, les mêmes qui, en leur temps, ont fait de l'inconscient un refoulé en le congédiant du conscient.

I. La justification de l'inconscient

Qu'il soit justifié d'admettre un psychique inconscient et de travailler scientifiquement à l'aide de cette hypothèse nous est contesté de nombreux côtés. Nous pouvons alléguer *a contrario* que l'hypothèse de l'inconscient est nécessaire et *légi-*
265 *time* et que nous détenons de multiples *preuves* de l'existence de l'inconscient. Elle est nécessaire parce que les données de la conscience sont lacunaires à un haut degré ; aussi bien chez les bien-portants que chez les malades se produisent fréquemment des actes psychiques qui, pour leur explication, présupposent d'autres actes dont la conscience ne rend cependant pas témoignage. Pareils actes ne sont pas seulement les actes manqués et les rêves chez les bien-portants, ou tout ce qu'on appelle symptômes psychiques et phénomènes compulsifs chez les malades – notre expérience journalière la plus personnelle nous donne à connaître des idées incidentes dont nous ignorons la provenance et des résultats de pensée dont l'élaboration nous est restée cachée. Tous ces actes conscients resteraient déconnectés et incompréhensibles si nous voulions continuer à prétendre que c'est aussi nécessairement via la conscience que nous devons faire

l'expérience de tout ce qui se passe en nous en matière d'actes psychiques, et s'ordonnent en une concaténation qu'on peut mettre en évidence dès lors qu'on interpole les actes inconscients inférés. Gagner du sens et de la cohérence est en effet un motif pleinement justifié, susceptible de nous mener au-delà de l'expérience immédiate. Et s'il s'avère de surcroît que nous pouvons édifier sur l'hypothèse de l'inconscient une pratique couronnée de succès, par laquelle nous influençons utilement le cours des processus conscients, nous aurons gagné avec ce résultat une preuve inattaquable de l'existence de ce dont nous avons fait l'hypothèse. Force est alors de se rendre à l'avis qu'il n'y a que *suffisance intenable* à exiger que tout ce qui se passe dans le psychique doive nécessairement, pour autant, être connu de la conscience.

On peut aller plus loin et alléguer, à l'appui d'un état psychique inconscient, que la conscience n'englobe à chaque instant qu'un minime contenu, de sorte que la plus grande partie de ce que nous appelons connaissance consciente doit, quoi qu'il arrive, se trouver la plupart du temps à l'état de latence, autrement dit dans un état d'inconscience [*Unbewusstheit* *] psychique. La contestation de l'inconscient deviendrait, par égard à tous nos sou- 266
venirs latents, totalement incompréhensible. Nous

* Il s'agit avec ce terme de l'inconscience comme statut, condition ou caractère, et non pas comme instance ou système. Voir également la note *, p. 140.

achoppons alors à l'objection selon laquelle ces souvenirs latents ne seraient plus à désigner comme psychiques, mais correspondraient aux restes de processus somatiques à partir desquels le psychique peut à nouveau surgir. Il est tentant de répliquer que le souvenir latent est au contraire un reliquat indubitable d'un processus psychique. Mais il est plus important de se rendre compte que cette objection repose sur l'assimilation inexprimée, mais fixée *a priori*, du conscient au psychique. Cette assimilation est soit une *petitio principii* qui exclut la question de savoir si tout psychique doit pour autant être conscient, soit une affaire de convention, de nomenclature. Sous ce dernier caractère elle est naturellement, à l'instar de toute convention, irréfragable. La question reste ouverte, cependant, de savoir si elle se révèle si adéquate qu'il faille nécessairement s'y rallier. À quoi l'on peut répondre que l'assimilation conventionnelle du psychique avec le conscient est absolument inadéquate. Elle déchire les continuités psychiques, nous précipite dans les difficultés insolubles du parallélisme psycho-physique, encourt le reproche de surestimer, sans fondement raisonnable, le rôle de la conscience, et nous impose d'abandonner prématurément le domaine de la recherche psychologique, sans être à même de nous apporter quelque dédommagement venant d'autres domaines.

Quoi qu'il en soit, il est clair que la question de savoir si l'on doit concevoir les irrécusables états latents de la vie psychique comme psychiques

inconscients ou comme physiques menace de conduire à une querelle de mots. Il est, de ce fait, plus prudent de pousser au premier plan ce que nous connaissons avec certitude de la nature de ces états controversés. Il se trouve qu'ils nous sont parfaitement inaccessibles d'après leurs caractères physiques ; aucune représentation physiologique, aucun procès chimique ne peut nous livrer un aperçu de leur essence. D'un autre côté, il est établi 267
qu'ils ont le plus ample contact avec les processus psychiques conscients ; moyennant l'accomplissement d'un certain travail, ils se laissent convertir en eux, remplacer par eux et peuvent être décrits à l'aide de toutes les catégories que nous appliquons aux actes psychiques conscients, comme représentations, aspirations, résolutions, etc. Voire, il nous faut dire de certains de ces états latents qu'ils ne se distinguent des états conscients justement que par l'effacement de la conscience. Nous n'hésiterons pas, dès lors, à les traiter comme des objets de la recherche psychologique et dans la plus intime corrélation avec les actes psychiques conscients.

Le rejet opiniâtre du caractère psychique des actes psychiques latents s'explique par le fait que la plupart des phénomènes qui entrent en considération ne sont pas devenus objet d'étude en dehors de la psychanalyse. Quiconque ignore les faits pathologiques accueille les actes manqués des normaux comme des incidents fortuits et s'accommode de l'antique sagesse selon laquelle tout rêve n'est que vaine écume [*Träume sind Schäume*] n'a plus alors qu'à dédaigner encore quelques énigmes de la psychologie de la conscience pour s'épargner l'hypothèse d'une activité psychique inconsciente. Au demeurant, les expériences hypnotiques, particulièrement la suggestion post-hypnotique, ont démontré de façon tangible, avant même que vienne l'ère de la psychanalyse, l'existence et le mode d'action de l'inconscient psychique.

L'hypothèse de l'inconscient est cependant aussi pleinement *légitime*, dans la mesure où, en l'établissant, nous ne dévions pas d'un pouce de notre mode de pensée habituel, tenu pour correct. La conscience ne ménage à chacun d'entre nous que la connaissance de ses propres états d'âme ; qu'un autre être humain ait lui aussi une conscience est une déduction tirée *per analogiam* sur le fond des expressions et actions perceptibles de cet autre, afin de nous rendre intelligible ce comportement de
268 l'autre. (Dire que nous prêtons, sans y réfléchir particulièrement, à chaque autre en dehors de nous notre propre constitution, et donc aussi notre conscience, et que cette identification [*Identifizierung*] est le présupposé de notre compréhension serait sans doute une description psychologiquement plus juste.) Cette déduction – ou cette identification – fut étendue jadis du moi à d'autres humains, aux animaux, aux plantes, à l'inanimé et à la totalité du monde et s'avéra applicable tant que l'analogie avec le moi-individuel était d'une dimension écrasante, mais perdit de sa crédibilité à

mesure que l'Autre * s'éloignait du moi. De nos jours, notre critique se révèle déjà incertaine en ce qui concerne la conscience des animaux, se refuse à admettre la conscience des plantes et assigne à la mystique la supposition d'une conscience de l'inanimé. Mais même là où le penchant originel à l'identification a passé avec succès l'examen critique, dans le cas de cet Autre humain qui nous est le plus proche, l'hypothèse d'une conscience repose sur une déduction et ne peut partager la certitude immédiate de notre propre conscience.

Or la psychanalyse n'exige rien d'autre que ceci : que ce procédé de déduction soit également tourné vers la personne propre, ce pourquoi il n'existe toutefois aucun penchant constitutionnel. Si l'on procède ainsi, on est forcé de dire que tous les actes et expressions que je remarque chez moi sans parvenir à les relier au reste de ma vie psychique doivent être jugés comme s'ils appartenaient à une autre personne et peuvent trouver un éclaircissement en lui attribuant une vie psychique. L'expérience montre aussi que ces mêmes actes, auxquels on dénie la reconnaissance psychique chez la personne propre, on s'entend très bien à les interpréter chez les autres, c'est-à-dire à les insérer dans la cohérence psychique. Notre recherche est ici mani-

---

* Alors que le début de ce paragraphe traitait déjà de l'autre (comme semblable), le mot apparaît maintenant avec une majuscule, que nous maintenons en français, dans la mesure où elle marque le glissement vers une altérité plus radicale.

festement détournée de la personne propre par un obstacle particulier et entravée dans la connaissance exacte de celle-ci.

Ce procédé déductif une fois tourné vers la personne propre en dépit d'une répugnance interne ne conduit cependant pas à la découverte d'un incons-
269 cient, mais comme il se doit à l'hypothèse d'une autre, d'une seconde conscience, qui se combine dans ma personne avec celle qui m'est connue. Malheureusement, la critique trouve ici un motif justifié de faire valoir quelques objections. Premièrement, une conscience dont le propre porteur ne sait rien est encore autre chose qu'une conscience étrangère, et on en vient à douter qu'une pareille conscience, à laquelle le principal caractère fait défaut, mérite à tout prendre encore discussion. Quiconque s'est dressé contre l'hypothèse d'un psychique inconscient ne pourra être enchanté de la troquer contre une *conscience inconsciente*. Deuxièmement, l'analyse indique que les différents processus psychiques latents que nous déduisons jouissent d'un haut degré d'indépendance réciproque, tout se passant comme s'ils n'étaient pas en lien les uns avec les autres et ne savaient rien les uns des autres. Nous devons ainsi être prêts à admettre, non pas seulement une deuxième conscience en nous, mais aussi une troisième, une quatrième, voire une série illimitée d'états de conscience qui sont inconnus de nous autant qu'ils le sont les uns des autres. Troisièmement, il convient de prendre en compte, à titre d'argument le plus sérieux, que nous expéri-

mentons par l'investigation analytique qu'une partie de ces processus latents possède des caractères et des particularités qui nous paraissent étranges et même incroyables, et vont droit à l'encontre des propriétés de la conscience que nous connaissons. Ainsi aurons-nous des raisons de modifier la déduction tournée vers la personne propre, en ce sens qu'elle ne nous démontre pas une deuxième conscience en nous, mais l'existence d'actes psychiques qui sont privés de conscience. Nous serons également en droit d'écarter comme incorrecte et trompeuse la qualification de « subconscience ». Les cas célèbres de « *double conscience* * » (clivage de la conscience) ne prouvent rien contre notre conception. Ils se laissent décrire au plus juste comme des cas de clivage des activités psychiques en deux groupes, la même conscience se tournant, à cette occasion, alternativement vers l'un ou l'autre camp.

Il ne nous reste, en psychanalyse, absolument 270
pas d'autre option que de déclarer les processus psychiques inconscients en soi et de comparer leur perception par la conscience avec la perception du monde extérieur par les organes des sens. Nous espérons même tirer de cette comparaison un gain pour notre connaissance. L'hypothèse psychanalytique de l'activité psychique inconsciente nous apparaît d'un côté comme un nouveau développement de l'animisme primitif qui nous faisait miroi-

---

* En français dans le texte.

ter partout des reflets de notre conscience, et d'un autre côté comme le prolongement de la correction que Kant a entrepris d'apporter à notre conception de la perception externe. De même que Kant nous a avertis de ne pas omettre la détermination subjective de notre perception et de ne pas tenir notre perception pour identique au perçu inconnaissable, de même la psychanalyse invite à ne pas mettre la perception par la conscience à la place du processus psychique inconscient, lequel est son objet. Tout comme le physique, le psychique n'a pas besoin d'être en réalité tel qu'il nous apparaît. Mais nous nous préparerons à vérifier avec satisfaction que la correction de la perception interne ne présente pas une aussi grande difficulté que celle de l'externe, que l'objet interne est moins inconnaissable que le monde extérieur.

II. La polysémie [*Vieldeutigkeit*] de l'inconscient et le point de vue topique *

Avant d'aller plus loin, nous voulons établir le fait important, mais aussi fâcheux, que l'inconscience [*Unbewusstheit*] n'est qu'une marque dis-

* Dans l'édition de 1915, où les chapitres n'étaient pas numérotés, ce chapitre était divisé en deux sections, l'intitulé « Le point de vue topique » n'apparaissant qu'en tête du paragraphe suivant.

tinctive du psychique, qui ne suffit nullement à le caractériser. Il y a des actes psychiques de très différente dignité qui néanmoins s'accordent dans le caractère d'être inconscients. L'inconscient englobe d'un côté des actes qui sont seulement latents, temporairement inconscients, mais qui, autrement, ne se distinguent en rien des actes conscients, et d'un 271
autre côté des processus tels que les processus refoulés, qui, s'ils devenaient conscients, ne manqueraient pas de se détacher de la façon la plus tranchante du reste des processus conscients. Cela mettrait un terme à tout malentendu que, dorénavant, dans la description des différents types d'actes psychiques, nous fassions complètement abstraction de ce qu'ils soient conscients ou inconscients et que nous ne les classifiions et ne les mettions en corrélation qu'en fonction de leur rapport aux pulsions et aux buts, en fonction de leur combinaison et de leur appartenance aux systèmes psychiques subordonnés les uns aux autres. Mais cela, pour diverses raisons, est irréalisable, et c'est ainsi que nous ne pouvons nous soustraire à l'équivoque [*Zweideutigkeit*] attachée au fait que nous employons les mots de conscient et d'inconscient tantôt au sens descriptif, tantôt au sens systématique où ils signifient alors appartenance à des systèmes précis et attribution de certaines propriétés. On pourrait encore tenter d'éviter la confusion en désignant les systèmes psychiques identifiés par des noms arbitrairement choisis, dans lesquels on s'abstiendrait d'évoquer la

conscience [*Bewusstheit* *]. Encore devrait-on au préalable rendre raison de ce qui fonde la différenciation des systèmes, auquel cas on ne pourrait pas contourner la conscience [*Bewusstheit*], car elle forme le point de départ de toutes nos investigations. Nous pouvons peut-être espérer trouver quelque moyen d'y remédier en proposant de remplacer, au moins à l'écrit, conscience par le symbole *Cs* et inconscient par l'abréviation correspondante *Ics* quand nous employons les deux mots au sens systématique.

Dans la perspective d'une présentation positive, nous rapporterons à présent, en tant que résultat de la psychanalyse, qu'un acte psychique traverse en général deux phases d'état, entre lesquelles est intercalée une sorte d'examen (*censure*). Dans la première phase, il est inconscient et appartient au système *Ics* ; s'il est recalé à cet examen par la censure, le passage à la deuxième phase lui est refusé ; il est alors déclaré « refoulé » et doit demeurer
272 inconscient. Mais qu'il passe cet examen avec

* Lorsqu'il est question de la conscience, au sens courant de conscience psychologique ou encore au sens précis d'instance, Freud emploie régulièrement le terme de « *Bewusstsein* ». « *Bewusstheit* », qui répond à l'« *Unbewusstheit* » des p. 131 et 138, est chez lui d'un usage moins fréquent et semble réservé ici à la désignation de la condition de conscience, de la conscience comme état ou phénomène (certains traducteurs de textes philosophiques ont proposé de le rendre par « conscienciosité »). Notons que, dans l'usage courant, le mot peut signifier « connaissance de cause, lucidité ».

succès, il entre alors dans la deuxième phase et dépendra du deuxième système, que nous nommerons le système *Cs*. Son rapport à la conscience n'est cependant pas encore déterminé de façon univoque [*eindeutig*] par cette appartenance. Il n'est pas encore conscient, mais néanmoins *susceptible de conscience* [*Bewusstseinsfähig*] (d'après l'expression de J. Breuer), c'est-à-dire qu'il peut à présent, sans résistance particulière, si certaines conditions sont réunies, devenir objet de la conscience. Eu égard à cette puissance de conscience, nous appelons aussi le système *Cs* le « *préconscient* ». S'il devait apparaître que le devenir-conscient du préconscient est lui aussi codéterminé par une certaine censure, nous aurions à séparer de façon plus stricte les systèmes *Pcs* et *Cs*. Il suffira provisoirement de soutenir que le système *Pcs* partage les propriétés du système *Cs*, et que la censure sévère remplit son office au passage de l'*Ics* au *Pcs* (ou *Cs*).

Avec l'adoption de ces (deux ou trois) systèmes psychiques, la psychanalyse s'est éloignée d'un pas supplémentaire de la psychologie descriptive de la conscience, s'est dotée d'une nouvelle problématique et d'un nouveau contenu. Jusqu'ici, elle se distinguait de la psychologie principalement par la conception *dynamique* des processus psychiques ; s'y ajoute désormais qu'elle veut aussi prendre en compte la *topique* psychique et préciser, pour un acte psychique voulu, à l'intérieur de quel système ou entre quels systèmes il se produit. C'est d'ailleurs à cause de cet effort qu'elle s'est acquis le nom de *psychologie des profondeurs*. Nous allons entendre qu'elle peut encore être enrichie d'un autre point de vue.

Si nous voulons prendre au sérieux une topique des actes psychiques, il nous faut consacrer notre intérêt à une question controversée qui fait surface à cet endroit. Lorsqu'un acte psychique (tenons-nous-en ici à un acte de la nature d'une représentation) subit la conversion du système *Ics* dans le sys-
273 tème *Cs* (ou *Pcs*), devons-nous admettre qu'à cette conversion est associée une nouvelle fixation, comme une deuxième inscription de la représentation concernée, qui peut par conséquent aussi être contenue dans une nouvelle localité psychique, et au côté de laquelle subsiste l'inscription inconsciente originelle ? Ou devons-nous plutôt croire que la conversion consiste en un changement d'état qui s'accomplit sur le même matériel et dans la même localité ? La question peut paraître abstruse, mais doit être ouverte si nous voulons nous former une idée plus précise de la topique psychique, de la dimension psychique de la profondeur. Elle est ardue, parce qu'elle va au-delà du pur psychologique et qu'elle effleure les rapports de l'appareil psychique avec l'anatomie. Nous savons qu'en gros de tels rapports existent. Que l'activité psychique soit liée à la fonction du cerveau comme à nul autre organe est un résultat inébranlable de la recherche. La découverte de la valeur inégale des parties cérébrales et de leur relation spécifique à des parties corporelles et des activités spirituelles déterminées

nous conduit un peu plus loin – on ignore jusqu'où. Mais toutes les tentatives visant à deviner à partir de là une localisation des processus psychiques, tous les efforts pour penser le stockage des représentations dans des cellules nerveuses et faire cheminer les excitations sur des fibres nerveuses ont radicalement capoté. Le même destin serait promis à une doctrine qui, d'aventure, prétendrait déceler dans le cortex cérébral le siège anatomique du système *Cs*, de l'activité psychique consciente, et situer les processus inconscients dans les parties subcorticales du cerveau. Ici s'ouvre une faille béante, dont le comblement n'est pas possible à l'heure actuelle et ne fait d'ailleurs pas partie des tâches de la psychologie. Notre topique psychique n'a *provisoirement* rien à faire avec l'anatomie ; elle se rapporte à des régions de l'appareil psychique, quelle que soit leur place dans le corps, et non à des lieux anatomiques.

Notre travail est donc libre en ce point et peut 274
se poursuivre selon ses propres exigences. Il serait utile aussi que nous nous rappelions que nos hypothèses ne revendiquent, d'abord, que la valeur d'illustrations. La première des deux possibilités considérées, selon laquelle la phase *Cs* de la représentation signifierait une nouvelle inscription de celle-ci, située à un autre endroit, est sans aucun doute la plus grossière, mais aussi la plus confortable. La deuxième hypothèse, celle d'un changement d'état seulement *fonctionnel*, est de prime abord la plus vraisemblable, mais elle est moins

plastique, moins facile à manier. À la première, l'hypothèse topique, est attachée celle d'une séparation topique des systèmes *Ics* et *Cs* et la possibilité qu'une représentation soit présente simultanément en deux endroits de l'appareil psychique, voire, si elle n'est pas inhibée par la censure, qu'elle progresse régulièrement d'un lieu à l'autre, éventuellement sans perdre sa première résidence ou inscription. Cela paraît peut-être déroutant, mais peut s'appuyer sur des impressions tirées de la pratique psychanalytique.

Quand on fait part à un patient d'une représentation autrefois refoulée par lui et qu'on a devinée, cela ne change tout d'abord rien à son état psychique. Principalement, cela ne lève pas le refoulement, ni n'en renverse les conséquences, comme on pourrait peut-être s'y attendre au motif que la représentation auparavant inconsciente est à présent devenue consciente. Au contraire, on ne parviendra tout d'abord qu'à un nouveau refus de la représentation refoulée. Cependant, le patient a maintenant effectivement la même représentation sous une double forme dans des endroits distincts de son appareil psychique ; premièrement, grâce à ce qui lui a été communiqué, il a le souvenir conscient de la trace auditive de la représentation ; deuxièmement, il porte en lui à côté, ainsi que nous le savons avec certitude, le souvenir inconscient du vécu dans sa forme première. Or, en réa-
275 lité, aucune levée de refoulement ne survient avant que la représentation consciente ne soit entrée en

relation, une fois les résistances surmontées, avec la trace mnésique inconsciente. C'est seulement lorsque cette dernière a elle-même été rendue consciente que le succès est atteint. Moyennant quoi il semblerait acquis, à s'en tenir à une appréciation superficielle, que représentations conscientes et inconscientes sont des inscriptions différentes et topiquement distinctes du même contenu. Mais la moindre réflexion montre que l'identité de ce qui a été communiqué et du souvenir refoulé du patient n'est qu'apparente. Avoir entendu et avoir vécu sont deux choses tout à fait différentes de par leur nature psychologique, même si elles ont le même contenu.

Nous ne sommes donc pas en mesure, dans l'immédiat, de trancher entre les deux possibilités discutées. Peut-être tomberons-nous plus tard sur des facteurs qui pourront faire peser la balance en faveur de l'une ou de l'autre. Peut-être sommes-nous sur le point de découvrir que notre problématique était incomplète, et que la distinction de la représentation inconsciente d'avec la consciente est encore à déterminer d'une tout autre manière.

III. Y A-T-IL DES SENTIMENTS INCONSCIENTS ?

Nous avons limité la discussion qui précède aux représentations et pouvons à présent ouvrir une nouvelle question, dont le traitement ne manquera pas de contribuer à la clarification de nos points de vue théoriques. Nous disions qu'il y avait des représentations conscientes et inconscientes ; y a-t-il alors aussi des motions pulsionnelles, des sentiments, des sensations, inconscients, ou bien est-il pour le coup sans objet de former de telles combinaisons ?

Je pense en fait que l'opposition de conscient et inconscient ne s'applique aucunement à la pulsion. Une pulsion ne peut jamais devenir objet de la conscience, seule le peut la représentation qui la représente [*repräsentiert*]. Elle ne peut cependant,
276 même dans l'inconscient, être représentée [*repräsentiert*] autrement que par la représentation. Si la pulsion ne se trouvait pas attachée à une représentation ou si elle ne venait pas au jour sous forme d'état affectif, nous ne pourrions rien savoir d'elle. Mais si nous parlons malgré tout d'une motion pulsionnelle inconsciente ou d'une motion pulsionnelle refoulée, c'est là un relâchement anodin de l'expression. Nous ne pouvons rien vouloir désigner d'autre qu'une motion pulsionnelle dont la représentance de la représentation est inconsciente, car rien d'autre ne saurait entrer en ligne de compte.

On pourrait croire que la réponse à la question des sensations, sentiments et affects inconscients serait tout aussi facile à donner. Il appartient pourtant à l'essence d'un sentiment qu'il soit ressenti, et donc connu de la conscience. La possibilité d'une inconscience [*Unbewusstheit*] serait ainsi totalement absente pour les sentiments, les sensations, les affects. Dans la pratique psychanalytique toutefois, nous avons coutume de parler d'amour, de haine, de fureur inconscients, etc., et nous trouvons même inévitable l'amalgame déroutant de « conscience de culpabilité inconsciente », ou une paradoxale « angoisse inconsciente ». Cet usage de la langue dépasse-t-il, dans sa portée, celui qui a cours dans le cas de la « pulsion inconsciente » ?

L'état des choses, ici, est effectivement différent. Il peut d'abord arriver qu'une motion d'affect ou de sentiment soit perçue, mais néanmoins méconnue. Elle a été contrainte par le refoulement de sa véritable représentance à se nouer à une autre représentation et se voit, dès lors, tenue par la conscience pour l'expression de cette dernière. Quand nous établissons à nouveau la connexion exacte, nous appelons « inconsciente » la motion affective originelle, bien que son affect n'ait jamais été inconscient et que seule sa représentation ait été vouée au refoulement. L'usage des expressions « affect inconscient et sentiment inconscient » renvoie avant tout aux destins du facteur quantitatif de la motion pulsionnelle, consécutifs au refoulement (voir l'essai sur le refoulement). Nous savons que ce destin peut être triple : soit l'affect subsiste – en tout ou partie – tel quel, soit il subit une transfor- 277
mation en un quantum d'affect qualitativement différent, principalement en angoisse, soit il est réprimé, c'est-à-dire que son développement est radicalement entravé. (Ces possibles sont peut-être

encore plus faciles à étudier à partir du travail du rêve que dans les névroses.) Nous savons aussi que la répression du développement d'affect est le véritable but du refoulement et que son travail reste inachevé tant que ce but n'est pas atteint. Dans tous les cas, dès lors que le refoulement réussit l'inhibition du développement d'affect, nous appelons « inconscients » les affects que nous restituons par le redressement du travail de refoulement. On ne peut donc dénier à l'usage de la langue sa conséquence, mais il subsiste, en comparaison de la représentation inconsciente, cette différence significative que la représentation inconsciente, après le refoulement, se maintient dans le système *Ics* en tant que formation réelle, alors qu'à l'affect inconscient ne correspond en ce lieu précis qu'une possibilité d'amorce qui n'aura pas eu la licence de se déployer. Strictement parlant, et bien que l'usage de la langue reste sans défaut, il n'y a pas, par conséquent, d'affects inconscients au sens où il y a des représentations inconscientes. Il peut cependant très bien y avoir dans le système *Ics* des formations d'affect qui deviennent conscientes au même titre que d'autres. Toute la différence procède de ce que les représentations sont des investissements – foncièrement, de traces mnésiques –, alors que les affects et sentiments correspondent à des processus d'évacuation dont les expressions dernières sont perçues en tant que sensations. En l'état actuel de notre connaissance des affects et des sentiments, nous ne sommes pas en mesure d'exprimer plus clairement cette différence.

Il est pour nous d'un intérêt particulier d'avoir établi que le refoulement pouvait parvenir à inhiber la conversion de la motion pulsionnelle en expression d'affect. Cela nous montre que le système *Cs* gouverne normalement l'affectivité comme l'accès à la motilité, et cela élève la valeur du refoulement en désignant comme son effet non seulement qu'il tient à l'écart de la conscience, mais encore qu'il préserve du développement d'affect et de ce qui motive l'acti- 278
vité musculaire. Nous pouvons dire aussi, dans une présentation inversée : tant que le système *Cs* gouverne l'affectivité et la motilité, nous qualifions l'état psychique de l'individu de normal. Toutefois, on ne peut manquer de constater une différence dans le rapport du système dominant à chacune des deux actions d'évacuation voisines l'une de l'autre [1]. Tandis que la domination du *Cs* sur la motilité volontaire est solidement établie, qu'elle résiste régulièrement à l'assaut de la névrose et ne se brise que dans la psychose, la maîtrise du développement d'affect par le *Cs* est moins affermie. Même dans le cadre de la vie normale, on peut observer une lutte permanente des deux systèmes *Cs* et *Ics* pour le primat sur l'affectivité, certaines sphères d'influence

1. L'affectivité s'exprime essentiellement en évacuation motrice (sécrétoire, vasorégulatrice), à l'effet de modification (interne) du corps propre, sans rapport au monde extérieur, la motilité, par des actions qui sont destinées à modifier le monde extérieur.

se démarquent les unes des autres et des mélanges des forces agissantes s'établissent.

La signification du système *Cs (Pcs)* * pour l'accès à la libération d'affect et à l'action nous permet aussi de comprendre le rôle qui échoit à la représentation de substitut dans la formation de la maladie. Il est possible que le développement d'affect émane directement du système *Ics*, auquel cas il aura toujours le caractère de l'angoisse, contre laquelle tous les affects « refoulés » auront été échangés. Mais la motion pulsionnelle doit fréquemment attendre d'avoir trouvé une représentation de substitut dans le système *Cs*. C'est alors que le développement d'affect est rendu possible depuis ce substitut conscient et que le caractère qualitatif de l'affect est déterminé par la nature de celui-ci. Nous avons soutenu que, lors du refoulement, a lieu une séparation de l'affect d'avec sa représentation, à partir de quoi leurs deux destins divergent. Cela est incontestable du point de vue descriptif ; cependant, le véritable processus est, en règle
279 générale, qu'un affect ne peut se matérialiser aussi longtemps que ne s'est pas accomplie la percée vers un nouveau représentant [*Vertretung*] dans le système *Cs*.

IV. Topique et dynamique du refoulement

Nous avons obtenu pour résultat que le refoulement est pour l'essentiel un processus qui s'accom-

* (*Pcs*) ajouté en 1924.

plit sur des représentations à la frontière des systèmes *Ics* et *Pcs (Cs)*, et pouvons à présent faire une nouvelle tentative pour décrire ce processus de façon plus approfondie. Il doit s'agir ici d'un *retrait* [*Entziehung*] d'investissement, mais la question se pose de savoir dans quel système le retrait se produit et à quel système appartient l'investissement retiré.

La représentation refoulée reste, dans l'*Ics*, capable d'action ; elle doit, par conséquent, avoir conservé son investissement. Ce qui est retiré doit être quelque chose d'autre. Si nous prenons le cas du refoulement proprement dit (du re-foulement * [*Nachdrängen*]), tel qu'il se déroule au niveau de la représentation préconsciente ou même déjà consciente, alors le refoulement ne peut consister qu'en ceci que l'investissement (pré-)conscient, qui appartient au système *Pcs*, est retiré à la représentation. La représentation reste alors désinvestie, ou bien elle capte un investissement en provenance de l'*Ics*, ou encore elle conserve l'investissement *ics* qu'elle avait déjà auparavant. Donc : retrait de l'investissement préconscient, conservation de l'investissement inconscient ou remplacement de l'investissement préconscient par un investissement inconscient. Nous remarquons du reste que nous avons, comme par mégarde, posé pour fondement de ces considérations l'hypothèse que le passage du système *Ics* à un autre ne s'effectuait pas au travers d'une nouvelle inscription, mais par un

* Voir *supra* : « Le refoulement ».

changement d'état, une modification dans l'investissement. L'hypothèse fonctionnelle, ici, a mis en déroute, sans grand mal, l'hypothèse topique.

Ce processus de retrait de libido reste toutefois impropre à faire saisir un autre caractère du refou-
280 lement. On ne voit pas bien pourquoi la représentation restée investie ou nantie d'un investissement provenant de l'*Ics* ne renouvellerait pas, poussée par son investissement, la tentative de faire irruption dans le système *Pcs*. Il faudrait alors que le retrait de la libido se répète sur elle, et le même jeu se poursuivrait inépuisablement, mais le résultat ne serait pas celui du refoulement. De la même façon, le mécanisme en question du retrait de l'investissement préconscient faillirait à rendre compte du refoulement originaire ; dans ce cas, on a affaire, en effet, à une représentation inconsciente qui n'a reçu encore aucun investissement du *Pcs*, à laquelle, par conséquent aussi, pareil investissement ne peut être retiré.

Nous avons donc besoin ici d'un autre processus qui, dans le premier cas, soutient le refoulement, et, dans le deuxième, veille à son établissement et à sa permanence, et ne pouvons le trouver que dans l'hypothèse d'un *contre-investissement* [*Gegenbesetzung*] grâce auquel le système *Pcs* se protège contre la poussée de la représentation inconsciente. Nous verrons par des exemples cliniques comment se manifeste un tel contre-investissement qui s'opère dans le système *Pcs*. C'est lui qui représente la dépense permanente d'un refoulement originaire, mais qui en garantit aussi la stabilité. Le contre-investissement est l'unique mécanisme du refoulement originaire ; lors du refoulement proprement dit (du re-foulement), il s'y ajoute le retrait de l'investissement *pcs.* Il est fort possible que ce soit justement l'investissement retiré à la représentation qui soit employé au contre-investissement.

Nous remarquons que nous en sommes venus peu à peu, dans la présentation des phénomènes psychiques, à faire valoir, outre les points de vue dynamique et topique, un troisième point de vue : l'*économique*, qui s'efforce de suivre les destins des grandeurs d'excitation et de parvenir à une estimation au moins relative de ces dernières. Il ne nous semblera pas injustifié de distinguer à l'aide d'un nom particulier cette manière de considérer les choses qui est l'accomplissement de la recherche psychanalytique. Je propose que soit nommée 281
métapsychologique toute présentation dans laquelle nous réussirions à décrire un processus psychique d'après ses relations *dynamiques*, *topiques* et *économiques*. Il est à prédire qu'en l'état actuel de nos idées nous n'y parviendrons que sur des points particuliers.

Faisons une timide tentative pour donner une description métapsychologique du processus de refoulement dans les trois névroses de transfert connues. Nous sommes en droit, à cette occasion, de remplacer « investissement » par « libido », puisqu'il s'agit en effet, comme nous le savons, des destins de pulsions sexuelles.

Une première phase du processus dans l'hystérie d'angoisse reste souvent inaperçue, peut-être même est-elle proprement négligée, mais elle est aisément identifiable moyennant une observation sérieuse. Elle consiste en ceci que l'angoisse surgit sans qu'ait été perçu devant quoi. Il faut admettre la présence, dans l'*Ics*, d'une motion d'amour qui aspirait à être transposée dans le système *Pcs* ; mais l'investissement qui lui était dédié depuis ce système se retira d'elle à la manière d'une tentative de fuite, et l'investissement libidinal inconscient de la représentation congédiée fut évacué sous forme d'angoisse. Lors d'une éventuelle répétition du processus, un premier pas vers la maîtrise du développement déplaisant de l'angoisse fut effectué. L'investissement fugitif se porta sur une représentation de substitut qui, d'un côté, se trouvait en connexion associative avec la représentation congédiée, et qui, d'un autre côté, grâce à la distance qu'elle conservait par rapport à cette dernière, était à l'abri du refoulement (*substitut par déplacement*) et permettait une rationalisation du développement, encore impossible à inhiber, de l'angoisse. Il s'avère que la représentation de substitut joue, pour le système *Cs* (*Pcs*) *, le rôle d'un contre-investissement, dans la mesure où elle le préserve de l'émergence, dans le *Cs*, de la représentation refoulée, elle est en outre le point de départ de la libération, qui, alors seulement, devient rigoureusement impossible

* (*Pcs*) ajouté en 1924.

à inhiber, de l'affect d'angoisse, ou du moins se comporte-t-elle comme telle. L'observation clinique montre, par exemple, que l'enfant qui souffre de phobie d'animal ne ressent dès lors de l'angoisse 282
que sous deux différentes conditions ; premièrement, quand la motion d'amour refoulée subit un renforcement, et deuxièmement, quand l'animal support de l'angoisse [*Angsttier*] est perçu. La représentation de substitut se comporte dans l'un des cas comme le lieu d'une translation depuis le système *Ics* dans le système *Cs*, dans l'autre, comme une source indépendante de libération d'angoisse. L'extension de la domination du système *Cs* a coutume de s'exprimer en ceci que le premier mode d'excitation de la représentation de substitut recule toujours plus devant le second. Peut-être l'enfant se comporte-t-il à la fin comme s'il n'avait pas le moindre penchant envers le père, comme s'il s'était complètement libéré de lui et qu'il ait réellement une angoisse devant l'animal. À ceci près que cette angoisse devant l'animal, nourrie par la source pulsionnelle inconsciente, se révèle réfractaire et trop puissante par rapport à toutes les influences exercées par le système *Cs* et trahit en cela sa provenance du système *Ics*.

Le contre-investissement émanant du système *Cs* aura ainsi conduit, dans la seconde phase de l'hystérie d'angoisse, à la formation de substitut. Ce même mécanisme trouve bientôt un nouvel emploi. Le processus de refoulement n'est, comme nous le savons, pas encore achevé, et se découvre

un nouveau but dans la tâche d'inhiber le développement d'angoisse issu du substitut. Ce qui implique que tout l'environnement associé de la représentation de substitut est investi avec une intensité particulière, si bien qu'il peut faire preuve d'une sensibilité élevée à l'excitation. Une excitation d'un quelconque endroit de cet avant-corps ne manque pas, du fait de la connexion avec la représentation de substitut, de donner le branle à un développement minime d'angoisse qui est dès lors utilisé comme signal afin d'inhiber, par une nouvelle fuite de l'investissement, la progression du développement d'angoisse. Plus les contre-investissements sensibles et vigilants sont éloignés du substitut redouté, et plus le mécanisme qui est censé isoler la représentation de substitut et écarter d'elle de nouvelles excitations peut fonctionner avec précision. Ces précautions ne protègent natu-
283 rellement que d'excitations qui, via la perception, assaillent la représentation de substitut de l'extérieur, mais jamais de l'excitation pulsionnelle, qui atteint la représentation de substitut à partir de la liaison avec la représentation refoulée. Elles ne commencent donc à faire effet que lorsque le substitut a bien endossé le mandat [*Vertretung*] du refoulé, et ne peuvent jamais agir de façon totalement digne de confiance. À chaque montée de l'excitation pulsionnelle, le mur protecteur qui entoure la représentation de substitut doit être relégué un peu plus loin. Toute la construction, qui est édifiée de manière analogue dans les autres

névroses, porte le nom de *phobie*. La fuite devant l'investissement conscient de la représentation de substitut est traduite par les évitements, renoncements et interdits auxquels on reconnaît l'hystérie d'angoisse. Si l'on regarde l'ensemble du processus, on peut dire que la troisième phase a répété dans une plus large proportion le travail de la deuxième. Le système *Cs* se protège maintenant contre l'activation de la représentation de substitut grâce au contre-investissement de l'environnement, comme il s'était préservé précédemment, par l'investissement de la représentation de substitut, du surgissement de la représentation refoulée. La formation de substitut par déplacement s'est poursuivie sur ce mode. Il faut ajouter aussi que le système *Cs* ne disposait préalablement que d'un site réduit ouvrant une porte à l'irruption de la motion pulsionnelle refoulée, à savoir la représentation de substitut, mais qu'à la fin c'est tout l'avant-corps phobique qui correspond à une pareille enclave de l'influence inconsciente. On peut en outre relever l'intéressant point de vue selon lequel, par le truchement de tout le mécanisme de défense mis en œuvre, une projection du danger pulsionnel vers l'extérieur a été obtenue. Le moi se comporte comme si la menace de développement d'angoisse ne partait pas d'une motion pulsionnelle, mais d'une perception, et se voit ainsi autorisé à réagir à ce danger externe à l'aide des tentatives de fuite des évitements phobiques. Une chose aura réussi dans ce processus de refoulement : la libération

284 d'angoisse se laisse quelque peu endiguer, mais seulement au prix de lourds sacrifices en matière de liberté personnelle. Les tentatives de fuite devant les exigences pulsionnelles sont toutefois généralement inutiles et le résultat de la fuite phobique reste malgré tout insatisfaisant.

Parmi les modalités que nous avons reconnues dans l'hystérie d'angoisse, une grande partie vaut aussi pour les deux autres névroses, si bien que nous pouvons réduire la discussion aux différences et au rôle du contre-investissement. Dans l'hystérie de conversion, l'investissement pulsionnel de la représentation refoulée est converti dans l'innervation du symptôme. Quant à savoir jusqu'à quel point et sous quelles conditions la représentation inconsciente est drainée par cette évacuation vers l'innervation, afin qu'elle puisse cesser sa poussée contre le système *Cs,* ce sont là des questions qu'il vaudrait mieux réserver, au même titre que d'autres analogues, pour un examen spécifique de l'hystérie. Dans l'hystérie de conversion, le rôle du contre-investissement qui part du système *Cs* (*Pcs*) * est évident et se manifeste dans la formation de symptôme. C'est au contre-investissement que revient de décider sur quelle portion de la représentance pulsionnelle peut être concentré tout l'investissement de cette dernière. Cette portion, élue au rang de symptôme, satisfait à l'exigence d'exprimer aussi

* (*Pcs*) ajouté en 1924.

bien le but désiré [*Wunschziel* *] de la motion pulsionnelle que l'aspiration défensive ou punitive du système *Cs* ; elle est, par conséquent, surinvestie et maintenue des deux côtés à l'instar de la représentation de substitut de l'hystérie d'angoisse. Nous pouvons, sans autre forme de procès, tirer de cette situation la conclusion que la dépense de refoulement du système *Cs* n'a pas besoin d'être aussi grande que l'énergie d'investissement du symptôme, car la force du refoulement est pondérée par le contre-investissement dépensé, et le symptôme ne s'appuie pas seulement sur le contre-investissement, mais aussi sur l'investissement pulsionnel condensé en lui, provenant du système *Ics*.

Pour la névrose obsessionnelle, nous aurions seulement à ajouter aux remarques contenues dans le précédent essai que le contre-investissement du système 285
Cs vient ici au premier plan de la façon la plus éclatante. C'est lui qui, organisé en tant que formation réactionnelle, veille au premier refoulement, et c'est à son niveau que se produit plus tard la percée de la représentation refoulée. On peut se

* Pour la traduction de *Wunsch*, qui a déjà fait l'objet de nombreuses controverses, il nous a paru pertinent, pour l'ensemble de ces textes, de prendre le contrepied de la tendance actuelle qui consiste à le rendre systématiquement par « souhait », en le traduisant uniment par « désir ». S'il est vrai que *Wunsch* tire souvent du côté du simple « vœu », ou, de façon plus générale, de l'habillage signifiant de l'objet du désir, une telle traduction devient complètement inappropriée s'agissant d'une motion inconsciente en son fond.

rendre à la supposition qu'il tient à la prépondérance du contre-investissement et à l'absence d'une évacuation que l'œuvre du refoulement dans l'hystérie d'angoisse et la névrose obsessionnelle paraisse de loin moins réussie que dans l'hystérie de conversion.

V. Les propriétés spécifiques du système *Ics*

La différenciation des deux systèmes psychiques acquiert une signification nouvelle si nous nous avisons que les processus de l'un des systèmes, l'*Ics*, démontrent des propriétés qui ne se retrouvent pas dans le système immédiatement supérieur.

Le noyau de l'*Ics* consiste en des représentances de pulsion qui cherchent à évacuer leur investissement, autrement dit en des motions de désir. Ces motions pulsionnelles sont coordonnées les unes aux autres, subsistent les unes à côté des autres sans être influencées, ne se contredisent pas les unes les autres. Quand deux motions de désir dont les buts nous paraissent nécessairement incompatibles sont activées en même temps, les deux motions ne se défalquent pas, par exemple, l'une de l'autre, ne s'annulent pas l'une l'autre, mais s'associent pour former un but intermédiaire, un compromis.

Il n'y a dans ce système ni négation, ni doute, ni degrés de certitude. Tout cela n'est introduit que par le travail de la censure entre *Ics* et *Pcs*. La négation est un substitut du refoulement d'un stade plus élevé. Dans l'*Ics*, il y a seulement des contenus plus ou moins fortement investis.

Il y règne une mobilité beaucoup plus grande des intensités d'investissement. Par le procès du *déplacement*, une représentation est susceptible de céder à une autre toute la somme de son investissement ; par celui de la *condensation*, elle peut capter tout l'investissement de plusieurs autres. J'ai pro- 286
posé de considérer ces deux procès comme des indices de ce qu'il est convenu d'appeler *processus* psychique *primaire*. Dans le système *Pcs* règne le *processus secondaire* [1] ; lorsqu'il est loisible à un tel processus primaire de se dérouler sur des éléments du système *Pcs*, il paraît « comique » et déchaîne le rire.

Les processus du système *Ics* sont *atemporels* [*Zeitlos*], c'est-à-dire qu'ils ne sont pas temporellement ordonnés, ne sont pas modifiés par le temps qui s'écoule, n'ont absolument aucun rapport avec le temps. Le rapport au temps est noué, lui aussi, au travail du système *Cs* *.

Les processus-*Ics* connaissent tout aussi peu le souci de la *réalité*. Ils sont soumis au principe de

* Dans l'édition de 1915, on trouve *Pcs* à la place de *Cs*.

1. Voir les développements du chapitre VII de la *Traumdeutung*, laquelle s'appuie sur les idées développées par J. Breuer dans les « Études sur l'hystérie ».

plaisir ; leur destin ne dépend que de leur force et de leur aptitude à remplir les exigences de la régulation du plaisir-déplaisir

Récapitulons : *absence de contradiction*, *processus primaire* (mobilité des investissements), *atemporalité* et *remplacement de la réalité externe par la psychique* sont les caractères que nous pouvons à bon droit nous attendre à trouver dans les processus appartenant au système *Ics* [1].

Les processus inconscients ne sont connaissables, pour nous, que dans les conditions du rêve et des névroses, autrement dit quand des processus du système supérieur *Pcs* se voient rétrogradés à un stade antérieur par un rabaissement (régression). En soi et pour soi, ils sont inconnaissables, voire incapables d'existence, parce que le système *Ics* est très précocement recouvert par le *Pcs* qui a arraché à son profit l'accès à la conscience et à la motilité. L'évacuation du système *Ics* passe dans l'innervation corporelle à des fins de développement d'affect, mais même cette voie de décharge lui est, comme
287 nous l'avons entendu, contestée par le *Pcs*. À lui seul, le système *Ics* ne pourrait, dans des conditions normales, mener à exécution aucune action musculaire appropriée, à l'exception de celles qui, en tant que réflexes, sont déjà organisées.

La pleine signification des caractères décrits du système *Ics* ne pourrait nous apparaître que si nous

1. Nous garderons en réserve pour un autre contexte l'évocation d'un autre privilège significatif de l'*Ics*.

les confrontions aux propriétés du système *Pcs* et que nous les mesurions à elles. Malheureusement, cela nous entraînerait si loin que je propose de souscrire une fois encore à un sursis et de n'engager la comparaison des deux systèmes qu'en annexe de l'évaluation du système supérieur. Seul ce qu'il y a de plus urgent devra être abordé dès à présent.

Les processus du système *Pcs* – et peu importe, au demeurant, qu'ils soient déjà conscients ou seulement susceptibles de conscience – présentent une inhibition de la tendance à l'évacuation des représentations investies. Lorsque le processus transite d'une représentation à une autre, la première conserve une partie de son investissement et seule une petite part subit le déplacement. Des déplacements et des condensations analogues à ceux du processus primaire sont exclus ou extrêmement restreints. Cet état de fait a conduit J. Breuer à admettre deux états différents de l'énergie d'investissement dans la vie psychique : un état toniquement lié et un autre librement mobile, qui aspire à l'évacuation. Je crois que cette distinction représente jusqu'à présent notre aperception la plus pénétrante de l'essence de l'énergie nerveuse et je ne vois guère comment on pourrait la contourner. Il serait urgent pour les besoins de la présentation métapsychologique – bien qu'il s'agisse peut-être d'une entreprise encore par trop hardie – de poursuivre la discussion à cet endroit.

Incombent en outre au système *Pcs* : la mise en place d'une capacité de commerce entre les contenus

de représentations, afin qu'ils puissent s'influencer mutuellement, leur agencement chronologique, l'introduction d'une seule ou de plusieurs censures,
288 l'épreuve de réalité et le principe de réalité. Même la mémoire consciente semble dépendre totalement du *Pcs* * ; elle est à distinguer rigoureusement des traces mnésiques dans lesquelles se fixent les expériences vécues de l'*Ics*, et correspond vraisemblablement à une inscription particulière, du genre de celle que nous étions prêts à admettre pour la relation de la représentation consciente à l'inconsciente, mais que nous avons d'ores et déjà rejetée. C'est dans ce contexte que nous trouverons aussi les moyens de mettre fin à nos hésitations dans la dénomination du système supérieur, que, pour l'heure, nous appelons indifféremment tantôt *Pcs*, tantôt *Cs*.

Il y aurait lieu également de mettre en garde contre une généralisation prématurée de ce que nous avons avancé ici sur la répartition des prestations psychiques entre les deux systèmes. Nous décrivons les situations telles qu'elles se présentent chez l'être humain à maturité, chez lequel le système *Ics* ne fonctionne à vrai dire que comme stade préliminaire de l'organisation supérieure. Quant au contenu de ce système et aux rapports qu'il établit au cours du développement individuel, ainsi qu'à la signification qui lui revient chez l'animal, voilà qui ne saurait être déduit de notre description, mais devra faire l'objet d'un examen indépendant.

---

* *Cs*, en 1915.

Il nous faut aussi nous préparer à trouver par exemple chez l'être humain des conditions pathologiques dans lesquelles les deux systèmes changent leur contenu comme leurs caractères, ou même les échangent entre eux.

VI. Le commerce des deux systèmes *

Il serait pourtant injustifié de se représenter que l'*Ics* reste en repos pendant que tout le travail psychique est réalisé par le *Pcs*, que l'*Ics* serait une affaire révolue, un organe rudimentaire, un résidu de l'évolution. Ou d'admettre que le commerce des deux systèmes se réduit à l'acte du refoulement, le *Pcs* projetant dans l'abîme de l'*Ics* tout ce qui lui paraît dérangeant. L'*Ics* est bien plutôt vivant, 289
capable de développement et entretient un certain nombre d'autres rapports avec le *Pcs*, parmi lesquels aussi celui de coopération. Pour le dire sous forme ramassée, l'*Ics* se prolonge dans ce qu'il est convenu d'appeler les rejetons, il est accessible aux empreintes de l'existence, influence en permanence le *Pcs* et se voit même soumis, de son côté, aux influences exercées par le *Pcs*.

L'étude des rejetons de l'*Ics* risque de réserver à nos attentes d'une partition schématiquement pure entre les deux systèmes psychiques une profonde

* En 1915, cette section avait comme sous-titre : « Les rejetons de l'*Ics* ».

déception. Cela ne manquera pas d'éveiller l'insatisfaction à l'égard de nos résultats et sera sans doute utilisé pour mettre en doute la valeur de notre mode de séparation des processus psychiques. Toutefois, nous ferons valoir que nous n'avons pas d'autre devoir que de convertir en théorie les données de l'observation et nous rejetterons l'obligation de parvenir du premier coup à une théorie huilée et qui se recommande par sa simplicité. Nous défendons les complications qu'elle comporte aussi longtemps qu'elles se révèlent adéquates à l'observation et n'abandonnons pas l'espoir d'être amenés, précisément par elles, à la connaissance finale d'un état de choses qui, simple en soi, soit à même de faire justice aux complications de la réalité.

Parmi les rejetons des motions pulsionnelles *ics* présentant le caractère décrit, il en est qui réunissent en eux des déterminations contraires. Ils sont, d'un côté, hautement organisés, libres de toute contradiction, ont tiré parti de tout l'acquis du système *Cs* et ne se différencient guère, pour notre jugement, des formations de ce système. D'un autre côté, ils sont inconscients et inaptes à devenir conscients. Ils appartiennent, par conséquent, qualitativement au système *Pcs*, mais factuellement à l'*Ics*. Leur provenance reste le facteur décisif pour leur destin. On doit les comparer à ces sang-mêlé de races humaines qui, en gros, ressemblent pratiquement aux Blancs, mais qui trahissent leur origine colorée par l'un ou l'autre trait frappant et vivent de ce fait

exclus de la société sans jouir d'aucune prérogative 290
des Blancs. Telles sont les formations de fantasme, tant des normaux que des névrosés, que nous avons identifiées comme stades préliminaires de la formation du rêve comme de celle du symptôme, et qui, en dépit de leur haut degré d'organisation, restent refoulées et, comme telles, ne peuvent devenir conscientes. Elles parviennent à proximité de la conscience, restent introublées tant qu'elles n'ont pas d'investissement intense, mais sont rejetées dès qu'elles dépassent un certain niveau d'investissement. Les formations de substitut sont précisément de tels rejetons plus hautement organisés de l'*Ics*, mais dont la percée vers la conscience réussit grâce à une relation favorable, par exemple leur rencontre avec un contre-investissement du *Pcs*.

Lorsque à un autre endroit nous examinerons plus en détail les conditions du devenir-conscient, une partie des difficultés qui surgissent ici pourra être résolue. Ici, il peut nous paraître opportun de confronter à la réflexion élaborée jusqu'à présent à partir de l'*Ics* une autre réflexion qui partirait de la conscience. À la conscience vient s'opposer, en tant que royaume du préconscient, toute la somme des processus psychiques. Une très grande part de ce préconscient tire son origine de l'inconscient, a le caractère des rejetons de celui-ci et se voit soumise à une censure avant de pouvoir devenir consciente. Une autre part du *Pcs* est susceptible de conscience sans censure. Nous aboutissons ici à une contradiction avec une hypothèse antérieure. Au moment

d'envisager le refoulement, nous avons été contraints de placer la censure déterminante pour le devenir-conscient entre les systèmes *Ics* et *Pcs*. Voilà que se propose à nous une censure entre *Pcs* et *Cs*. Nous ferons bien toutefois de ne voir dans cette complication aucune difficulté, mais de supposer qu'à chaque passage d'un système au système immédiatement supérieur, donc à chaque progrès vers un stade plus élevé d'organisation psychique, correspondrait une nouvelle censure. L'hypothèse
291 d'un renouvellement continu des inscriptions devient ainsi positivement caduque.

Le fondement de toutes ces difficultés est à chercher en ceci que la conscience [*Bewussheit*] *, le seul caractère des processus psychiques qui nous soit donné de façon immédiate, ne se prête en aucune manière à la différenciation des systèmes. Abstraction faite de ce que le conscient n'est pas toujours conscient, mais est aussi périodiquement latent, l'observation nous a montré que beaucoup de ce qui partage les propriétés du système *Pcs* ne devient pas conscient, et nous avons encore à apprendre que le devenir-conscient est borné par certaines orientations de son attention. La conscience n'a ainsi de relation simple ni avec les systèmes ni avec le refoulement. La vérité étant que restent étrangers à la conscience non seulement le psychiquement refoulé, mais aussi une partie des motions qui gouvernent notre moi, autrement dit l'opposé fonc-

* Voir *supra*, la note concernant ce terme p. 140.

tionnel le plus puissant du refoulé. Dans la mesure où nous voulons nous astreindre à une appréhension métapsychologique de la vie psychique, nous devons apprendre à nous émanciper du poids du symptôme « conscience » [*Bewusstheit*].

Tant que nous restons encore collés à cela, nous voyons nos généralités régulièrement battues en brèche par des exceptions. Nous voyons que des rejetons du *Pcs* deviennent conscients sous l'espèce de formations de substitut et de symptômes, en règle générale après de grandes déformations vis-à-vis de l'inconscient, mais souvent en conservant de nombreux caractères incitant au refoulement. Nous observons que de nombreuses formations préconscientes restent inconscientes, qui, à ce qu'il nous semble, pourraient très bien, d'après leur nature, devenir conscientes. Il est vraisemblable que se fait valoir chez elles la force supérieure de l'attraction de l'*Ics*. Nous sommes invités à ne pas chercher la différence la plus significative entre le conscient et le préconscient, mais entre le préconscient et l'inconscient. À la frontière du *Pcs*, l'*Ics* est éconduit par la censure, certains de ses rejetons peuvent contourner cette censure, s'organiser à un haut 292
degré, se développer dans le *Pcs* jusqu'à une certaine intensité de l'investissement, mais après, lorsqu'ils ont franchi celle-ci et qu'ils veulent s'imposer à la conscience, ils sont reconnus pour des rejetons de l'*Ics* et sont refoulés de plus belle à la nouvelle frontière formée par la censure entre *Pcs* et *Cs*. La première censure fonctionne ainsi contre l'incons-

cient lui-même, la dernière, contre les rejetons *pcs* de celui-ci. On pourrait croire que la censure s'est avancée d'un pas au cours du développement individuel.

Dans la cure psychanalytique, nous apportons la preuve inattaquable de l'existence de la deuxième censure, celle entre les systèmes *Pcs* et *Cs*. Nous encourageons le malade à former d'abondants rejetons de l'*Ics*, lui imposons le devoir de surmonter les objections de la censure au devenir-conscient de ces formations préconscientes, et, grâce à la victoire remportée sur cette censure, nous nous frayons la voie vers la levée du refoulement, lequel est l'œuvre de la censure précédente. Ajoutons encore cette remarque que l'existence de la censure entre *Pcs* et *Cs* nous rappelle que le devenir-conscient n'est pas un simple acte de perception, mais sans doute aussi un *surinvestissement*, un progrès supplémentaire de l'organisation psychique.

Tournons-nous vers le commerce de l'*Ics* avec les autres systèmes, moins pour établir quelque chose de nouveau que pour ne pas laisser pour compte ce qu'il y a de plus sensible. C'est aux racines de l'activité pulsionnelle que les systèmes communiquent le plus abondamment les uns avec les autres. Une partie des processus excités à cette occasion traverse l'*Ics* comme à travers une étape préparatoire et atteint son plus haut degré de développement psychique dans le *Cs*, une autre est retenue en tant qu'*Ics*. Mais l'*Ics* est aussi touché par les expériences vécues provenant de la perception externe. Toutes les voies qui mènent de la perception à l'*Ics* restent normalement libres ; seules les voies qui se prolongent à partir de l'*Ics* tombent sous le coup d'un barrage par le refoulement.

Il est très remarquable que l'*Ics* d'un être humain 293
puisse réagir à l'*Ics* d'un autre tout en contournant le *Cs*. Le fait mérite un examen plus fouillé, en particulier afin de déterminer si, à cette occasion, l'activité préconsciente peut être exclue, mais il est incontestable sur le plan descriptif.

Le contenu du système *Pcs* (ou *Cs*) procède pour une part de la vie pulsionnelle (par le truchement de l'*Ics*) et pour une autre part de la perception. On ne sait pas trop jusqu'à quel point les processus de ce système sont susceptibles d'exercer une action directe sur l'*Ics* ; l'exploration de cas pathologiques révèle souvent une autonomie et une imperméabilité de l'*Ics* à peine croyables. Une totale divergence des aspirations, une scission absolue des deux systèmes est en général la caractéristique de la maladie. Cependant, la cure psychanalytique est construite sur l'exercice d'une influence sur l'*Ics* par le *Cs* et montre en tout cas qu'une telle entreprise, quoique laborieuse, n'est pas impossible. Ainsi que nous l'avons déjà évoqué, les rejetons de l'*Ics*, qui font l'intermédiaire entre les deux systèmes, nous frayent le chemin vers cette réalisation. Mais nous avons tout lieu d'admettre que la modification spontanée de l'*Ics* par le biais du *Cs* est un procès ardu et lent à se dérouler.

Une coopération entre une motion préconsciente et une motion inconsciente, même intensément refoulée, peut s'installer quand survient une situation où la motion inconsciente est susceptible d'agir dans le même sens que l'une des aspirations dominantes. Le refoulement, dans ce cas précis, est levé, l'activité refoulée est tolérée en tant que renforcement de celle qui est préméditée par le moi. Pour cette constellation particulière, l'inconscient se fait compatible avec le moi [*ichgerecht*], sans que, par ailleurs, quoi que ce soit ait été changé à son refoulement. Lors de cette coopération, la réussite de l'*Ics* est impossible à méconnaître ; les aspirations renforcées se comportent en effet autrement que les normales, elles habilitent à une réalisation particulièrement accomplie et font preuve à l'égard des contradictions d'une résistance similaire à celle, par exemple, des symptômes compulsifs.

294 Le contenu de l'*Ics* peut être comparé à un peuplement psychique originaire. S'il existe chez l'être humain des formations psychiques héréditaires, quelque chose d'analogue à l'instinct des animaux, c'est alors cela qui fait le noyau de l'*Ics*. À quoi s'ajoute ensuite ce qui, durant le développement de l'enfance, aura été écarté en tant qu'inutilisable, et qui, de par sa nature, n'est pas nécessairement à distinguer de ce qui est hérité. Ce n'est en général qu'au moment de la puberté que s'instaure une séparation tranchée et définitive du contenu des deux systèmes.

VII. L'IDENTIFICATION [*AGNOSZIERUNG* *] DE L'INCONSCIENT

Nous avons là, avec ce que nous avons rassemblé dans les développements qui précèdent, tout ce qui peut à peu près être articulé sur l'*Ics*, tant qu'on se borne à puiser à la connaissance de la vie onirique et des névroses de transfert. Cela n'est assurément pas grand-chose, laisse par endroits l'impression d'être mal élucidé et de prêter à confusion, et fait avant tout regretter qu'il soit impossible d'ordonner l'*Ics* à un ensemble déjà connu ou de l'y ranger. Seule l'analyse d'une des affections que nous appelons psychonévroses narcissiques promet de nous livrer des conceptions qui mettront l'énigmatique *Ics* à notre portée et nous le rendront en quelque sorte saisissable.

Depuis un travail d'Abraham (1908) **, dont ce scrupuleux auteur m'a attribué l'impulsion, nous cherchons à caractériser la *dementia praecox* de Kraepelin (schizophrénie de Bleuler) par son com-

---

* Cette expression d'origine autrichienne, principalement employée dans le domaine médico-légal de l'établissement de l'identité des cadavres, a pris par extension le sens de « reconnaissance ».

** *Die psychosexuellen Differenzen der Hysterie und der Dementia praecox, Zentbl. Nervenheilkr,* 1908, vol 19, p. 521 (*Les Différences psychosexuelles entre l'hystérie et la démence précoce, OCF* I, Paris, Payot). On consultera avec profit la lettre de Freud à Abraham du 21 décembre 1914, qui jette les bases des développements qui suivent.

portement relatif à l'opposition entre moi et objet. Dans les névroses de transfert (hystérie d'angoisse et de conversion, névrose obsessionnelle), rien n'apparaissait qui eût pu pousser cette opposition au premier plan. On savait sans doute que la défaillance [*Versagung*] de l'objet conduit à l'éruption de la névrose et que la névrose implique le renoncement à l'objet réel, ou encore que la libido
295 retirée à l'objet réel se reporte sur un objet fantasmé et, à partir de là, sur un objet refoulé (introversion). Cependant, dans ces névroses, l'investissement d'objet en général est maintenu avec une grande énergie, et l'investigation plus fine du processus de refoulement nous a forcés à admettre que l'investissement d'objet persiste dans le système *Ics* malgré le refoulement – bien plutôt : en conséquence de celui-ci. L'aptitude au transfert que nous exploitons à des fins thérapeutiques dans ces affections présuppose en effet un investissement d'objet intact.

Dans la schizophrénie, en revanche, s'est imposée à nous l'hypothèse qu'après le procès du refoulement la libido soustraite ne rechercherait pas de nouvel objet, mais se retirerait dans le moi, que par conséquent ici les investissements d'objet seraient abandonnés et qu'un état primitif anobjectal [*objektlos*] de narcissisme serait rétabli. L'inaptitude de ces patients au transfert – aussi loin que s'étend le procès de la maladie – l'inaccessibilité thérapeutique qui en découle, le refus du monde extérieur qui leur est caractéristique, l'émergence de signes de surinvestissement de leur moi propre, l'aboutissement dans une totale apathie, tous ces caractères cliniques semblent s'accorder à merveille avec l'hypothèse d'un abandon des investissements d'objet. En ce qui concerne la relation des deux systèmes psychiques, il a été remarqué par tous les observateurs que, dans la schizophrénie, beaucoup de choses étaient exprimées en tant que conscientes, alors que, dans les névroses de transfert, il nous faut d'abord en démontrer l'existence dans l'*Ics* grâce à la psychanalyse. Mais on n'est pas arrivé, de prime abord, à établir une connexion intelligible entre le rapport moi-objet et les relations de conscience.

Ce que nous cherchons se dévoile, semble-t-il, sur la voie inattendue suivante. On observe chez les schizophrènes, en particulier dans les stades initiaux si riches d'enseignements, un certain nombre d'altérations du *langage* dont certaines méritent d'être considérées d'un point de vue déterminé. Le mode d'expression fait souvent l'objet d'un soin particulier, il devient « recherché », « affecté ». La 296
construction des phrases subit une désorganisation particulière qui nous les rend inintelligibles, si bien que nous tenons les propos des malades pour insensés. Dans le contenu de ces propos, une relation à des organes ou à des innervations du corps vient souvent au premier plan. On peut ajouter à cela que dans ce genre de symptômes de la schizophrénie, qui ressemblent à des formations de substitut hystériques ou obsessionnelles, le rapport

entre le substitut et le refoulé présente toutefois des caractéristiques qui nous surprendraient dans les deux névroses citées.

Monsieur le Docteur *V.* Tausk (Vienne) a mis à ma disposition quelques-unes de ses observations consacrées à la schizophrénie débutante, qui offrent la particularité intéressante que la malade était encore prête à fournir elle-même l'éclaircissement de ses paroles. Je vais donc indiquer à travers deux de ses exemples la conception que j'ai l'intention de défendre, ne doutant pas, au demeurant, qu'il serait facile à tout observateur de produire une pléthore de matériel de ce genre.

Une des malades de Tausk, une jeune fille qui fut amenée à la clinique à la suite d'une brouille avec son bien-aimé, se lamente * : *Les yeux sont*

* Dans les quatre courts paragraphes qui suivent, Freud serre de près le discours de la patiente de Tausk en pointant la répétition de deux formes verbales dont l'effet se mesure à leur sens littéral. Il va sans dire que le lecteur francophone ne peut qu'y perdre la dimension offerte par ces verbes au figuré, que nous tentons ici de restituer en note. (a) « *die Augen sind nicht richtig, sie sind verdreht* » ; ce dernier verbe, dont le radical revient encore à trois reprises dans ce petit paragraphe, signifie « tordre », mais aussi, au sens figuré, « fausser, dénaturer, altérer » ; au participe, il recoupe assez exactement les divers sens de l'adjectif « tordu ». (b) « *Ein Augenverdreher* » : un personnage retors, un tartuffe. (c) « *er hat ihr die Augen verdreht* », littéralement « il lui a faussé les yeux », mais aussi « il lui a tourné la tête ». (d) « *jetzt hat sie verdrehte Augen* ». (e) « *sie muss sich anders stellen* » : « elle doit feindre d'être autrement qu'elle n'est » ; « *als stellte si jemand* » : « comme si quelqu'un la réglait » ; « *als würde sie gestellt* » : « comme si elle était réglée ». (f) « *er hat sich verstellt* » : « il a usé de

mal alignés, ils sont tournés de travers (a). Ce qu'elle explique elle-même en proférant dans un langage ordonné une série de reproches contre le bien-aimé. « Elle n'arrive absolument pas à le comprendre, il a à chaque fois un autre aspect, c'est un hypocrite, un *tourneur d'yeux* (b), il lui a fait tourner les yeux (c), elle a maintenant les yeux tournés de travers (d), ce ne sont plus ses yeux, elle voit à présent le monde avec d'autres yeux. »

Les révélations de la malade sur son discours incompréhensible ont la valeur d'une analyse, car elles comportent l'équivalent de ce discours dans un mode d'expression communément intelligible ; elles fournissent des éclaircissements à la fois sur la signification et sur la genèse de la formation de mot schizophrénique. En accord avec Tausk, je relève à partir de cet exemple que le rapport à l'organe (à l'œil) s'est constitué en représentant [*Vertretung*] de l'ensemble du contenu. Le discours schizophrénique présente ici un trait hypocondriaque, il est devenu langage d'*organe*. 297

Une deuxième confidence de la même malade : « Elle se tient debout à l'église, brusquement elle ressent comme une secousse, elle doit se *placer autrement, comme si quelqu'un la plaçait, comme si elle était placée* (e). »

Vient ensuite l'analyse à travers une nouvelle série de reproches contre l'aimé « qui est ordinaire,

---

dissimulation ». (g) « *er hat sie verstellt* » : « il l'a rendue méconnaissable ».

et l'a rendue également ordinaire, elle qui, par sa lignée, était raffinée. Il l'a rendue semblable à lui en lui faisant croire qu'il lui était supérieur ; à présent elle est devenue telle qu'il est parce qu'elle a cru qu'elle serait meilleure si elle devenait semblable à lui. Il s'est *déplacé* (f), elle est maintenant comme lui (identification ! [*Identifigierung*]), il l'a *déplacée* (g). »

Le mouvement « de se placer autrement », remarque Tausk, est une figuration du mot « déplacer » et de l'identification à l'aimé. Je souligne une fois encore la prévalence de cet élément de l'ensemble du cours de pensées, qui a pour contenu une innervation corporelle (ou plutôt la sensation de celle-ci). Dans le premier cas, une hystérique aurait du reste tourné convulsivement les yeux ; dans le deuxième, elle aurait mis effectivement à exécution la secousse, au lieu d'en avoir l'impulsion ou d'en ressentir la sensation ; et, dans les deux cas, elle n'aurait eu en l'occurrence aucune pensée consciente et n'aurait pas été en état, même après coup, d'exprimer de telles pensées.

Pour l'heure, ces deux observations témoignent de ce que nous avons dénommé langage hypocondriaque ou langage d'organe. Mais elles rappellent aussi, ce qui nous paraît plus important, un autre état de fait qui peut se vérifier à tout moment, comme dans les exemples rassemblés dans la monographie de Bleuler *, et s'appréhender en une for-

* *Dementia praecox oder Gruppe der Schizophrenien*, Deuticke, Leipzig und Wien, 1911 (*Démence précoce ou groupe des schizophrénies*, Paris, EPEL, 1993.)

mule définie. Dans la schizophrénie, les *mots* sont soumis au même procès qui forge les images du rêve à partir de ses pensées latentes, et que nous avons baptisé *processus psychique primaire*. Ils sont condensés et se transfèrent sans reste les uns aux 298
autres leurs investissements par déplacement ; le procès peut aller si loin qu'un seul mot, qui s'y prête en vertu de multiples relations, endosse le mandat [*Vertretung*] de toute une chaîne de pensées. Les travaux de Bleuler, de Jung et de leurs élèves ont justement apporté un abondant matériel en faveur de cette affirmation [1].

Avant de tirer une conclusion de pareilles impressions, il serait bon d'évoquer encore les différences subtiles mais néanmoins déconcertantes entre la formation de substitut schizophrénique, d'une part, hystérique et obsessionnelle, d'autre part. Un patient que j'observe actuellement se laisse distraire de tous les intérêts de l'existence par le mauvais état de la peau de son visage. Il prétend avoir dans son visage des points noirs et des trous profonds que tout un chacun remarque. L'analyse révèle qu'il joue son complexe de castration au niveau de sa peau. Il se consacra tout d'abord sans remords à ses points noirs, dont l'extraction lui procurait une grande satisfaction, parce qu'à cette occasion quelque chose en jaillissait, comme il dit.

1. À l'occasion, le travail du rêve traite les mots comme les choses et fabrique alors de très semblables discours et néoformations « schizophréniques ».

C'est alors qu'il se mit à croire que, partout où il avait éliminé un comédon, une profonde fosse était apparue et s'adressa les plus vifs reproches pour avoir à jamais ruiné sa peau par son « continuel tripotage avec la main ». Il est évident que l'expression du contenu des points noirs est pour lui un substitut de l'onanisme. La fosse qui se creuse alors par sa faute est l'organe génital féminin, c'est-à-dire l'accomplissement de la menace de castration provoquée par l'onanisme (respectivement du fantasme qui la représente [*vertretende*]). Malgré son caractère hypocondriaque, cette formation de substitut présente une grande ressemblance avec une conversion hystérique, et pourtant on aura le sentiment qu'il devrait nécessairement se passer ici quelque chose d'autre et qu'on ne saurait imputer une telle formation de substitut à une hystérie,
299 avant même d'être en mesure de dire sur quoi est fondée la différence. Un hystérique ne risque guère de prendre une minuscule fossette de la taille d'un pore de la peau pour un symbole du vagin qu'il ne manquera pas, par ailleurs, de comparer à tout objet susceptible d'enfermer un espace creux. Nous pensons même que la multiplicité des fossettes le retiendra de s'en servir comme substitut de l'organe génital féminin. Il en va de même pour un jeune patient sur lequel Tausk a fait un rapport à la Société psychanalytique de Vienne il y a quelques années. Il se comportait d'ordinaire tout à fait comme un névrosé obsessionnel, consacrait des heures à sa toilette, etc. Mais ce qui était frappant,

chez lui, était qu'il fût à même de communiquer sans résistance la signification de ses inhibitions. Au moment d'enfiler ses chaussettes, il était par exemple troublé par l'idée qu'il fallait qu'il étire les mailles, autrement dit les trous du tricot, et chaque trou formait pour lui le symbole de l'ouverture du sexe féminin. Il n'y a pas lieu, là non plus, de porter cela au compte d'un névrosé obsessionnel ; un pareil névrosé, d'après une observation de R. Reitler, qui souffrait d'un blocage similaire au moment de mettre ses chaussettes, découvrit, après que les résistances eurent été surmontées, l'explication que le pied était un symbole du pénis, qu'enfiler la chaussette était un acte onaniste, et il se voyait contraint de mettre et de retirer continuellement la chaussette, en partie pour parachever l'image de l'onanisme, en partie pour le rendre non arrivé [*ungeschehen machen*].

Si nous nous demandons ce qui confère à la formation de substitut schizophrénique et au symptôme leur caractère singulier, nous saisissons finalement qu'il s'agit de la prépondérance de la relation de mot [*Wortbeziehung*] sur la relation de chose [*Sachbeziehung*]. Entre l'expression d'un point noir et l'éjaculation par le pénis, il existe une analogie bien minime quant à la chose, et une analogie encore bien moindre entre les innombrables pores superficiels de la peau et le vagin ; cependant, dans le premier cas, quelque chose en jaillit les deux fois et, quant au second, il répond au pied de la lettre à la phrase cynique : un trou est un trou.

C'est l'identité de l'expression langagière, et non la similitude des choses désignées qui a prescrit le substitut. Là où les deux – mot et chose – ne se
300 recouvrent pas, la formation de substitut schizophrénique se disjoint de celle des névroses de transfert.

Confrontons cette perspective avec l'hypothèse selon laquelle, dans la schizophrénie, les investissements d'objet sont abandonnés. Il nous faut alors rectifier : l'investissement des représentations de mot des objets est maintenu. Ce que nous étions en droit d'appeler la représentation d'objet consciente se décompose à présent pour nous en la *représentation de mot* [*Wortvorstellung*] et la *représentation de chose* [*Sachvorstellung*], laquelle consiste en l'investissement, sinon des images mnésiques de chose [*Sacherinnerungsbilder*] directes, du moins de traces mnésiques plus éloignées et dérivées de ces dernières. Voilà que, tout à coup, nous croyons savoir en quoi une représentation consciente se distingue d'une représentation inconsciente. Les deux ne sont pas, comme nous l'avons pensé, des inscriptions différentes d'un même contenu en des lieux psychiques différents, pas plus qu'elles ne sont des états d'investissement fonctionnels différents en un même lieu, mais la représentation consciente englobe la représentation de chose plus la représentation de mot correspondante, l'inconsciente est la représentation de chose seule. Le système *Ics* comprend les investissements de chose [*Sachbesetzungen*] des objets, les investissements d'objet premiers et intrinsèques ; le système *Pcs* voit le jour dès lors que cette représentation de chose est surinvestie par sa connexion avec les représentations de mot qui lui correspondent. Ce sont des surinvestissements de cette sorte, à ce que nous pouvons présumer, qui amènent une organisation psychique plus élevée et rendent possible la relève du processus primaire par le processus secondaire qui règne dans le *Pcs*. Nous sommes à présent aussi en mesure d'exprimer avec précision ce que le refoulement conteste à la représentation congédiée dans les névroses de transfert : la traduction en mots, lesquels sont censés rester connectés à l'objet. La représentation non formulée en mots ou l'acte psychique non surinvesti restent alors en souffrance dans l'*Ics* en tant que refoulés.

Je me permettrai de faire remarquer combien nous étions entrés déjà très tôt en possession de la conception qui nous rend aujourd'hui intelligible un des caractères les plus frappants de la schizo- 301
phrénie. Dans les dernières pages de *L'Interprétation des rêves* publiée en 1900, il est expliqué que les processus de pensée, c'est-à-dire les actes d'investissements parmi les plus éloignés des perceptions, sont en soi dénués de qualité et inconscients et n'acquièrent leur faculté de devenir conscients qu'à travers leur connexion avec les restes des perceptions de mot. De leur côté, les représentations de mot proviennent de la perception sensorielle à l'instar des représentations de chose, si bien qu'on pourrait soulever la question de savoir pourquoi les représentations d'objet ne peuvent pas devenir

conscientes par l'intermédiaire de leurs propres restes de perception. Mais il est vraisemblable que la pensée se déroule dans des systèmes qui sont si éloignés des restes de perception originels qu'ils n'ont plus rien conservé des qualités de ces derniers et ont besoin d'un renforcement par de nouvelles qualités pour accéder au conscient. Par ailleurs, peuvent être également pourvus de qualité, par leur connexion avec des mots, ces investissements qui n'ont pu retirer aucune qualité des perceptions elles-mêmes, parce qu'ils ne correspondent qu'à des relations entre les représentations d'objet. De telles relations, qu'il n'aura été possible de saisir que par des mots, forment une partie constitutive capitale de nos processus de pensée. Nous comprenons que la connexion avec des représentations de mot ne coïncide pas encore avec le devenir-conscient, mais ne fait qu'en donner la possibilité, qu'elle ne caractérise, par conséquent, pas d'autre système que celui du *Pcs*. Mais nous remarquons à présent qu'avec ces discussions nous délaissons notre thème spécifique pour aboutir en plein milieu des problèmes du préconscient et du conscient, que nous croyons opportun de garder en réserve pour un traitement à part.

En ce qui concerne la schizophrénie, que d'ailleurs nous n'effleurons ici que dans la mesure où cela nous paraît indispensable à la reconnaissance générale de l'*Ics*, nous ne manquerons pas d'être amenés à douter que le processus nommé ici refoulement ait encore quoi que ce soit en

commun avec le refoulement dans les névroses de transfert. La formule selon laquelle le refoulement 302
est un processus entre le système *Ics* et le *Pcs* (ou *Cs*), avec pour résultat le maintien à distance par rapport à la conscience, nécessite assurément une modification pour pouvoir englober le cas de la *dementia praecox* et d'autres affections narcissiques. Mais la tentative de fuite du moi, qui se traduit dans le retrait de l'investissement conscient, subsiste en tout cas en tant que facteur commun. À quel point cette tentative de fuite, cette fuite du moi est mise en œuvre plus fondamentalement et plus profondément dans les névroses narcissiques, la réflexion la plus superficielle nous l'enseigne.

Si, dans la schizophrénie, cette fuite consiste dans le retranchement de l'investissement pulsionnel des places qui représentent [*repräsentieren*] la représentation d'objet inconsciente, il peut bien paraître singulier que la part de cette même représentation d'objet qui appartient au système *Pcs* – les représentations de mots qui lui correspondent – puisse subir au contraire un investissement plus intense. On pourrait plutôt escompter que la représentation de mot ait, en tant que part préconsciente, à encaisser le premier choc du refoulement, et qu'elle devienne du tout au tout impossible à investir, une fois que le refoulement s'est poursuivi jusqu'aux représentations de chose inconscientes. Voilà qui est assurément difficile à comprendre. La solution qui se dégage est que l'investissement de la représentation de mot

n'appartient pas à l'acte de refoulement, mais représente la première des tentatives de rétablissement ou de guérison qui dominent de façon si manifeste le tableau clinique de la schizophrénie. Ces efforts visent à récupérer les objets perdus, et il se pourrait bien que, dans ce dessein, ils empruntent le chemin vers l'objet en passant par la part verbale de celui-ci, moyennant quoi toutefois ils doivent alors se contenter des mots à la place des choses. Le flux de notre activité psychique se meut très généralement dans deux directions opposées, soit à partir des pulsions à travers le système *Ics* en direction du travail de pensée conscient, soit, sur incitation de l'extérieur, à tra-
303 vers le système du *Cs* et *Pcs*, en direction des investissements *ics* du moi et des objets. Cette deuxième voie doit demeurer praticable malgré le refoulement intervenu et reste partiellement ouverte aux efforts de la névrose pour regagner ses objets. Lorsque nous pensons abstraitement, nous courons le risque de négliger les rapports des mots aux représentations de chose inconscientes et on ne saurait nier que notre philosopher acquiert alors, tant dans son expression que dans son contenu, une malencontreuse ressemblance avec le mode de travail des schizophrènes. D'un autre côté, on peut avancer au sujet du mode de pensée des schizophrènes la caractéristique suivante : ils manient les choses [*Dinge*] concrètes comme si elles étaient abstraites.

Pour peu que nous ayons bel et bien identifié [*agnosziert*] l'*Ics* et correctement défini la différence entre une représentation inconsciente et une représentation préconsciente, nos investigations à partir de bien d'autres domaines ne manqueront pas de nous ramener à cette conception.

Complément métapsychologique à la doctrine du rêve *

Nous pourrons expérimenter à diverses occasions combien il est avantageux pour notre recherche de convoquer, aux fins de comparaison, certains états et phénomènes qui sont à entendre comme *prototypes normaux* d'affections pathologiques. En font partie des états affectifs tels que le deuil ou l'énamoration ** [*Verliebheit*], mais aussi l'état de sommeil et le phénomène du rêve. 412

Nous n'avons pas coutume d'attacher de fréquentes pensées au fait que l'être humain enlève chaque nuit les enveloppes dont il a revêtu sa peau,

* Les deux essais qui suivent sont issus d'un recueil que j'avais initialement projeté de publier sous forme de livre sous le titre : *Prolégomènes à une métapsychologie*. Ils se rattachent à des travaux imprimés dans les annales III de l'*Intern. Zeitschr. für ärztl. Psychoanalyse*. (Pulsions et destins des pulsions, Le refoulement, L'inconscient sont contenus dans ce volume.) L'objectif de cette série est la clarification et l'approfondissement des hypothèses théoriques que l'on pouvait poser au fondement d'un système psychanalytique.

** C'est à R. Barthes (*Fragments d'un discours amoureux*) que nous empruntons ce terme.

ainsi que, le cas échéant, les accessoires qui complètent ses organes corporels, si tant est qu'il ait réussi à en masquer les défaillances par un substitut, à savoir : lunettes, cheveux postiches, fausses dents, etc. On peut ajouter qu'au moment d'aller dormir il entreprend de déshabiller de façon tout à fait analogue son psychique, renonce à la plupart de ses acquisitions psychiques et réalise ainsi, des deux côtés, un extraordinaire rapprochement avec la situation qui fut le point de départ du développement de son existence. Le sommeil, qui remplit les conditions de repos immobile, de chaleur et de maintien à l'écart des stimulus, est sur le plan somatique une réactivation du séjour dans le ventre maternel ; au demeurant, beaucoup d'êtres
413 humains reprennent pendant le sommeil la posture fœtale. L'état psychique des dormeurs se caractérise par un retrait quasi complet du monde environnant et une mise en suspens de tout intérêt pour celui-ci.

Lorsqu'on examine les états psychonévrotiques, on est porté à faire ressortir en chacun d'eux ce qu'on appelle les *régressions temporelles*, la proportion de recul dans le développement qui lui est propre. On distingue deux sortes de régressions de ce type, selon qu'est affecté le développement du moi ou celui de la libido. La dernière s'étend, dans l'état de sommeil, jusqu'à la restauration du *narcissisme primitif*, la première jusqu'au stade de la *satisfaction hallucinatoire de désir.*

Ce qu'on sait des caractères psychiques de l'état de sommeil, on le tient naturellement de l'étude du rêve. Il est vrai que le rêve nous montre l'être humain en tant qu'il ne dort pas, mais il ne peut pourtant pas faire autrement que de nous dévoiler aussi, par la même occasion, certains caractères du sommeil lui-même. L'observation nous a fait connaître certaines propriétés du rêve que nous n'étions pas, de prime abord, en mesure de comprendre, et que nous pouvons à présent intégrer sans grand mal. Ainsi savons-nous que le rêve est absolument égoïste et que la personne qui, dans ses scènes, joue le rôle principal est toujours à identifier [*agnoszieren*] comme la personne propre. Or cela, bien entendu, se déduit aisément du narcissisme de l'état de sommeil. Narcissisme et égoïsme coïncident en effet ; le mot « narcissisme » ne fait qu'accentuer que l'égoïsme est aussi un phénomène libidinal ou, pour le dire autrement, le narcissisme peut être décrit comme le complément libidinal de l'égoïsme. Il devient pareillement possible de comprendre aussi la faculté « diagnostique » du rêve, universellement admise et tenue pour énigmatique, où les souffrances corporelles débutantes sont souvent ressenties plus tôt et plus nettement qu'à l'état de veille, et où toutes les sensations corporelles du moment présent sont agrandies jusqu'à la démesure. Cette exagération est de nature hypocondriaque, elle présuppose que tout l'investissement 414
psychique a été retiré du monde extérieur sur le moi propre et elle facilite dès lors la reconnaissance

précoce d'altérations corporelles qui, dans la vie éveillée, seraient encore restées un certain temps inaperçues.

Un rêve nous signale que quelque chose s'est passé qui allait troubler le sommeil et nous donne accès à la manière dont cette perturbation a été repoussée [*abgewehrt* *]. Au bout du compte, le dormeur a rêvé et peut poursuivre son sommeil ; à la place de la revendication interne qui cherchait à l'absorber, une expérience vécue externe est intervenue, dont la revendication a été éteinte. Un rêve est donc également une *projection*, une extériorisation d'un processus interne. Nous nous souvenons avoir déjà rencontré la projection à un autre endroit, parmi les moyens de la défense. Le mécanisme de la phobie hystérique culminait lui-même en ceci que l'individu parvenait à se protéger, au moyen de tentatives de fuite, d'un danger extérieur qui avait pris la place d'une revendication pulsionnelle interne. Nous nous épargnerons cependant une discussion approfondie de la projection jusqu'à ce que nous en arrivions à la déconstruction de l'affection narcissique dans laquelle ce mécanisme joue le rôle le plus frappant.

De quelle manière peut-il néanmoins se produire que l'intention de dormir subisse une perturbation ? La perturbation peut émaner d'une excitation interne ou d'un stimulus externe. Nous

* Le terme apparaît habituellement dans le contexte de la défense et de ses mécanismes.

prendrons d'abord en considération le cas moins transparent et plus intéressant de la perturbation d'origine interne ; l'expérience montre que les incitateurs du rêve sont des restes diurnes, des investissements de pensée qui ne se sont pas pliés au retrait général des investissements et qui, en dépit de ce retrait, ont conservé une certaine dose d'intérêt, libidinal ou autre. Le narcissisme du sommeil a donc dû admettre ici d'avance une exception, et la formation du rêve démarre avec celle-ci. Ces restes diurnes, nous les rencontrons dans l'analyse sous forme de pensées latentes du rêve, et nous devons les considérer, en fonction de leur nature comme de la situation dans son ensemble, comme des représentations préconscientes, comme des ressor- 415
tissants du système *Pcs*.

L'élucidation de la formation du rêve ne peut se poursuivre sans que soient surmontées certaines difficultés. Le narcissisme de l'état de sommeil implique en effet le retranchement de l'investissement de toutes les représentations d'objet, aussi bien des parties inconscientes que préconscientes de celles-ci. Par conséquent, quand certains « restes diurnes » sont restés investis, il y a quelque réserve à supposer que ceux-ci acquièrent pendant la nuit assez d'énergie pour forcer l'attention de la conscience ; on est plutôt enclin à admettre que l'investissement qui leur reste est plus faible de beaucoup que celui qui était le leur durant la journée. L'analyse nous dispense ici de nouvelles spéculations, car elle nous démontre que, dès lors qu'ils prétendent se poser en formateurs du rêve, ces restes diurnes doivent nécessairement recevoir un renforcement provenant des sources de motions pulsionnelles inconscientes. Cette hypothèse ne présente tout d'abord pas de difficultés, car il nous faut croire que la censure entre *Pcs* et *Ics* est très réduite dans le sommeil, et que le commerce entre les deux systèmes est ainsi plutôt facilité.

Mais une autre réserve ne peut être tenue sous silence. Si l'état narcissique de sommeil a eu pour conséquence le retranchement de tous les investissements des systèmes *Ics* et *Pcs*, la possibilité disparaît aussi que les restes diurnes préconscients tirent un renforcement des motions pulsionnelles inconscientes qui ont elles-mêmes cédé leurs investissements au moi. La théorie de la formation du rêve aboutit ici à une contradiction, ou doit au moins être sauvée par une modification de l'hypothèse sur le narcissisme du sommeil.

Ainsi qu'il apparaîtra plus tard, une hypothèse restrictive du même ordre s'imposera également dans la théorie de la *dementia praecox*. Elle ne peut se formuler qu'ainsi : la partie refoulée du système *Ics* n'obéit pas au désir de dormir émanant du moi, elle conserve, en tout ou partie, son investissement,
416 et s'est taillé en outre, par suite du refoulement, un certain degré d'indépendance vis-à-vis du moi. Pour être plus précis, il faudrait aussi qu'une certaine quantité de la dépense de refoulement (du *contre-investissement*) soit maintenue la nuit durant afin de faire face au danger pulsionnel, bien que

l'inaccessibilité de toutes les voies menant à la libération d'affect et à la motilité soit susceptible d'abaisser considérablement le niveau du contre-investissement nécessaire. Nous pourrions donc dépeindre la situation qui conduit à la formation du rêve de la façon suivante : le désir de dormir cherche à confisquer tous les investissements émis par le moi et à rétablir un narcissisme absolu. Ce qui ne peut réussir que partiellement, car le refoulé du système *Ics* ne suit pas le désir de dormir. Il faut par conséquent que soit également maintenue une partie des contre-investissements et que la censure entre *Ics* et *Pcs* subsiste, même si ce n'est pas avec toute sa force. Aussi loin que s'étend la domination du moi, tous les systèmes sont vidés d'investissements. Plus les investissements pulsionnels *ics* sont intenses, et plus labile est le sommeil. Nous connaissons aussi le cas extrême dans lequel le moi abandonne le désir de dormir parce qu'il se sent incapable d'inhiber les motions refoulées devenues libres durant le sommeil, en d'autres termes, dans lequel il renonce au sommeil parce qu'il redoute ses rêves.

Nous saisirons plus tard la portée, lourde de conséquences, de l'hypothèse de l'insubordination des motions refoulées. Poursuivons à présent notre examen de la situation de la formation du rêve.

Il nous faut souligner, en tant qu'elle constitue une deuxième effraction dans le narcissisme, la possibilité, évoquée à l'instant, que quelques-unes des pensées diurnes préconscientes se révèlent elles

aussi résistantes et retiennent une partie de leur investissement. Les deux cas peuvent être identiques en leur fond ; il se pourrait que la résistance des restes diurnes se ramène à la connexion, déjà présente dans la vie éveillée, avec des motions inconscientes, à moins que cela ne se passe un peu moins simplement, et que les restes diurnes,
417 incomplètement vidés, ne se mettent en rapport avec le refoulé que dans l'état de sommeil, grâce à la facilitation de la communication entre *Pcs* et *Ics*. Dans les deux cas, s'ensuit alors le même progrès décisif de la formation du rêve : le désir préconscient du rêve est formé, lequel *exprime la motion inconsciente dans le matériel des restes diurnes préconscients*. Il conviendrait de distinguer de façon tranchée ce désir du rêve des restes diurnes ; il n'est pas nécessaire qu'il ait existé dans la vie éveillée, il peut déjà afficher le caractère irrationnel que tout ce qui est inconscient comporte quand on le traduit en conscient. Le désir du rêve ne doit pas davantage être confondu avec les motions de désir qui, possiblement, mais certes pas nécessairement, se sont trouvées mêlées aux pensées du rêve préconscientes (latentes). Si, toutefois, il s'avère que de tels désirs préconscients ont existé, le désir du rêve s'y associe au titre du plus efficace des renforcements.

Il s'agit à présent d'aborder les destins ultérieurs de cette motion de désir qui, dans son essence, est le représentant [*vertretende*] d'une revendication pulsionnelle inconsciente, et qui s'est formée dans le *Pcs* en tant que désir du rêve (fantasme accom-

plissant le désir). La réflexion nous suggère qu'elle pourrait trouver à se liquider par trois voies différentes. Soit, ce qui serait la voie normale dans la vie éveillée, en poussant du *Pcs* jusqu'à la conscience, soit en se ménageant une évacuation motrice directe en contournant le *Cs*, soit encore en empruntant le chemin inattendu dont l'observation nous permet bel et bien de suivre le tracé. Dans le premier cas, elle se transformerait en *idée délirante* avec pour contenu l'accomplissement de désir, ce qui, toutefois, ne se produit jamais dans l'état de sommeil. (Si peu familiarisés que nous soyons avec les conditions métapsychologiques des procès psychiques, nous pourrons peut-être extraire de cet état de choses l'indication que le fait qu'un système soit entièrement vidé rend celui-ci peu sensible aux incitations.) Le deuxième cas, l'évacuation motrice directe, devrait être exclu en vertu du même principe, car l'accès à la motilité se situe normalement encore un peu plus loin de la censure de la conscience, mais il peut exceptionnellement 418
s'observer dans le *somnambulisme*. Nous ignorons quelles conditions rendent cela possible et pourquoi le somnambulisme ne se produit pas plus fréquemment. Ce qui a lieu effectivement lors de la formation du rêve est une décision très remarquable et tout à fait inédite. Le processus ourdi dans le *Pcs* et renforcé par l'*Ics* emprunte une voie rétrograde à travers l'*Ics* jusqu'à la perception qui s'impose à la conscience. Cette *régression* est la troisième phase de la formation du rêve. Afin de

donner un aperçu de l'ensemble, nous reproduirons ici les précédentes : renforcement des restes diurnes *pcs* par l'*Ics* – fabrication du désir du rêve.

Nous appelons cette sorte de régression *topique*, à la différence de la régression temporelle ou affectant l'histoire du développement, évoquée précédemment. Les deux ne coïncident pas toujours obligatoirement, même si elles le font justement dans le présent exemple. Le renversement du flux de l'excitation du *Pcs* vers la perception, à travers l'*Ics*, est en même temps le retour au stade précoce de l'accomplissement hallucinatoire de désir.

On connaît depuis *L'Interprétation des rêves* le mode selon lequel la régression des restes diurnes préconscients s'accomplit lors de la formation du rêve. Des pensées y sont converties en images – visuelles principalement ; autrement dit, des représentations de mot sont ramenées aux représentations de chose qui leur correspondent, tout se passant globalement comme si un souci de la *figurabilité* [*Rücksicht auf Darstellbarkeit*] gouvernait le procès. Une fois la régression achevée, il subsiste une série d'investissements dans le système *Ics*, des investissements de souvenirs de chose [*Sacherinnerungen*] sur lesquels le processus psychique primaire exerce son action jusqu'à ce qu'il ait, au moyen de leur condensation et du déplacement des investissements entre eux, formé le contenu manifeste du rêve. C'est seulement là où les représentations de mot comprises dans les restes diurnes sont des restes de perceptions frais et actuels, et non pas

l'expression de pensées, qu'elles sont traitées comme des représentations de chose et succombent en elles-mêmes aux influences de la condensation 419
et du déplacement. D'où la règle établie dans *L'Interprétation des rêves* et entérinée depuis comme une évidence, selon laquelle paroles et discours ne sont pas forgés de façon nouvelle dans le contenu du rêve, mais sont formés sur le modèle des discours du jour précédent (ou d'autres impressions fraîches, comme aussi de lectures). Il vaut d'être remarqué à quel point le travail du rêve tient peu aux représentations de mot ; il est toujours prêt à échanger les mots les uns contre les autres, jusqu'à ce qu'il trouve l'expression susceptible d'offrir à la figuration plastique le tour le plus favorable [1].

1. J'attribue également au souci de la figurabilité le fait, souligné par Silberer et peut-être surestimé par lui, que certains rêves autorisent deux interprétations simultanément pertinentes et pourtant différentes dans leur essence, dont l'une est appelée par Silberer l'*analytique* et l'autre l'*anagogique*. Il s'agit alors toujours de pensées de nature très abstraite, qui ont dû poser de grandes difficultés à la figuration dans le rêve. Qu'on se représente, à titre de comparaison, la tâche qui consisterait à remplacer l'article de fond d'un journal politique par des illustrations ! Dans de pareils cas, le travail du rêve doit d'abord substituer au texte de pensées abstrait un autre texte plus concret, qui est de quelque façon relié à lui par comparaison, par symbolique, par allusion allégorique, mais, de préférence, de façon génétique, et qui devient dès lors, à sa place, le matériel du travail du rêve. Les pensées abstraites fournissent ladite interprétation anagogique, que nous devinons plus facilement dans le travail d'interprétation que l'interprétation proprement analytique. D'après une juste remarque d'O. Rank, certains rêves de cure de patients en

C'est en ce point que se révèle la différence essentielle entre le travail du rêve et la schizophrénie. Dans cette dernière, ce sont les mots eux-mêmes, dans lesquels la pensée préconsciente était exprimée, qui font l'objet de l'élaboration par le processus primaire ; dans le rêve, ce ne sont pas les mots, mais les représentations de chose auxquelles les mots ont été ramenés. Le rêve connaît une régression topique, pas la schizophrénie ; dans le rêve, le commerce entre investissements (*pcs*) de mot et investissements (*ics*) de chose est libre ; il demeure caractéristique de la schizophrénie qu'il soit barré. L'impression qui se dégage de cette disparité est immédiatement tempérée par les interprétations de rêves que nous effectuons dans la pratique psychanalytique. Pendant que l'interprétation du rêve suit à la trace le cours du travail du
420 rêve, visite les chemins qui mènent des pensées latentes aux éléments du rêve, lève le voile sur l'exploitation de l'équivoque des mots et fait ressortir les ponts verbaux jetés entre différentes sphères de matériel, elle laisse une impression qui tantôt rejoint le trait d'esprit, tantôt la schizophrénie, et nous fait oublier en cela que toutes les opérations réalisées sur des mots ne sont pour le rêve que préparation à la régression aux choses.

L'achèvement du processus du rêve réside en ceci que le contenu de pensée, régressivement trans-

---

traitement analytique sont les exemples qui permettent le mieux de concevoir de tels rêves à interprétation multiple.

formé et refondu en fantasme de désir, devient conscient sous forme de perception sensorielle, subissant à cette occasion l'élaboration secondaire à laquelle tout contenu de perception est soumis. Nous disons que le désir du rêve est *halluciné* et trouve en tant qu'hallucination la croyance en la réalité de son accomplissement. C'est justement à cette portion conclusive de la formation du rêve que se relient les plus fortes incertitudes ; afin de les clarifier, nous voudrions mettre en parallèle le rêve et certains états pathologiques qui lui sont apparentés.

La formation du fantasme de désir et sa régression à l'hallucination sont les portions essentielles du travail du rêve ; néanmoins, elles ne lui sont pas exclusivement imputables. Bien plutôt se rencontrent-elles tout aussi bien dans deux états morbides, la confusion hallucinatoire aiguë, l'*amentia* (de Meynert), et la phase hallucinatoire de la schizophrénie. Le délire hallucinatoire de l'*amentia* est un fantasme de désir clairement reconnaissable, souvent pleinement ordonné comme un beau rêve diurne. On pourrait parler très généralement d'une *psychose hallucinatoire de désir* [*halluzinatorische Wunschpsychose*] et la rattacher de manière égale au rêve comme à l'*amentia*. Il peut y avoir aussi des rêves qui ne consistent en rien d'autre que des fantasmes de désir très riches et qui n'auront subi aucune déformation. La phase hallucinatoire de la schizophrénie est moins bien étudiée ; elle semble être en général de nature

composite, mais pourrait pour l'essentiel correspondre à une nouvelle tentative de restitution, qui cherche à ramener l'investissement libidinal aux
421 représentations d'objet [1]. Je ne suis pas à même de convoquer à cette comparaison les autres états hallucinatoires de diverses formes d'affections pathologiques, parce que je ne dispose pas, ici, d'expérience personnelle, et que je ne suis pas davantage en mesure d'exploiter celle d'autrui.

Qu'il soit clairement posé que la psychose hallucinatoire de désir – dans le rêve ou ailleurs – réalise deux prestations qui ne se recouvrent l'une l'autre en aucune façon. Non seulement elle amène à la conscience des désirs enfouis ou refoulés, mais elle les présente aussi, avec une pleine croyance, comme accomplis. Il s'agit de comprendre cette co-occurrence. On ne peut nullement prétendre que les désirs inconscients devraient être tenus pour des réalités une fois qu'ils sont devenus conscients, car, comme on sait, notre jugement est parfaitement capable de faire la distinction entre des choses effectives et des représentations ou des désirs, aussi intenses soient-ils. Il semble, au contraire, justifié d'admettre que la foi en la réalité se rattache à la perception par les sens. Une fois qu'une pensée a trouvé le chemin de la régression jusqu'aux traces mnésiques d'objet [*Objekterinnerungsspuren*] inconscientes et, de là, jusqu'à la perception, nous

1. Dans l'essai « L'inconscient », nous avons fait connaissance, en tant que première tentative de ce genre, avec le « surinvestissement des représentations de mot ».

reconnaissons sa perception comme réelle. L'hallucination porte ainsi en soi la foi en la réalité. On peut, dès lors, se demander quelle est la condition de l'émergence d'une hallucination. La première réponse serait : la régression, et remplacerait ainsi la question de la naissance de l'hallucination par celle du mécanisme de la régression. Nous ne devrions pas tarder à être quittes de la réponse à cette dernière question pour ce qui concerne le rêve. La régression des pensées *pcs* du rêve aux images mnésiques de chose [*Sacherinnerungsbilder*] est manifestement la conséquence de l'attraction que ces représentances pulsionnelles *ics* – par exemple, des souvenirs refoulés d'événements vécus – exercent sur les pensées formulées en mots. Toutefois, nous remarquons bientôt que nous sommes tombés sur une fausse piste. Si le secret de 422
l'hallucination n'était pas différent de celui de la régression, toute régression suffisamment intense engrendrerait une hallucination avec croyance en la réalité. Nous connaissons cependant parfaitement bien les cas dans lesquels une méditation régressive amène à la conscience de très nettes images mnésiques visuelles, que nous ne tenons pour autant pas un seul instant pour une perception réelle. Nous pourrions aussi parfaitement bien nous représenter que le travail du rêve se force un passage jusqu'à de telles images mnésiques, rendant conscientes celles qui, jusque-là, étaient inconscientes, et nous faisant miroiter un fantasme de désir que nous ressentons ardemment, mais que

nous ne reconnaîtrions pas pour l'accomplissement réel du désir. L'hallucination doit donc être davantage que l'animation régressive des images mnésiques, en soi *ics*.

Relevons encore qu'il est d'une grande importance pratique de faire la distinction entre perceptions et représentations, si intense que soit le degré de mémorisation de ces dernières. Toute notre relation au monde extérieur, à la réalité, dépend de cette faculté. Nous avons échafaudé une fiction d'après laquelle, n'ayant pas toujours possédé cette faculté, nous hallucinions bel et bien l'objet satisfaisant au début de notre vie psychique, dès lors que le besoin de cet objet se faisait sentir. Mais, dans pareil cas, la satisfaction restait exclue, et cet échec n'a pu manquer de nous entraîner très vite à fabriquer un dispositif à l'aide duquel une telle perception de désir pouvait être distinguée d'un accomplissement réel et, de surcroît, évitée. En d'autres termes, nous avons abandonné très tôt la satisfaction hallucinatoire du désir et mis en place une espèce d'*épreuve de réalité*. La question se pose alors de savoir en quoi a consisté cette épreuve de réalité, et comment la psychose hallucinatoire de désir du rêve et de l'*amentia*, etc., parvient à la supprimer et à rétablir l'ancien mode de satisfaction.

La réponse vient aisément, pour peu que nous nous appliquions maintenant à définir de façon plus précise le troisième de nos systèmes psy-
423 chiques, le système *Cs*, que jusqu'ici nous n'avons pas distingué de façon tranchée du *Pcs*. Dans

L'Interprétation des rêves, nous avons déjà dû nous résoudre à considérer la perception consciente comme la prestation d'un système particulier, auquel nous avons assigné certaines propriétés remarquables, et que nous aurons de bonnes raisons de doter d'autres caractères encore. Ce système, appelé là-bas *P* *, nous le faisons se recouvrir avec le système *Cs*, du travail duquel dépend, en règle générale, le devenir-conscient. Il n'en reste pas moins que le fait du devenir-conscient ne se recouvre pas pleinement avec l'appartenance systémique, car nous avons appris en effet que des images mnésiques sensorielles pouvaient être aperçues, alors qu'il nous était impossible de leur adjuger un lieu psychique au sein du système *Cs* ou *P*.

Malheureusement, il convient d'ajourner une nouvelle fois l'examen de cette difficulté, jusqu'à ce que nous puissions installer le système *Cs* lui-même au point central de notre intérêt. Qu'il nous soit permis, pour notre actuel contexte, d'émettre l'hypothèse que l'hallucination consiste en un investissement du système *Cs* (*P*), qui toutefois n'arrive pas, comme normalement, de l'extérieur, mais de l'intérieur, et qu'elle a pour condition que la régression aille suffisamment loin pour atteindre ce système lui-même et pouvoir à cette occasion se placer au-delà de l'épreuve de réalité **.

---

* « *P* » traduit ici « *W* », initiale du mot *Wahrnehmung*, la perception.

** J'ajoute en complément qu'une tentative d'explication de l'hallucination ne devrait pas aborder la question par l'hallucination positive, mais bien plutôt par l'hallucination *négative*.

Dans un précédent contexte (« Pulsions et destins des pulsions »), nous avons pris en considération la faculté, pour un organisme encore impuissant, de se forger au moyen de ses perceptions une première orientation dans le monde, en différenciant « extérieur » et « intérieur » en fonction de leur corrélation avec une action musculaire. Une perception qu'une action peut faire disparaître est identifiée en tant qu'externe, en tant que réalité ; là où une telle action ne modifie rien, la perception émane de l'intérieur du corps propre, elle
424 n'est pas réelle. Il est précieux pour l'individu de posséder un pareil signe distinctif de la réalité, qui représente simultanément un appui contre elle, et il voudrait bien être armé d'un pouvoir analogue contre ses revendications pulsionnelles, souvent impitoyables. C'est pourquoi il consacre tant d'efforts à reléguer, à *projeter* à l'extérieur ce qui vient l'importuner de l'intérieur.

Or, une déconstruction fouillée de l'appareil psychique nous dicte d'attribuer cette fonction d'orientation dans le monde par différenciation du dedans et du dehors au seul système *Cs* (*P*). *Cs* doit disposer d'une innervation motrice qui permet d'établir si la perception peut être amenée à disparition ou si elle se montre résistante. L'*épreuve de réalité* ne nécessite rien d'autre que ce dispositif[1]. Nous ne pouvons rien ajouter de plus précis sur ce point, car la nature

1. Sur la distinction d'une épreuve d'actualité d'avec une épreuve de réalité, voir ultérieurement.

et le mode de travail du système *Cs* sont encore trop peu connus. Nous placerons l'épreuve de réalité, en tant que l'une des grandes *institutions du moi*, à côté des censures entre les systèmes psychiques qui nous sont devenues familières et attendrons que l'analyse des affections narcissiques nous fasse découvrir d'autres institutions du même ordre.

En revanche, nous pouvons dès à présent apprendre de la pathologie de quelle manière l'épreuve de réalité peut être levée ou mise hors d'activité, ce qu'assurément nous discernerons de façon plus claire dans la psychose de désir, l'*amentia*, que dans le rêve : l'*amentia* est la réaction à une perte affirmée par la réalité, mais qui doit être déniée par le moi parce que insupportable. Là-dessus, le moi rompt la relation à la réalité, il retire au système des perceptions *Cs* l'investissement ou, mieux peut-être, un investissement dont la nature particulière pourra faire l'objet d'une nouvelle étude. Avec cet abandon
de la réalité, l'épreuve de réalité est mise de côté, les 425
fantasmes de désir – non refoulés, pleinement conscients – peuvent pénétrer en force dans le système et sont désormais admis comme une réalité meilleure. Un tel retrait peut être classé dans l'ordre des processus de refoulement ; l'*amentia* nous offre le spectacle intéressant d'une désunion [*Entzweiung*] du moi d'avec un de ses organes, celui qui peut-être le servait le plus fidèlement et qui lui était le plus intimement lié [1].

---

1. On peut sur cette base hasarder la supposition que même les hallucinoses toxiques, par exemple le délirium alcoolique, seraient à entendre de manière analogue. La perte

Ce qui, dans l'*amentia*, est produit par le refoulement est réalisé dans le rêve par le renoncement volontaire. L'état de sommeil ne veut rien savoir du monde extérieur, ne s'intéresse pas à la réalité, ou alors uniquement dans la mesure où se profile l'abandon de l'état de sommeil, le réveil. C'est ainsi qu'il retire aussi l'investissement du système *Cs*, de même que des autres systèmes, le *Pcs* et *l'Ics*, pour autant que les positions qui s'y rencontrent obéissent au désir de dormir. Avec ce désinvestissement du système *Cs*, la possibilité d'une épreuve de réalité est sacrifiée, et les excitations qui, indépendamment de l'état de sommeil, se sont engagées sur la voie de la régression, verront cette voie dégagée jusqu'au système *Cs*, dans lequel elles s'affirmeront comme réalité incontestée [1]. Pour ce qui concerne la psychose hallucinatoire de la *dementia praecox*, nous déduirons de nos réflexions qu'elle ne peut faire partie des symptômes d'entrée de cette affection. Elle ne se déclare que lorsque le moi du malade s'est suffisam-

---

insupportable imposée par la réalité serait justement celle de l'alcool, l'apport d'alcool supprime les hallucinations.

1. Le principe de l'inexcitablité de systèmes non investis semble ici avoir été dépouillé de sa vigueur en ce qui concerne le *Cs (P)*. Mais il peut ne s'agir que d'une suppression partielle de l'investissement, et il nous faudra justement admettre pour le système de la perception une série de conditions d'excitation qui divergent amplement de celles des autres systèmes. Le caractère de tâtonnement incertain de ces développements métapsychologiques ne saurait naturellement en aucune façon être dissimulé ou embelli. Seul un supplément d'approfondissement peut nous conduire à un certain degré de vraisemblance.

ment désagrégé pour que l'épreuve de réalité cesse de mettre un frein à l'hallucination.

Pour ce qui touche à la psychologie des processus 426
du rêve, nous obtenons ce résultat que tous les caractères essentiels du rêve sont déterminés par la condition de l'état de sommeil. Le vieil Aristote continue d'avoir raison en tous points avec sa modeste formule selon laquelle le rêve est l'activité psychique du dormeur. Nous avons pu ajouter : un reste d'activité psychique, rendu possible par ceci que l'état narcissique de sommeil ne s'est pas laissé imposer sans restrictions. Cela ne s'entend assurément pas d'une manière bien différente que ce qu'ont dit de tout temps les psychologues et les philosophes, mais repose sur des conceptions tout à fait nouvelles de la construction et de la performance de l'appareil psychique, qui offrent par rapport aux précédentes l'avantage d'avoir pu mettre à la portée de notre compréhension également toutes les particularités du rêve.

Jetons, pour finir, un dernier regard sur la signification que revêt une *topique* du processus de refoulement pour notre appréhension du mécanisme des troubles psychiques. Dans le rêve, le retrait de l'investissement (libido, intérêt) affecte tous les systèmes de manière égale ; dans les névroses de transfert, c'est investissement *Pcs* qui est retiré ; dans la schizophrénie, c'est celui de l'*Ics* ; dans l'*amentia*, celui du *Cs*.

Deuil et mélancolie

Maintenant que le rêve nous a servi de prototype 428
normal des troubles psychiques narcissiques, nous tenterons d'éclairer l'essence de la mélancolie en la comparant avec l'affect normal du deuil. Mais nous devrons pour le coup faire au préalable un aveu, destiné à mettre en garde contre toute surestimation du résultat. La mélancolie, dont la définition conceptuelle est fluctuante même dans la psychiatrie descriptive, apparaît sous des formes cliniques variées dont le rassemblement en une entité ne semble pas assuré, certaines d'entre elles évoquant plutôt des affections somatiques que des affections psychogènes. Si l'on excepte les impressions qui sont à la disposition de tout observateur, notre matériel se limite à un petit nombre de cas dont la nature psychogène n'a fait aucun doute. Aussi laisserons-nous tomber d'entrée de jeu toute prétention à une validité universelle de nos résultats, et nous consolerons-nous en observant qu'avec nos moyens de recherche actuels nous ne sommes guère en mesure de trouver quoi que ce soit qui ne serait pas *typique*, sinon d'une classe entière d'affections, du moins d'un plus petit groupe.

Le parallèle entre la mélancolie et le deuil paraît justifié par le tableau d'ensemble de ces deux états [1]. Même les facteurs issus des retombées de l'existence, qui les déclenchent tous deux, coïncident, du moins là où ils sont transparents. Le deuil
429 est régulièrement la réaction à la perte d'une personne aimée ou d'une abstraction appelée à occuper sa place, telle que patrie, liberté, un idéal, etc. Sous l'influence de facteurs similaires, on assiste chez certaines personnes, qui tombent de ce fait sous le soupçon d'une disposition morbide, à l'éclosion, à la place du deuil, d'une mélancolie. Il est d'ailleurs très remarquable qu'il ne nous vienne jamais à l'esprit de considérer le deuil comme un état morbide et de le confier pour traitement à un médecin, bien qu'il entraîne de sérieux écarts par rapport à la conduite normale dans l'existence. Nous nous attendons avec confiance à ce qu'il soit surmonté au bout d'un certain intervalle et tenons pour inopportun, voire nocif, de le perturber.

La mélancolie se distingue au plan psychique par une altération profonde et douloureuse de l'humeur, une mise en suspens de l'intérêt pour le monde extérieur, par la perte de la faculté d'aimer, par l'inhibition de toute production et l'abaissement du sentiment d'estime de soi, qui se traduit

1. Abraham lui-même, à qui nous devons la plus significative des rares études analytiques consacrées à ce thème, est parti de cette comparaison (*Zentralblatt für Psychoanalyse*, II, 6, 1912).

en des reproches et des invectives adressés à soi-même et qui s'étend jusqu'à l'attente délirante d'un châtiment. Notre compréhension de ce tableau est facilitée si nous considérons que le deuil présente les mêmes traits, à l'exception d'un seul : l'altération de l'estime de soi y est absente. Cela mis à part, c'est la même chose. Le deuil sévère, la réaction à la perte d'une personne aimée, comporte la même tonalité douloureuse de l'humeur, la perte de l'intérêt pour le monde extérieur – tant qu'il n'évoque pas le défunt –, la perte de la faculté d'élire un nouvel objet d'amour, quel qu'il soit – ce qui reviendrait à remplacer celui dont on porte le deuil –, l'abandon de toute activité productive qui ne serait pas en rapport avec la mémoire du défunt. Nous saisissons aisément que cette inhibition et restriction du moi est l'expression d'un abandon exclusif au deuil, en conséquence de quoi plus rien ne reste disponible pour d'autres desseins et d'autres intérêts. Au fond, si cette conduite ne nous semble pas pathologique, c'est uniquement parce que nous savons si bien l'expliquer.

Nous acquiescerons également au rapprochement 430
par lequel est qualifiée de « douloureuse » la tonalité de l'humeur du deuil. Sa justification nous apparaîtra sans doute quand nous serons en mesure de caractériser la douleur du point de vue économique.

En quoi consiste, dès lors, le travail accompli par le deuil ? Je crois qu'il n'y aura rien de contraint à le présenter comme suit : l'épreuve de réalité a montré que l'objet aimé n'existe plus et met alors en demeure de retirer toute la libido des liens qui la nouent à cet objet. Il se dresse contre cela une rébellion compréhensible – on observe généralement que l'être humain n'abandonne pas de bonne grâce une position libidinale, pas même alors qu'un substitut lui fait déjà signe. Cette rébellion peut être si intense qu'elle conduise à se détourner de la réalité et à maintenir l'objet au moyen d'une psychose hallucinatoire de désir (voir l'essai précédent *). La normale veut que le respect de la réalité emporte la victoire. Toutefois, la tâche imposée ne peut être remplie immédiatement. Elle s'exécute dès lors d'étape en étape au prix d'une grande dépense de temps et d'énergie d'investissement, alors que, pendant ce temps, l'existence de l'objet perdu se poursuit psychiquement. Chacun des souvenirs et des espoirs particuliers dans lesquels la libido était nouée à l'objet est pris en compte, surinvesti, et le détachement de la libido est mené à bien sur lui. La raison pour laquelle cette opération de compromis qu'est l'exécution par étapes isolées du commandement de la réalité est si extraordinairement douloureuse n'est pas du tout facile à donner sur des bases économiques. Il est singulier que ce déplaisir douloureux nous semble aller de soi. Le fait est, cependant, qu'à l'achèvement du travail de deuil le moi redevient libre et exempt d'inhibitions.

Appliquons à présent à la mélancolie ce que nous avons appris du deuil. Il est manifeste, dans

---

* *Cf. supra*, p. 201 et suivantes.

une série de cas, qu'elle peut être, elle aussi, réaction à la perte d'un objet aimé ; dans d'autres circonstances causales, on peut constater que la perte est de nature plus idéelle. L'objet, par exemple, n'est 431
pas réellement mort, mais il s'est perdu en tant qu'objet d'amour (par exemple, le cas d'une fiancée délaissée). Dans d'autres cas encore, on croit devoir adhérer à l'hypothèse d'une pareille perte, mais on n'est pas à même de reconnaître avec netteté ce qui a été perdu, et l'on est en droit d'admettre à plus forte raison que le malade n'est pas en mesure de saisir consciemment ce qu'il a perdu. Voire, on pourrait encore avoir affaire à ce même cas de figure dans la situation où, la perte occasionnant la mélancolie étant connue par le malade, celui-ci sait assurément *qui* il a perdu, mais non *ce* qu'il a perdu en cette personne. Ainsi serions-nous invités à rapporter d'une manière ou d'une autre la mélancolie à une perte d'objet soustraite à la conscience, à la différence du deuil, dans lequel rien de ce qui est relatif à la perte n'est inconscient.

Dans le deuil, inhibition et défaut d'intérêt se trouvaient expliqués sans reste par le travail de deuil qui absorbe le moi. Dans la mélancolie, la perte inconnue ne manquera pas d'avoir aussi pour conséquence un travail intérieur similaire et sera, de ce fait, responsable de l'inhibition de la mélancolie. À ceci près que l'inhibition mélancolique nous fait une impression énigmatique, parce que nous ne sommes pas en mesure de voir ce qui absorbe si complètement les malades. Le mélanco-

lique nous montre encore une chose qui est absente dans le deuil, un abaissement extraordinaire de son sentiment du moi, un formidable appauvrissement du moi. Dans le deuil, le monde est devenu pauvre et vide ; dans la mélancolie, c'est le moi lui-même. Le malade nous décrit son moi comme sans valeur, incapable d'activité productive et moralement blâmable ; il se fait des reproches, s'invective et attend expulsion et châtiment. Il se rabaisse devant chacun, plaint chacun des siens d'être lié à sa si indigne personne. Il n'a pas le sentiment qu'une modification s'est produite en lui, mais il épand son autocritique sur le passé ; il prétend n'avoir jamais été meilleur. Le tableau de ce délire de petitesse – pour l'essentiel moral – est complété par
432 l'insomnie, le refus de la nourriture et une mise en échec, du plus haut intérêt psychologique, de la pulsion qui contraint tout ce qui vit à tenir à la vie.

Il serait scientifiquement aussi bien que thérapeutiquement infructueux de contredire le malade qui porte pareilles accusations contre son moi. Il doit bien avoir raison d'une manière ou d'une autre, et décrire quelque chose qui se montre tel qu'il lui apparaît. Il nous faut en effet confirmer immédiatement et sans restriction quelques-unes de ses indications. Il est bel et bien aussi inintéressant, aussi incapable d'amour et d'activité productive qu'il le dit. Mais tout cela, comme nous savons, est secondaire, conséquence du travail intérieur, inconnu de nous et comparable au deuil, qui consume son moi. Il nous semble également avoir

raison dans certaines autres auto-accusations, et se contenter de saisir la vérité avec plus d'acuité que d'autres qui ne sont pas mélancoliques. Quand, dans son autocritique exaltée, il se dépeint comme un être humain mesquin, égoïste, déloyal, incapable d'autonomie, dont tous les efforts ne visaient qu'à dissimuler les faiblesses de son être, il pourrait bien, pour autant que nous sachions, s'être passablement approché de la connaissance de soi, et nous nous demandons seulement pourquoi il faut d'abord que l'on tombe malade pour accéder à ce genre de vérité. Car, cela ne fait aucun doute, quiconque a trouvé à s'apprécier de la sorte et l'exprime devant autrui – une appréciation à l'image de celle que le prince Hamlet tient prête pour lui-même et pour tous les autres [1] –, celui-là est malade, qu'il dise alors la vérité ou qu'il se porte plus ou moins préjudice. Il n'est pas difficile non plus de remarquer qu'il n'y a pas, à ce que nous en jugeons, de correspondance entre l'étendue de l'autodénigrement et sa justification réelle. La femme, naguère brave, compétente et fidèle à ses devoirs, ne parlera pas mieux d'elle dans la mélancolie que celle qui, en vérité, n'est bonne à rien, et peut-être même que la première court plus le risque de tomber malade de mélancolie que l'autre, dont nous non plus ne saurions rien dire de bon. Enfin, il doit nous sauter aux yeux
que le mélancolique ne se conduit malgré tout pas 433

1. « Use every man after his desert, and who should scape whipping ? » *Hamlet*, acte II, scène II.

tout à fait comme quelqu'un qui, de façon normale, serait broyé sous le poids du repentir et de l'autoreproche. Il y manque la honte devant les autres, qui caractériserait avant tout ce dernier état, ou du moins ne ressort-elle pas de manière évidente. On pourrait presque souligner chez le mélancolique le trait opposé d'une prolixité pesante qui trouve une satisfaction à la mise à nu de soi-même.

Il n'est ainsi pas essentiel de déterminer si le mélancolique, avec sa pénible autodépréciation, a raison dans la mesure où sa critique coïncide avec le jugement d'autrui. Il importe bien davantage qu'il décrive sa situation avec justesse. Il a perdu son estime de soi et doit avoir une bonne raison pour cela. Nous nous trouvons alors en tout cas devant une contradiction qui nous soumet une énigme difficile à résoudre. Suivant l'analogie avec le deuil nous avons dû conclure qu'il avait subi une perte concernant l'objet ; ce qui se dégage de ses propos est une perte concernant son moi.

Avant de nous occuper de cette contradiction, arrêtons-nous un moment sur l'aperçu que l'affection du mélancolique nous procure de la constitution du moi humain. Nous voyons chez lui comment une partie du moi se confronte à l'autre, la jauge de façon critique, la prend en quelque sorte comme objet. Notre soupçon que l'instance critique, ici dissociée [*abgespaltet* *] du moi, pourrait

* Ce verbe comporte le même radical que *Spaltung* : le « clivage ».

aussi démontrer son autonomie en d'autres circonstances, sera confirmé par toutes les observations ultérieures. Nous ne manquerons pas de trouver en effet des raisons de séparer cette instance du reste du moi. Ce que nous apprenons ici à connaître est l'instance ordinairement nommée *conscience morale* [*Gewissen*] ; avec la censure de la conscience et l'épreuve de réalité, nous la compterons au nombre des grandes institutions du moi *, et nous trouverons aussi quelque part les preuves de ce qu'elle peut tomber malade à elle seule. Le tableau clinique de la mélancolie fait ressortir le mécontentement moral à l'égard du moi propre avant 434
d'autres manifestations : infirmité corporelle, laideur, faiblesse, infériorité sociale font bien plus rarement l'objet de l'auto-appréciation ; seul l'appauvrissement vient occuper une place privilégiée parmi les craintes et les affirmations du malade.

Une observation, qui n'est même pas difficile à conduire, mène alors à l'élucidation de la contradiction exposée précédemment. Si l'on écoute patiemment les diverses auto-accusations du mélancolique, on ne peut en fin de compte se garder de l'impression que les plus fortes d'entre elles s'ajustent souvent très mal à sa propre personne, mais peuvent s'adapter avec de minimes modifications à une autre personne que le malade aime, a aimé, ou qu'il aurait dû aimer. Aussi souvent qu'on

* *Cf. supra*, p. 207.

examine la situation, elle confirme ce pronostic. Ainsi a-t-on effectivement en main la clef du tableau clinique, dès lors qu'on reconnaît les autoreproches comme des reproches adressés à un objet d'amour, qui sont détachés de celui-ci et retournés contre le moi propre.

La femme qui plaint haut et fort son mari de se trouver lié à une femme aussi dépourvue de qualités veut au fond accuser l'insuffisance du mari, en quelque sens qu'on veuille bien l'entendre. Il n'y a pas lieu de s'étonner outre mesure que quelques autoreproches authentiques soient disséminés parmi ceux qui font suite au retournement ; il leur est permis de se mettre en avant parce qu'ils contribuent à recouvrir les autres et à empêcher la reconnaissance de l'état de fait ; ils procèdent en effet eux aussi du pour et du contre de la querelle d'amour qui a conduit à la perte d'amour. Dès lors, la conduite des malades devient elle aussi beaucoup plus compréhensible. Leurs plaintes sont des plaintes contre [*Ihre Klagen sind Anklagen* *], conformément au sens ancien du mot ; ils n'ont pas honte et ne se cachent pas, parce que tout ce qu'ils peuvent dire d'eux-mêmes pour se diminuer est au fond dit d'un autre ; et ils sont bien loin de faire preuve, vis-à-vis de leur entourage, du carac-

* Freud joue ici sur la consonance et la parenté de *Klage* (la « plainte » au sens d'expression d'une souffrance, de lamentation, mais aussi de doléance ou de plainte devant les tribunaux) et d'*Anklage* : l'« accusation ».

tère humble et soumis qui seul conviendrait à de si indignes personnes ; ils se montrent bien plutôt tracassiers au plus haut degré, sont toujours comme 435 blessés et comme s'ils avaient subi une grande injustice. Tout cela n'est possible que parce que les réactions de leur comportement partent encore de la constellation psychique de la rébellion qui, via un certain processus, fut ensuite translatée dans la contrition mélancolique.

Il n'y a dès lors aucune difficulté à reconstruire ce processus. Il y avait eu un choix d'objet, une liaison de la libido à une certaine personne ; sous l'influence d'une *réelle mortification ou déception* de la part de la personne aimée se produisit un bouleversement de cette relation d'objet. Le résultat ne fut pas celui, normal, d'un retrait de la libido de cet objet et d'un déplacement de celle-ci sur un nouvel objet, mais un autre, dont la réalisation semble exiger plusieurs conditions. L'investissement d'objet se révéla peu résistant, il fut levé, mais la libido libérée ne fut pas déplacée sur un autre objet, mais retirée dans le moi. Toutefois, elle ne trouva pas là-bas un emploi quelconque, mais servit à établir une *identification* [*Identifizierung*] du moi à l'objet abandonné. L'ombre de l'objet tomba ainsi sur le moi qui put après cela être jugé par une instance particulière comme un objet, comme l'objet délaissé. Ainsi la perte d'objet s'était-elle transformée en une perte du moi, le conflit entre le moi et la personne aimée en un clivage [*Zwiespalt* *] entre la critique du moi et le moi modifié par identification.

On peut immédiatement deviner un certain nombre de choses quant aux présupposés et aux résultats d'un pareil processus. Il doit exister non seulement une forte fixation à l'objet d'amour, mais aussi, en contradiction avec cela, une faible résistance de l'investissement d'objet. Cette contradiction semble réclamer, selon une pertinente remarque d'O. Rank, que le choix d'objet se soit effectué sur une base narcissique, de sorte que
436 l'investissement d'objet puisse régresser au narcissisme si des difficultés se dressent contre lui. L'identification narcissique à l'objet devient alors le substitut de l'investissement d'amour, ce qui a pour conséquence que la relation d'amour, en dépit du conflit avec la personne aimée, n'a pas besoin d'être abandonnée. Une telle substitution de l'amour d'objet par identification est un mécanisme significatif pour les affections narcissiques ; K. Landauer a pu récemment la mettre au jour dans le processus de guérison d'une schizophrénie [1]. Elle correspond naturellement à la *régression* qui va d'un type de choix d'objet au narcissisme originel. Nous avons développé à un autre endroit que l'identification est le stade préliminaire du choix d'objet et le premier mode, ambivalent en son expression, selon

* Voir la note du traducteur p. 218.

1. *Intern. Zeitschr. für ärztl. Psychoanalyse*, II, 1914.

lequel le moi élit un objet. Il voudrait s'incorporer cet objet, et ce par la voie de la dévoration, conformément à la phase orale ou cannibalique du développement de la libido. C'est à ce contexte qu'Abraham rapporte, sans doute à juste titre, le refus de se nourrir qui se déclare dans les formes sévères de l'état mélancolique.

La conclusion appelée par la théorie, et qui place la disposition à la maladie mélancolique, ou à une partie de celle-ci, sous la prédominance du type narcissique de choix d'objet, n'est malheureusement pas encore confirmée par l'investigation. J'ai reconnu, dans les phrases d'introduction de cet essai, que le matériel empirique sur lequel cette étude est bâtie est insuffisant au regard de nos prétentions. Si nous pouvions admettre que l'observation concorde avec nos déductions, nous n'hésiterions pas à incorporer dans les caractéristiques de la mélancolie la régression qui va de l'investissement d'objet à la phase orale de la libido, qui appartient encore au narcissisme. Les identifications à l'objet sont loin d'être rares, également, dans les névroses de transfert, elles sont au
contraire un mécanisme connu de la formation de 437
symptôme, en particulier dans l'hystérie. Nous pouvons cependant percevoir la différence entre identification narcissique et hystérique en ceci que, dans la première, l'investissement d'objet est suspendu, alors qu'il subsiste dans la dernière et produit un effet qui se limite habituellement à certaines actions et innervations particulières.

Toujours est-il que l'identification est aussi dans les névroses de transfert l'expression d'une communauté qui peut dénoter l'amour. L'identification narcissique est la plus originelle et nous ouvre l'accès à la compréhension de l'identification hystérique, moins bien étudiée.

La mélancolie emprunte ainsi une partie de ses caractères au deuil, l'autre partie au processus de la régression du choix d'objet narcissique au narcissisme. D'un côté elle est, au même titre que le deuil, réaction à la perte réelle de l'objet d'amour, mais elle est en outre affectée d'une condition qui disparaît dans le deuil normal, ou qui, si elle intervient, le transforme en deuil pathologique. La perte de l'objet d'amour est une occasion exceptionnelle de mettre au jour et en valeur l'ambivalence des relations d'amour. Là où la disposition à la névrose obsessionnelle est présente, le conflit d'ambivalence confère de ce fait au deuil une configuration pathologique et le contraint à s'exprimer sous la forme d'autoreproches, selon lesquels on ne devrait qu'à soi-même la perte de l'objet d'amour, c'est-à-dire qu'on l'aurait voulue. Dans de telles dépressions de la névrose obsessionnelle consécutives à la mort de personnes aimées, on nous expose ce que le conflit d'ambivalence est capable de réaliser à lui seul, lorsque le retranchement régressif de la libido n'est pas en jeu. Les facteurs déclenchants de la mélancolie dépassent le plus souvent le cas, clair, de la perte entraînée par la mort et englobent toutes les situations de mortification, d'humiliation et de décep-

tion susceptibles d'introduire dans la relation une opposition d'amour et de haine ou de renforcer une ambivalence déjà présente. Ce conflit d'ambivalence, d'origine tantôt plutôt réelle, tantôt plutôt constitutive, ne doit pas être négligé parmi les pré- 438
supposés de la mélancolie. Si l'amour pour l'objet, qui ne peut être abandonné alors que l'objet lui-même est abandonné, a trouvé refuge dans l'identification narcissique, alors la haine s'active auprès de cet objet de substitution, le couvrant d'injures, le rabaissant et le faisant souffrir, et gagnant dans cette souffrance une satisfaction sadique. L'autoflagellation indubitablement riche de jouissance de la mélancolie dénote, tout comme le phénomène correspondant de la névrose obsessionnelle, la satisfaction de tendances sadiques et haineuses[1] qui se rapportent à un objet et ont subi sur cette voie un retournement contre la personne propre. Dans les deux affections, il arrive encore aux malades de réussir, via ce détour par l'autopunition, à tirer vengeance des objets originels et à tourmenter ceux qu'ils aiment par le truchement de leur état, une fois qu'ils se sont abandonnés à la maladie pour ne pas avoir à leur dévoiler directement leur hostilité. La personne qui a provoqué le trouble des sentiments du malade, en direction de laquelle sa maladie est orientée, peut en effet généralement être trouvée dans l'entourage proche du malade. Ainsi l'investis-

1. Sur leur distinction, voir l'essai sur « Pulsions et destins des pulsions ».

sement d'amour du mélancolique pour son objet aura-t-il connu un double destin ; il a, pour une part, régressé à l'identification, mais pour une autre part, sous l'influence du conflit d'ambivalence, il a été ramené au stade, plus proche de ce dernier, du sadisme.

Seul ce sadisme résout pour nous l'énigme du penchant au suicide qui rend la mélancolie si intéressante – et si dangereuse. Nous avons distingué, comme état originaire d'où procède la vie pulsionnelle, un si formidable amour du moi pour lui-même, nous voyons se libérer, dans l'angoisse qui surgit quand l'existence est menacée, une si gigantesque quantité de libido narcissique, que nous sommes bien en peine de saisir comment ce moi peut souscrire à son autodestruction. Nous savions
439 certes depuis longtemps qu'aucun névrosé ne ressent d'intentions suicidaires à moins de les avoir retournées sur lui-même à partir d'une impulsion meurtrière envers autrui, mais il restait impossible de comprendre par quel jeu de forces pareille intention pouvait se tailler un chemin jusqu'à l'acte. Or l'analyse de la mélancolie nous enseigne que le moi ne peut se tuer que s'il peut, grâce au retour de l'investissement d'objet, se traiter lui-même comme un objet, s'il lui est loisible de diriger contre lui-même l'hostilité qui se rapporte à un objet et qui représente [*vertritt*] la réaction initiale du moi face aux objets du monde extérieur. (Voir « Pulsions et destins des Pulsions ».) Ainsi, lors de la régression à partir du choix d'objet narcissique, l'objet a bien été sup-

primé, mais s'est malgré cela montré plus puissant que le moi lui-même. Dans les deux situations opposées de l'énamoration la plus extrême et du suicide, le moi, quoique par des voies tout à fait différentes, subit le joug de l'objet.

On est alors encore tenté d'admettre, à propos de l'un des caractères saillants de la mélancolie, la dimension qu'y prend l'angoisse d'appauvrissement, qu'il dérive de l'érotique anale arrachée à ses connexions et transformée par régression.

La mélancolie nous place encore devant d'autres questions dont la solution nous échappe en partie. Qu'elle prenne fin après un certain laps de temps sans laisser derrière elle de grosses modifications repérables, est un caractère qu'elle partage avec le deuil. Pour ce dernier, nous avions pu apprendre que le temps était indispensable à l'exécution, détail après détail, du commandement de l'épreuve de réalité, un travail après lequel le moi parvient à libérer sa libido de l'objet perdu. Nous pouvons penser que le moi s'attelle à un travail analogue au cours de la mélancolie ; ici comme là-bas, la compréhension économique du processus fait défaut. L'insomnie de la mélancolie atteste sans doute la rigidité de l'état, l'impossibilité de mener à bien le retranchement général des investissements nécessaire au sommeil. Le complexe mélancolique se comporte comme une blessure ouverte, attire à
lui de tous côtés des énergies d'investissement (que, 440
dans les névroses de transfert, nous avons appelées « contre-investissements ») et vide le moi jusqu'à

complet appauvrissement ; il peut facilement se montrer résistant face au désir de dormir du moi. Un facteur vraisemblablement somatique, qui n'appelle pas d'explication psychogénétique, se fait sentir dans l'apaisement régulier de l'état dans la soirée. En annexe de ces discussions se pose la question de savoir si une perte du moi en dehors de toute considération de l'objet (atteinte purement narcissique du moi) ne suffit pas à engendrer le tableau de la mélancolie, et si un appauvrissement toxique en libido du moi ne peut pas directement provoquer certaines formes de l'affection.

La particularité la plus insolite de la mélancolie, et qui requiert le plus instamment une explication, résulte de sa propension à basculer dans l'état symptomatiquement opposé de la manie. Il est notoire que toute mélancolie ne connaît pas ce destin. De nombreux cas évoluent par récidives périodiques, dont les intervalles ne laissent apparaître aucun accent de manie, ou seulement une tonalité très ténue. D'autres présentent cette alternance régulière de phases mélancoliques et maniaques qui a trouvé son expression dans la désignation de folie cyclique. On serait tenté d'exclure ces cas de la conception psychogénétique, si le travail psychanalytique n'avait pas justement apporté, pour nombre de ces affections, une solution ainsi que la possibilité d'exercer une influence thérapeutique. Il est ainsi non seulement permis, mais même prescrit d'étendre aussi à la manie une explication analytique de la mélancolie.

Je ne puis promettre que cette tentative prendra un tour pleinement satisfaisant. Bien plutôt, elle ne va guère plus loin que de permettre une première orientation. Deux points de repère sont ici à notre disposition ; le premier est une impression psychanalytique, l'autre est, pourrait-on dire, un fait d'expérience économique de portée générale. L'impression, déjà traduite en paroles par plusieurs chercheurs en psychanalyse, pose que la manie n'a pas d'autre contenu que la mélancolie, que les deux 441
affections sont aux prises avec le même « complexe », auquel le moi aura vraisemblablement succombé dans la mélancolie, alors qu'il l'aura dompté ou mis à l'écart dans la manie. L'autre point de repère nous est donné par le constat d'expérience que tous les états de joie, de jubilation, de triomphe qui nous exposent le modèle normal de la manie laissent apparaître la même condition économique. Il s'agit, pour ce qui les concerne, d'une action par laquelle une grande dépense psychique, longuement entretenue ou mise en route par habitude, devient en fin de compte superflue, si bien qu'elle est disponible pour toutes sortes d'emplois et de possibilités d'évacuation. Ainsi, par exemple, quand un pauvre diable est soudain délivré par un gros gain d'argent du souci chronique de son pain quotidien, quand un combat long et pénible se voit à la fin couronné de succès, quand on se trouve en position de renoncer d'un seul coup à une contrainte pressante, une duplicité longtemps cultivée, etc. Toutes ces situations se distinguent par

l'exaltation de l'humeur, les signes d'évacuation de l'affect de joie, et par la disponibilité accrue à toutes sortes d'actions, tout comme la manie et en totale contradiction avec la dépression et l'inhibition de la mélancolie. On peut se risquer à avancer que la manie n'est rien d'autre qu'un pareil triomphe, à ceci près que se dérobe derechef à la vue du moi ce qu'il a surmonté et ce dont il triomphe. L'ivresse alcoolique, qui fait partie de la même série d'états, pourra à bon droit – si elle est gaie – être entendue de la même façon ; il s'agit probablement dans son cas de la levée de défenses de refoulement, obtenue par voie toxique. L'opinion profane admet volontiers que, pour être si joyeux de bouger et d'entreprendre dans ce genre de disposition maniaque, il suffit d'être « de bonne humeur ». Nous aurons naturellement à dénouer cette fausse connexion. La condition économique évoquée plus haut a été remplie dans la vie psy-
442 chique, et c'est pourquoi on est d'un côté d'humeur si gaie, et, de l'autre, si désinhibé dans l'agir.

Si nous rassemblons nos deux indications, il en ressort que : dans la manie, le moi doit avoir surmonté la perte de l'objet (ou le deuil relatif à la perte ou, peut-être, à l'objet lui-même), et, dès lors, toute la somme de contre-investissement que la souffrance douloureuse de la mélancolie avait, la tirant du moi, attirée et liée à elle, est devenue disponible. En se jetant comme un affamé sur de nouveaux investissements d'objet, le maniaque nous démontre aussi, à l'évidence, sa libération de l'objet qui l'avait fait souffrir.

Ces éclaircissements peuvent bien sembler plausibles, mais, premièrement, ils sont encore insuffisamment précis, et, deuxièmement, ils font surgir plus de nouvelles questions et de nouveaux doutes que nous ne pouvons apporter de réponses. Nous n'entendons pas nous dérober à leur discussion, même si nous ne pouvons guère nous attendre à trouver grâce à elle la voie de la lumière.

En premier lieu : le deuil normal surmonte bien aussi la perte de l'objet et absorbe également, pendant sa durée, toutes les énergies du moi. Pourquoi, dans son cas, la condition économique propre à entraîner une phase de triomphe ne s'installe-t-elle pas, ne serait-ce que de manière allusive, une fois qu'il est arrivé à son terme ? Je trouve impossible de répondre en un tournemain à cette objection. Elle attire d'ailleurs notre attention sur le fait que nous ne sommes même pas en mesure de dire par quels moyens économiques le deuil accomplit sa tâche ; mais peut-être une supposition peut-elle ici nous tirer d'embarras. Pour chacun des souvenirs et des situations d'attente qui montrent la libido nouée à l'objet perdu, la réalité rend son verdict : l'objet n'existe plus, et le moi, en quelque sorte sommé de répondre à la question de savoir s'il veut partager le même sort, se laisse convaincre, par la somme des satisfactions narcissiques qu'il y a à être en vie, de dénouer sa liaison à l'objet rentré dans
le néant. On peut éventuellement se représenter 443

que ce dénouement [*Lösung* *] s'effectue si lentement et si graduellement qu'à la fin du travail la dépense exigée à cet effet est elle aussi dissipée [1].

Il est tentant de chercher, à partir des conjectures sur le travail de deuil, la voie d'une présentation du travail mélancolique. C'est là qu'une incertitude vient d'emblée nous barrer la route. Nous n'avons guère envisagé jusqu'ici le point de vue topique dans la mélancolie, ni n'avons soulevé la question de savoir dans quels et entre quels systèmes psychiques le travail de la mélancolie s'effectue. Qu'est-ce qui, des processus psychiques de cette affection, intervient encore au niveau des investissements d'objet inconscients laissés pour compte, ou au niveau de leur substitut identificatoire dans le moi ?

On aura dès lors tôt fait de dire, et il est facile d'écrire que « la représentation (de chose) [*(Ding-)vorstellung* **] inconsciente est délaissée par la libido ». Mais, en réalité, cette représentation est représentée [*vertreten*] par d'innombrables impres-

* Dans la mesure où ce terme peut désigner, comme d'ailleurs « dénouement » en français, soit la conclusion ou l'aboutissement d'une affaire, soit tout simplement l'action de défaire un nouage, nous maintenons ici l'équivoque.

** La « représentation de chose » [« *Sachvorstellung* » dans tout le reste du texte] trouve ici une expression différente.

1. Le point de vue économique a été jusqu'ici peu pris en considération dans les travaux psychanalytiques. On peut citer, à titre d'exception, l'article de V. Tausk « Dévalorisation du motif du refoulement par récompense ».

sions isolées (les traces inconscientes de celle-ci) et la conduite de ce retrait de libido ne peut pas être un processus momentané, mais assurément, comme dans le deuil, un procès fastidieux qui se poursuit peu à peu. Il n'est certes pas aisé de discerner s'il démarre simultanément en de nombreux endroits, ou s'il implique un enchaînement déterminé d'une manière ou d'une autre ; dans les analyses, on peut souvent établir que s'active tantôt tel souvenir, tantôt tel autre, et que les plaintes monocordes, fatigantes par leur monotonie, émanent malgré tout à chaque fois d'un autre fondement inconscient. Lorsque l'objet ne revêt pas une aussi grande signification pour le moi, renforcée par une connexion aux milliers d'appendices, alors sa perte n'est pas non plus à même de causer un deuil ou une mélancolie. Le caractère correspondant à la 444
mise en œuvre, détail après détail, du détachement de la libido est donc à attribuer de façon égale à la mélancolie comme au deuil, s'appuie sans doute sur les mêmes conditions économiques et obéit aux mêmes tendances.

Par rapport au deuil normal, cependant, la mélancolie contient, comme nous l'avons entendu, quelque chose de plus. La relation à l'objet n'est pas chez elle une relation simple, le conflit d'ambivalence la complique. L'ambivalence est, ou bien constitutionnelle, à savoir qu'elle s'attache à toute relation d'amour du moi concerné, ou bien elle procède directement des événements vécus qui charrient la menace de la perte d'objet. C'est pourquoi la mélancolie peut, quant aux facteurs qui la causent, dépasser largement le deuil qui, en règle générale, n'est déclenché que par la perte réelle, la mort de l'objet. Il se tisse ainsi dans la mélancolie un nombre infini de combats isolés pour l'objet, dans lesquels haine et amour luttent l'une contre l'autre, l'une pour détacher la libido de l'objet, et l'autre pour tenir cette position de la libido contre l'assaut. Nous ne pouvons situer ces combats isolés en aucun autre système que dans l'*Ics*, au royaume des traces mnésiques chosiques * [*sachliche Erinnerungsspuren*] (par opposition aux investissements de mot). C'est précisément là aussi que s'opèrent les tentatives de détachement lors du deuil, mais il n'y a, dans ce dernier cas, pas d'obstacle à ce que ces processus se prolongent sur la voie normale traversant le *Pcs* jusqu'à la conscience. Ce chemin est barré pour le travail mélancolique, peut-être en conséquence d'une pluralité de causes ou de l'action combinée de celles-ci. L'ambivalence constitutive appartient en soi et pour soi au refoulé ; il se peut que les événements traumatiques vécus avec l'objet aient activé d'autres éléments refoulés. C'est ainsi que tout dans ces combats d'ambivalence reste soustrait à la conscience, tant que l'issue caractéristique de la

---

* La formule, délicate à rendre autrement que par ce néologisme, introduit une nuance par rapport à celles de l'essai précédent, où Freud, après avoir parlé d'*Objekterinnerungsspuren* (« traces mnésiques d'objet ») avait employé le terme de *Sacherinnerungsbilder* (« images mnésiques de chose »). *Cf. supra*, « Complément métapsychologique... », p. 202 *sq*.

mélancolie n'est pas entrée en jeu. Elle consiste, comme nous le savons, en ceci que l'investissement libidinal menacé délaisse finalement l'objet, mais uniquement pour se retirer sur l'endroit du moi dont il était issu. L'amour s'est ainsi soustrait, par 445
sa fuite dans le moi, à son effacement. Après cette régression de la libido, le processus peut devenir conscient et se représente à la conscience sous l'espèce d'un conflit entre une partie du moi et l'instance critique.

Ce que la conscience saisit du travail mélancolique n'est donc pas la part essentielle de celui-ci, pas plus que celle que nous pouvons créditer d'une influence sur la résolution du mal. Nous voyons que le moi se déprécie et fait rage contre lui-même, et comprenons aussi peu que le malade à quoi cela peut mener et comment cela pourrait changer. C'est plutôt à la part inconsciente du travail que nous pouvons imputer une telle action, car il n'est pas difficile de dégager une analogie essentielle entre le travail de la mélancolie et celui du deuil. De même que le deuil conduit le moi à renoncer à l'objet en le déclarant mort et en offrant au moi la prime de sa propre survie, de même chaque combat d'ambivalence isolé relâche la fixation de la libido à l'objet en le dévalorisant, en le rabaissant, voire, pour ainsi dire, en le brisant sous les coups. La possibilité existe que le procès prenne fin dans l'*Ics*, soit après que la fureur se sera apaisée, soit après que l'objet aura été abandonné comme sans valeur. Nous avons du mal à appréhender laquelle de ces deux possibilités entraîne, régulièrement ou le plus fréquemment, la fin de la mélancolie, et comment cette terminaison influence la suite du déroulement du cas. Il se peut qu'à cette occasion le moi jouisse de la satisfaction de pouvoir se reconnaître comme le meilleur, comme supérieur à l'objet.

Même si nous pouvons donner notre aval à cette conception du travail mélancolique, elle reste pourtant incapable de mettre à notre portée la seule chose que nous nous étions mis en devoir d'expliquer. Notre espoir de faire dériver la condition économique de l'éclosion de la manie, après rémission de la mélancolie, de l'ambivalence qui gouverne cette affection, pourrait s'appuyer sur des analogies
446 issues de divers autres domaines ; mais il est un fait devant lequel il ne peut que s'incliner. Parmi les trois présupposés de la mélancolie : perte de l'objet, ambivalence et régression de la libido dans le moi, nous retrouvons les deux premiers dans les reproches compulsifs consécutifs à des décès. Ici, c'est l'ambivalence qui représente indubitablement l'aiguillon du conflit, et l'observation montre qu'une fois celui-ci terminé il ne subsiste rien du triomphe d'une disposition maniaque. Nous nous voyons ainsi renvoyés au troisième facteur, comme le seul efficace. Cette accumulation d'investissement, qui, dans un premier temps, est liée, et qui devient libre après l'arrêt du travail mélancolique et rend possible la manie, doit être en corrélation avec la régression de la libido au narcissisme. Le

conflit dans le moi, que la mélancolie échange contre le combat pour l'objet, doit agir à la façon d'une blessure douloureuse qui réclame un contre-investissement extraordinairement élevé. Mais il serait ici à nouveau opportun de marquer une halte et de différer la poursuite de l'explication de la manie jusqu'à ce que nous ayons pénétré la nature économique, d'abord de la *douleur* corporelle, puis de la *douleur* psychique qui lui est analogue. Car nous savons déjà que la connexité des problèmes psychiques enchevêtrés nous oblige à interrompre chacune de nos investigations avant qu'elle soit achevée, jusqu'à ce que les résultats d'une autre puissent lui venir en aide.

Annexes

NOTICES BIO-BIBLIOGRAPHIQUES

Les notices présentées ci-dessous, constituées en Index des noms propres, se rapportent aux noms de personnes, auteurs cités dans le texte de Freud. Elles permettent de les situer notamment au moment de la parution de *Métapsychologie,* en indiquant, parmi leurs écrits, ceux auxquels Freud fait référence, ainsi que la *thématique* qui justifie leur présence et leur rôle dans l'ouvrage.

ABRAHAM Karl (1877-1925), p. 173, 212. Psychanalyste, le plus fidèle disciple de Freud, qu'il connut en 1907, après avoir été l'assistant de Bleuler au Burghölzli de Zurich. Installé à Berlin, il présida l'Association psychanalytique internationale en 1924 avant de trouver une mort prématurée. Abraham est l'un de ceux qui ont approvisionné Freud en observations cliniques et hypothèses sur les psychoses, notamment sur le lien entre « moi » et « objet », dans le cadre de sa conception systématisée de l'évolution de la libido. Il est cité ici à deux titres :

– comme théoricien psychanalytique de la « démence précoce » (Kraepelin), dans *L'Inconscient* (sect. VII). Le texte de référence est son article sur « Les différences de l'hystérie et de la démence précoce » (1908, in *Œuvres complètes*, t. I, 1907-1914, Payot, 1965). Le terme « démence précoce » – désignant le déclenchement juvénile d'une psychose dissociative – fut en fait employé par Arnold Pick dès 1891, avant qu'Emil Kraepelin ne l'isole dans sa nosographie, en la distinguant de la catatonie et de l'hébéphrénie d'une part, de la psychose maniaco-dépressive d'autre part. La lettre de Freud à Abraham du 21 décembre 1914 montre le dialogue en cours et la reprise par Freud de ses idées dans sa propre problématique ;

– pour ses contributions à la théorie et à la clinique de la mélancolie, dans *Deuil et mélancolie*. Celles-ci sont présentées comme « la plus significative des rares études analytiques consacrées à ce thème », mais seul est indiqué le lieu de publication, le *Zentralblatt für Psychoanalyse* (II, 6, 1912). Il s'agit des « Préliminaires à l'investigation et au traitement psychanalytique de la folie maniaco-dépressive et des états voisins » (K. Abraham, *Œuvres complètes*, *op. cit.*, t. I, p. 212-227) qui a eu une influence décisive sur les théories kleiniennes de l'objet partiel.

ADLER Alfred (1870-1937), p. 83. Il participa au « cercle » du mercredi à partir de 1902, avant de fonder sa propre « psychologie individuelle ». « Renégat » de la théorie de la libido, Freud s'en sépare en 1911, justement à l'époque de la genèse de la *Métapsychologie*, Adler publiant la même année son ouvrage théorique *Sur le caractère nerveux*. Freud fera état des dissensions avec Adler et Jung dans *Pour une histoire du mouvement psychanalytique* en 1914.

Il est cité dans *Pulsions et destins des pulsions*, sous le chef de l'« entrecroisement des pulsions », soit le fait que « le même objet serve à la satisfaction de plusieurs pulsions », à travers la « pulsion d'agression » (« La pulsion d'agression dans la vie et dans la névrose », 1908, paru dans *Progrès de la médecine*, n° 26). Adler met l'accent sur les pulsions du moi, d'auto-affirmation et de pouvoir, au détriment des pulsions érotiques. La « pulsion d'agression » adlérienne n'est pas située du côté de la pulsion de mort, mais bien des pulsions du moi, sauf à penser « l'entrecroisement des pulsions », là où Freud pensera l'« alliage » ou union/désunion pulsionnelles.

Aristote (384/322 av. J.-C.), p. 209. Le philosophe grec est cité ici comme l'auteur de « la formule » selon laquelle « le rêve est l'activité psychique du dormeur ». Cette référence intervient à la fin de *Complément métapsychologique à la doctrine du rêve*, pour situer la fonction narcissique du sommeil en référence aux précédents philosophiques. C'est dans ses *Parva naturalia* (« Petits traités d'histoire naturelle ») qu'Aristote a traité des rêves, envisagés comme phénomènes somatiques en lien avec le vécu de la journée du rêveur. On trouve la même citation dans *L'Interprétation du rêve*, où Freud notait que chez Aristote « le rêve est déjà devenu l'objet de la psychologie ». Ce propos dit « modeste » trouve donc une résonance importante après coup dans la conception psychanalytique. Sur l'ensemble des références à Aristote dans l'œuvre freudienne, *cf.* P.-L. Assoun, *Freud, la philosophie et les philosophes* (PUF, 2e éd. 1995, coll. « Quadrige », p. 304-308).

Bleuler Eugen (1857-1939), p. 96, 173, 178, 179. Psychiatre suisse, créateur de l'école de Zurich à l'hôpital du Burghölzli, il fut un temps une sorte de

« compagnon de route » du mouvement analytique. Il est très présent dans la *Métapsychologie*, notamment en référence aux deux éléments majeurs qui apparaissent dans les années de production de la *Métapsychologie* (1910-1911) :

– À propos de l'ambivalence, dans *Pulsions et destins des pulsions*, où il est question du « juste terme introduit par Bleuler » – ce qu'il fit en effet en 1910, dans sa « Conférence sur l'ambivalence » (*Vortrag über Ambivalenz*), dont un compte rendu parut dans le *Zeitschrift*, la revue psychanalytique, avant d'être repris dans son ouvrage majeur *Dementia praecox ou Groupe des schizophrénies* en 1911. Bleuler utilise cette terminologie pour caractériser un aspect de l'état psychique des schizophrènes « qui, à la même idée, réveille deux émotions opposées et à la même pensée, deux pensées de force opposée ». Tandis que Freud y verra la dualité de directions affectives opposées dirigées vers le même objet, notamment paternel, en lien avec la problématique de l'identification et de l'agressivité œdipiennes : « À l'essence de la relation paternelle appartient l'ambivalence » (*L'Homme Moïse et la religion monothéiste*).

– À propos de la schizophrénie, dont il rappelle, dans la section VII de *L'Inconscient*, que c'est une innovation terminologique due à Bleuler, en remplacement de la *dementia praecox* de Kraepelin. Le néologisme « schizophrénie » apparaît en effet le 24 avril 1908 lors d'une session de l'Association allemande de psychiatrie. En 1911, il récuse le terme kraepelinien de « démence précoce » et le remplace par celui de « schizophrénie » pour illustrer l'idée d'une fragmentation de l'esprit et une défaillance du mécanisme associatif (*Dementia praecox ou Groupe des schizophrénies*, GREC/EPEL, 2001, École lacanienne de psychanalyse). Freud se réfère à l'importante dimension du traitement des mots dans la schizophrénie (Bleuler, Jung) dans la section VII de *L'inconscient*. Freud s'y réfère dans la section II de *L'Inconscient* à propos de l'expression « psychologie des profondeurs » attribuée à la psychanalyse (« Les critiques des schizophrénies », 1914) que Breuer soutint avant de s'en éloigner.

BREUER Josef (1842-1925), p. 141. Ce médecin et psychiatre viennois, étroitement lié aux débuts du trajet freudien, fut associé à la méthode cathartique de traitement de l'hystérie, Freud le présentant comme celui qui faillit inventer la psychanalyse. Il est cité ici, dans la section II de *L'Inconscient*, à travers sa contribution sur l'inconscient dans les *Études sur l'hystérie*, comme un acte psychique « susceptible de conscience » – d'après le chapitre V de la IIIe partie des *Études*, soit les « Considérations théoriques de Breuer » dans l'ouvrage cosigné avec Freud en 1895.

CHARCOT Jean Martin (1825-1893), p. 124. Professeur à la Salpêtrière, neurologue, il a apporté à Freud, qui lui rend visite à la Salpêtrière en 1885, l'acuité de son regard clinique sur l'hystérie. Freud rendra hommage à son génie clinique dans l'hommage funèbre qu'il lui consacre en 1893. Il est cité dans *Le Refoulement*, à l'appui de la notion de répression des affects dans l'hystérie, qui éclaire cette « attitude » qu'est « la belle indifférence des hystériques » : l'hystérique offre son symptôme avec une « belle indifférence » envers les symptômes de conversion – une sorte de sérénité paradoxale fondée sur un déni de la symptomatologie, qui se traduit par une sorte de neutralisation de l'affect.

EHRLICH **Paul (1854-1915), p. 87**. Hématologue et immunologue, créateur de la « chimiothérapie », qui s'est concrétisée par la mise au point d'une substance : le salvarsan, destiné à combattre la syphilis, dont l'agent avait été isolé en 1905. Le néosalvarsan fut commercialisé l'année même de la *Métapsychologie*. Il obtint le prix Nobel de chimie en 1908 (avec Metchnikov). Il est cité par Freud dans *Pulsions et destins des pulsions* à partir de la présupposition de sa recherche biologique que « la fonction sexuelle se démarque des autres processus corporels par un chimisme particulier ». Le métapsychologue pointe donc là en quelque sorte une résonance avec le biologiste, par ailleurs étranger à son mode de penser.

FEDERN **Paul (1871-1950), p. 98**. Il fut l'un des premiers membres de la Société psychologique du mercredi, le premier « cercle » freudien. Il est à l'origine d'une forme originale de « psychologie du moi », notamment autour des phénomènes d'étrangeté du « sentiment du moi ». Il est cité dans *Pulsions et destins des pulsions*, conjointement à L. Jekels, sur l'idée que « la forme et la fonction de l'organe décident de l'activité et de la passivité de la pulsion » (« Contributions à l'analyse du sadisme et du masochisme », *Internationales Zeitschrift für Psychonanalyse*, I, 1913).

FERENCZI **Sándor (1873-1933), p. 102**. Psychanalyste hongrois. Rencontrant Freud en 1908, il l'accompagne lors de son voyage américain en 1909. Fondateur la même année de l'Association psychanalytique internationale, il devient ce que Freud appela son

« grand vizir ». Il est cité dans *Pulsions et destins des pulsions* au titre du mécanisme d'introjection, introduit en 1909 (« Transfert et introjection ») – comme corrélatif de la « projection » – montrant que « le moi s'introjecte les objets offerts ». Le névrosé est caractérisé comme cherchant « à inclure dans sa sphère d'intérêts une part aussi grande que possible du monde extérieur, pour faire l'objet de fantasmes conscients et inconscients ». Notion d'une grande portée, notamment en lien avec le transfert, que Freud a adoptée et acclimatée à sa métapsychologie. « Le concept d'introjection » (1912) en produit la définition la plus précise : « extension au monde extérieur de l'intérêt, à l'origine auto-érotique, par l'introduction des objets extérieurs dans la sphère du moi ». « Tout amour objectal » apparaît donc comme « une extension du moi ou introjection, chez l'individu normal comme chez le névrosé ». Ainsi, « le mécanisme dynamique de tout amour objectal et de tout transfert sur un objet est une extension du moi, une introjection ». Ferenczi venait de publier en 1913 « Le développement du sens de la réalité et ses stades ».

JEKELS Ludwig (1867-1954), p. 98. Membre de la Société psychologique du mercredi depuis 1908, analysé par Freud, il est considéré comme l'un des représentants marquants de la réflexion sur le lien entre psychanalyse et somatique. Il est de fait cité dans *Pulsions et destins des pulsions*, conjointement à Federn, comme corrélant la forme et la fonction de l'organe et l'activité et la passivité du but pulsionnel. Le texte de référence est « Quelques remarques sur la doctrine pulsionnelle » (1913).

Jung Carl Gustav (1875-1961), p. 179. Psychiatre suisse, il joua un rôle déterminant dans la première partie de l'histoire de la psychanalyse depuis sa rencontre avec Freud en 1909. Au moment de la *Métapsychologie*, la rupture avec Jung vient de se consommer (depuis 1912-1913). Il est nommé très sobrement, dans la section VII de *L'Inconscient*, en une parenthèse, comme l'un des disciples de Bleuler, membre de l'école de Zurich, comme s'il était temps de le renvoyer à son origine, au moment où il cesse de pouvoir être considéré comme un émule de Freud.

Kant Emmanuel (1724-1804), p. 138. Philosophe allemand, auteur de la philosophie critique comportant une théorie de la connaissance critique de la métaphysique, avec l'ensemble de ses retombées. Freud, dans la section I de *L'Inconscient*, fait allusion à l'avertissement de Kant « de ne pas omettre la détermination subjective de notre perception et de ne pas tenir notre perception pour identique au perçu inconnaissable ». Formulation très générale de la théorie de la connaissance kantienne, présentée ici comme « phénoméniste », consignée notamment dans la *Critique de la raison pure*. Il fait un parallèle avec l'irréductibilité mise en évidence par la psychanalyse du « processus psychique inconscient » avec la « perception de conscience », donc du « monde extérieur » avec « l'objet interne ». Sur l'ensemble de la présence soutenue de Kant dans l'œuvre freudienne, nous renvoyons à notre ouvrage *Freud, la philosophie et les philosophes* (*op. cit.*, p. 207-223 et p. 342-348).

Kraepelin Emil (1856-1926), p. 173. Psychiatre allemand, il est l'auteur d'un monumental *Traité de psychiatrie* publié entre 1883 et 1909 et contenant une nosographie ou classification des maladies mentales qui lui a valu le statut de fondateur de la psychiatrie moderne, sommet du nosographisme ou taxinomie psychiatrique. Il est cité ici comme théoricien de la *dementia praecox* (*L'Inconscient*, sect. VII) que Bleuler va venir infléchir en « schizophrénie ».

LANDAUER **Karl (1887-1945), p. 222.** Ce psychanalyste allemand, créateur de l'Institut psychanalytique de Francfort, est cité dans *Deuil et mélancolie* à l'appui de l'idée clé du remplacement de l'amour d'objet par l'identification à l'objet – en référence à un article sur « la guérison spontanée d'une catatonie » (*Internationale Zeitschrift für Psychoanalyse*, II, 1914).

MEYNERT **Theodor Hermann (1833-1892), p. 201.** C'est l'un des maîtres de Freud dans sa phase de formation à l'université de Vienne, où il fut nommé en 1873, l'année où Freud commence ses études de médecine. Il est cité dans *Complément métapsychologique de la doctrine du rêve* comme théoricien de l'*amentia* ou psychose hallucinatoire confusionnelle, notion introduite en 1890 pour la distinguer de la « folie primaire » (*cf.* Ch. Lévy-Friesacher [dir.], *Meynert-Freud : L'Amentia*, PUF, 1983). Freud la conçoit comme « la réaction à une perte affirmée par la réalité, mais qui doit être déniée par le moi parce qu'insupportable ».

RANK **Otto (1884-1939), p. 199, 222.** De son vrai nom Rosenfeld, secrétaire de la Société psychologique du mercredi à partir de 1906, il ne s'éloigna des théories freudiennes qu'au début des années 1920, notamment avec *Le Traumatisme de la naissance* (1924). Il est cité ici à deux reprises :

– dans *Complément métapsychologique à la doctrine du rêve*, à l'appui de rêves prototypes à interprétations multiples ;

– de façon plus fondamentale, dans *Deuil et mélancolie*, à propos du « choix d'objet sur une base narcissique ». Il est fait allusion ici à l'écrit par lequel Rank a en effet précédé Freud lui-même sur ce terrain, publiant en 1911 *Une contribution au narcissisme* (*Ein Beitrag zum Narzissmus*), antérieur à l'essai freudien *Pour l'introduction du narcissisme* (1914), quoique le terme ait été introduit par Freud dès 1909-1910 (*Un souvenir d'enfance de Léonard de Vinci*).

REITLER Rudolf (1865-1917), p. 181. Médecin et psychanalyste autrichien, cofondateur de la Société psychologique du mercredi. Médecin des cures thermales, il fut le premier praticien de la psychanalyse après Freud et membre de la *Wiener Psychoanalytische Vereinigung*. Il est cité dans *L'Inconscient* en référence à une étude clinique sur un cas de névrose obsessionnelle ritualisée (de « chaussette »), ce qui donne lieu à une confrontation avec la psychose.

SILBERER Herbert (1882-1923), p. 199. Membre de l'Association psychanalytique de Vienne dès 1910, il consacra l'essentiel de son travail à l'analyse du symbolisme du rêve et des ressorts de l'activité de pensée : *cf.* « Exposé d'une méthode pour provoquer et observer certains phénomènes hallucinatoires symboliques » (1909). Il est cité dans une longue note de *Complément métapsychologique du rêve* en lien avec la question de la « figuration » dans le rêve des « pensées de nature très abstraite ». Silberer mit notamment en évidence le « phénomène fonctionnel », figurations autosymboliques de contenus de pensée pendant le rêve. Voir « Problèmes de la mystique et de sa symbolique » (1914), où il distingue la « présentation plastique » qui rend possible l'expression du travail du rêve et une dimension « anagogique » – dont Freud souhaite qu'on ne la surestime pas au détriment de la dimension « analytique » de l'interprétation du rêve.

TAUSK **Viktor (1879-1919), p. 176, 177, 178, 180, 232.** Lié au mouvement psychanalytique dès l'origine et à la Société psychanalytique du mercredi, il est présent de façon très soutenue dans la partie clinique de la *Métapsychologie*, dans deux axes :

– Freud s'appuie, dans *L'Inconscient*, sur la contribution majeure à la théorie et à la clinique de la schizophrénie contenue dans le texte de Tausk « De la genèse de l'appareil à influencer dans la schizophrénie » (1919), où il décrit un délire d'influence de certains patients schizophrènes postulant l'action d'une « machine » pour rendre compte des modifications corporelles ressenties. D'où le long développement que produit Freud sur le « langage d'organe » schizophrénique, véritable morceau de bravoure théorico-clinique, comme en dialogue direct avec Tausk. Il s'appuie aussi sur une intervention de Tausk sur un patient présentant des rituels pseudo-obsessionnels.

– Il est également pris en compte dans *Deuil et mélancolie*, à travers sa contribution récente (30 décembre 1914) sur la mélancolie, où les aspects économiques sont soulignés (« Dévalorisation du motif du refoulement par récompense »).

Paul-Laurent ASSOUN

Vie et Œuvre de Sigmund Freud

Les citations de Freud sont tirées des ouvrages suivants, mentionnés en abrégé :

IR – L'Interprétation du rêve (*OCP*, IV, Paris, PUF, 2003).

FPLM – Sigmund Freud présenté par lui-même [*Selbstdarstellung*], trad. par Fernand Cambon, Paris, Gallimard, 2003.

RIP – Résultats, Idées, Problèmes, t. I (1890-1920), Paris, PUF, 1984 ; t. II (1921-1938), trad. sous la direction de Jean Laplanche, Paris, PUF, 1985.

LWF – Lettres à Wilhelm Fliess, trad. par Françoise Kahn et François Robert, Paris, PUF, 2006.

NC – Notre cœur tend vers le Sud. Correspondance de voyage, trad. par Jean-Claude Capèle, Paris, Fayard, 2005.

EH – Études sur l'hystérie (*OCP*, II), Paris, PUF, 2009.

NPP – Névrose, Psychose et Perversion, trad. sous la direction de Jean Laplanche, Paris, PUF, 1973.

1856

6 mai : naissance de Sigismund Schlomo Freud à Freiberg (auj. Příbor), en Moravie (une province de l'actuelle République tchèque).

Son père, Jacob Freud (1815-1896), fait le commerce des laines. Il a déjà deux fils de son premier mariage,

Emanuel (1833-1914) et Philipp (1836-1911), qui émigreront à Manchester en Grande-Bretagne en 1859. Du fait de leur différence d'âge, Sigismund appelle le second « oncle Philipp » et imagine qu'il est l'amant de sa mère. La mère de Freud, Amalia Nathansohn (1835-1930), née dans une famille juive de la Galicie orientale, est la deuxième (ou troisième) épouse de Jacob Freud. Sigismund est l'aîné de cette union et l'enfant préféré d'Amalia qui l'appellera toute sa vie « mon Sigi en or ». Viendront après lui Julius (1857-1858 : mort à 8 mois), Anna (1859-1955), Debora (1860-1942), Marie (1861-1942), Adolfine (1862-1943), Pauline (1864-1942), et Alexander (1866-1943). Sigismund est très proche de son jeune frère – c'est lui qui choisit son prénom – et se comporte de façon très paternelle avec lui. Ensemble, ils feront de nombreux voyages en Italie.

1860

La famille Freud s'établit à Vienne. Jacob a décidé d'y tenter sa chance après un court séjour à Leipzig, où les affaires ont été mauvaises. Il demeurera un modeste commerçant toute sa vie.

1865

Josef Freud (1825-1897), le frère de Jacob, est condamné à dix ans de pénitencier pour trafic de faux billets. Freud parlera plus tard de cet oncle à propos d'un rêve qu'il analysera dans *L'Interprétation du rêve* : « Le rêve de l'Oncle à la barbe jaune ». Ce rêve illustre le mécanisme de déplacement d'éléments d'un personnage à un autre. Le père de Freud avait coutume de dire que l'oncle Josef était une « tête faible ». Dans le rêve de Freud, un de ses amis (R.) prend les traits de l'oncle

Josef, ce qui donne : « R. est une tête faible » (*IR*, p. 173-177).

1871

Freud entre au lycée (*Realgymnasium* puis *Obergymnasium*), où il sera un excellent élève. Il noue une forte amitié avec son condisciple Eduard Silberstein (1856-1925). Ils s'écrivent en espagnol, créent l'Academia castellana et se surnomment Escipión et Berganza, des noms que leur inspire la nouvelle de Cervantès « Le colloque des chiens », où deux chiens doués de parole s'entretiennent dans un coin de l'hôpital de Valladolid. Dans leur langage codé, qui se prolongera au-delà de leurs années de lycée, les deux amis appellent les jeunes filles des « principes ». Sigismund, déjà passionné de théâtre, évoque très volontiers dans ses lettres à Eduard les pièces qu'il va voir et sa grande connaissance des textes littéraires.

1872

Sigismund a seize ans quand il tombe amoureux de Gisela Fluss, la fille d'un négociant en textiles ami de son père. Dans sa correspondance avec Silberstein, il tente d'analyser ses sentiments pour Gisela : « Il me semble que j'ai transféré sur la fille, sous forme d'amitié, le respect que m'inspire la mère. » (En 1899, dans son article sur les « souvenirs-écrans », Freud racontera son amour pour Gisela en changeant les noms et les lieux.)

1873

Octobre : après avoir abandonné l'idée de faire du droit, le jeune Freud décide de s'inscrire en médecine, à l'université de Vienne – il a été très impressionné par un exposé du Pr Carl Brühl (1820-1899) sur un essai intitulé « La nature », alors attribué à Goethe (en fait de Christoph Tobler). Sa motivation est moins dictée par le statut et l'activité de médecin que par ce qu'il appellera « un désir de savoir sur la condition humaine ». Il est passionné par la théorie darwinienne, alors d'actualité.

À l'université, il rencontre l'antisémitisme. « Je me familiarisai précocement avec le destin de me trouver dans l'opposition et d'être mis au ban de la “majorité compacte”. Cela me prépara la voie d'une certaine indépendance de jugement » (*FPLM*, p. 17). Ce poids de la « majorité compacte » (expression empruntée à Ibsen) sera toujours présent au cœur de la réflexion de Freud, jusque dans *Le Malaise dans la culture*, cinquante-sept ans plus tard.

1874

Freud suit le cours d'Ernst Wilhelm von Brücke (1819-1892) sur la physiologie des sons, de la voix et du langage. Ce célèbre physiologiste, qui cherche à réduire les phénomènes de la vie psychique à des lois physico-chimiques, est l'un des fondateurs de l'histologie. Cet enseignement jouera un grand rôle dans l'intérêt de Freud pour le langage. L'étudiant assiste également à un cours facultatif sur la lecture d'Aristote, donné par le philosophe et psychologue Franz Brentano (1838-1917).

1875

Été : Freud fait un séjour à Manchester où se sont établis ses demi-frères. Lui qui n'aime pas Vienne est fasciné depuis l'enfance par l'Angleterre, et ce voyage confirme cette affinité : il rêve d'y travailler plus tard. Il s'intéresse aux travaux des scientifiques anglais (Tyndall, Huxley, Darwin, Lyell, Thomson, Lockyer) dont l'empirisme détaché de considérations métaphysiques lui fait reléguer au second plan son intérêt pour la philosophie.

1876

Mars : Freud obtient une bourse pour aller étudier à Trieste les mystérieux organes reproducteurs des anguilles, une énigme constatée en son temps par Aristote et jamais résolue. Dans l'institut d'anatomie comparée du Dr Graeffe, Freud dissèque les animaux marins. Il publie dans le *Bulletin de l'Académie des sciences* un article histologique : « Sur l'intersexualité des anguilles ».

C'est à cette époque, semble-t-il, que Freud change son prénom en Sigmund.

1877

Octobre : Freud entre au laboratoire de physiologie d'Ernst von Brücke, qu'il quittera en 1882. Il y étudie l'histologie du système nerveux, notamment à partir des fibres nerveuses du pétromyzon (la larve de la lamproie). C'est dans ce laboratoire qu'il rencontre Josef Breuer (1842-1925), un médecin très en vue dans la bourgeoisie viennoise. Ils deviendront amis et travailleront sur l'hystérie.

Le nom de Brücke (mot allemand qui signifie « pont ») reviendra dans *L'Interprétation du rêve* : il permettra à Freud de repérer les jeux de mots dans les rêves. Ainsi, dans le « rêve des *Knödel* » (les *Knödel* sont des boulettes de farine), où il est question de plagiat, « le cher nom de Brücke » lui rappelle l'Institut où il a passé ses heures d'étudiant « les plus heureuses ». En analysant ce rêve, Freud découvre le rôle des *Wortbrücken* (« ponts verbaux »), ces mots qui relient différents fragments d'un rêve (*IR*, p. 244).

1879

Freud doit interrompre ses études pour faire son service militaire comme élève médecin auprès de soldats malades, à l'hôpital de la garnison militaire impériale. Il s'y ennuie tellement qu'il accepte avec enthousiasme une proposition de Theodor Gomperz, un philosophe autrichien qui dirige l'édition des œuvres complètes du philosophe et économiste britannique John Stuart Mill : Freud traduit trois essais : *Sur l'émancipation de la femme* ; *Platon* ; *La Question sociale*.

En relation avec son travail chez Brücke, il publie « Notice sur une méthode pour la préparation anatomique du système nerveux ».

1880-1881

Freud prépare ses examens ; il obtient son diplôme de médecine générale en mars 1881. Parallèlement, il poursuit durant ces deux années ses recherches dans le laboratoire de Brücke.

1882

Avril : Freud fait la connaissance de Martha Bernays (1861-1951), qui rend visite à Anna, l'aînée des cinq sœurs de Sigmund (laquelle épousera Eli Bernays, le frère de Martha). Martha est issue d'une famille d'intellectuels et de savants juifs. Freud tombe immédiatement amoureux d'elle et leurs fiançailles sont très vite célébrées, le 27 juin. Puis Martha repart pour Wandsbek (près de Hambourg) où elle vit avec sa sœur et sa mère, qui est veuve et qui lui a donné une éducation religieuse stricte. Pendant les trois années que dureront leurs fiançailles, Freud écrira un millier de lettres à Martha. Elles ont été déposées à la Library of Congress à Washington. La plupart sont encore inédites et interdites de consultation.

Sur le conseil de Brücke, et pour faire face à des difficultés matérielles préoccupantes, Freud quitte la carrière théorique pour entrer comme assistant à l'hôpital général de Vienne, dans le service de médecine interne de Hermann Nothnagel (1841-1905), qui est par ailleurs l'auteur d'un ouvrage sur les localisations cérébrales. Nothnagel, qui est une source d'émulation pour Freud, se prend d'affection pour lui et facilite sa carrière. Freud ne vivra pas avec lui les désaccords et ruptures qu'il connaîtra avec ses autres maîtres.

À l'exception de la psychiatrie, les spécialités médicales ne l'intéressent pas. Il est promu interne et affecté dans divers services de l'hôpital de Vienne. Après avoir travaillé sur la moelle épinière des poissons, il passe au système nerveux central de l'homme, à l'Institut d'anatomie du cerveau, et s'engage dans une spécialisation en neurologie.

1883

Mai : Freud devient l'assistant de son professeur de psychiatrie Theodor Meynert (1833-1892), représentant de la psychiatrie organiciste. Il a suivi ses cours à l'université de Vienne et admire son intelligence. C'est le livre de Meynert *L'Amentia* (l'amentia est une psychose hallucinatoire) qui lui donnera l'intuition du mécanisme d'« accomplissement de souhait » (Wunscherfüllung) qu'offre le rêve.

Meynert lui promet de lui céder sa chaire, mais Freud refuse, « effrayé par l'ampleur de la tâche » (*FPLM*, p. 39). En octobre 1893, il quitte le service de Meynert, qu'il juge trop organiciste, pour créer son propre cabinet et diriger le service de neurologie de l'Institut pour enfants malades, dirigé par le pédiatre Max Kassowitz (1842-1913). Meynert et Freud deviendront des adversaires dans le débat sur le statut de l'hystérie. Alors que le premier réduit l'hystérie à un trouble organique (neurologique), le second découvre que l'hystérie constitue un trouble fonctionnel.

1884

Freud étudie les effets physiologiques de la cocaïne et suggère à son ami, l'ophtalmologiste Leopold Königstein (1850-1924), qu'elle pourrait avoir des propriétés anesthésiantes sur l'œil. Mais c'est un autre ami, Carl Koller (1857-1944), qui deviendra célèbre en confirmant l'intérêt de la cocaïne comme anesthésiant local en ophtalmologie. Freud publie « De la coca » (**juillet**).

1885

Printemps : Freud obtient le titre de *Dozent* (maître de conférences) en neuropathologie, sur la base de ses travaux histologiques et cliniques. Il a vingt-neuf ans.

En voulant soigner avec de la cocaïne l'addiction à la morphine de son ami et collègue le physiologiste Ernst von Fleischl-Marxow (1846-1891), un assistant de Brücke, Freud ne fait qu'aggraver son cas. Fleischl-Marxow associera désormais les deux stupéfiants pour atténuer des douleurs chroniques dues aux complications de son amputation du pouce droit. Freud publie « Contribution à la connaissance de l'action de la cocaïne » (**janvier**) et « À propos de l'action générale de la cocaïne » (**mars**).

Octobre : grâce à une intervention de Brücke, Freud a obtenu une bourse qui lui permet de faire un stage de six mois à Paris, à l'hôpital de la Salpêtrière, dans le service du célèbre neurologue Jean Martin Charcot (1825-1893), titulaire de la chaire des maladies du système nerveux. Freud y assiste aux présentations de malades au cours desquelles Charcot démontre qu'il y a aussi des hommes hystériques, qu'on peut produire des paralysies et des contractures hystériques par la suggestion hypnotique et que ces symptômes ont les mêmes caractéristiques que les symptômes hystériques spontanés, souvent provoqués par un traumatisme. En offrant ses services à Charcot pour traduire en allemand ses *Leçons du mardi* sur l'hystérie, Freud accède au cercle privé du maître de la Salpêtrière et peut participer à toutes ses activités cliniques. Il sera invité dans les soirées privées organisées par Charcot dans son hôtel particulier du boulevard Saint-Germain (auj. Maison de l'Amérique latine), où il croisera le Tout-Paris littéraire et artistique.

Freud travaille avec Charcot à une comparaison des paralysies organiques et hystériques. Il s'attache au fait que les paralysies correspondent dans l'hystérie à une représentation imaginaire du corps et non à son organisation anatomique : « Les paralysies et les anesthésies de parties du corps isolées sont délimitées d'une manière qui correspond à la représentation commune (non anatomique) de l'homme » (*FPLM*, p. 47). Il s'émancipera de Charcot en passant de l'étude des maladies nerveuses organiques à la psychopathologie clinique.

Freud se promène souvent et longuement dans Paris. De son hôtel, situé impasse Royer-Collard dans le Ve arrondissement, il se rend à pied à la Salpêtrière. Il passe des après-midi entiers à Notre-Dame et au musée du Louvre, en particulier au département des antiquités égyptiennes et assyriennes. Il constituera plus tard une très importante collection d'antiques égyptiens et gréco-romains. Dans ses nombreuses lettres à sa fiancée, Freud raconte ses découvertes et son émerveillement pour cette ville. Fasciné par l'interprétation de Sarah Bernhardt dans *Théodora*, de Victorien Sardou, il rapportera à Vienne une photographie d'elle, qu'il accrochera dans son cabinet.

1886

Mars : sur le chemin du retour à Vienne, où on lui a promis la responsabilité d'un service de maladies nerveuses infantiles, Freud rend visite à sa fiancée, à Wandsbek, et passe un mois à Berlin pour se former auprès du pédiatre Adolf Baginsky (1843-1918), qui donne des cours sur les pathologies et la thérapie des maladies infantiles, avec présentations de malades.

De 1886 à 1896, Freud est responsable du service des maladies nerveuses à l'Institut public pour enfants malades, dirigé par le pédiatre Max Kassowitz. Durant dix ans, il reçoit des enfants trois jours par semaine. À cette époque, le débat sur l'hystérie infantile est central pour la transition entre étiologie organique et étiologie psychique. Il est notamment question du lien entre la masturbation et les maladies nerveuses infantiles. (Freud publiera plusieurs articles sur les paralysies cérébrales des enfants.)

Avril : à trente ans, ou peu s'en faut, Freud ouvre son cabinet privé à Vienne, au 7, Rathausstrasse. Le traitement des maladies nerveuses infantiles figure parmi les services médicaux qu'il propose.

13 septembre : après plus de trois années de fiançailles vécues loin l'un de l'autre, Freud épouse Martha Bernays. Il éloignera Martha de sa famille et de sa pratique religieuse. Elle ne s'intéressera pas aux travaux de son mari et, conformément au souhait de celui-ci, se consacrera à sa maison et à ses enfants.

Octobre : Freud donne une conférence sur l'hystérie masculine qui choque la Société impériale des médecins de Vienne. Ses confrères autrichiens ne reconnaissent aucune originalité à Charcot, auquel Freud rend hommage ; ils ne sont pas d'accord sur son étiologie de l'hystérie (un « traumatisme sexuel », pensait à l'époque Freud), ni sur l'idée qu'on peut produire des symptômes hystériques par suggestion hypnotique, à plus forte raison chez un homme. Freud en gardera un souvenir de rejet et d'hostilité. Des journalistes scientifiques sont présents et plusieurs revues médicales publieront des comptes rendus de sa conférence, pas tous négatifs.

Mis au défi par Meynert de prouver ce qu'il avance, Freud fait la présentation quelques jours plus tard d'un homme hystérique et montre qu'on peut produire et supprimer une paralysie par suggestion.

Dans le travail avec ses patients, Freud constate que les thérapies classiques (l'électrothérapie et l'hypnose) n'ont pas d'effet sur les symptômes des maladies nerveuses.

Il demande à son collègue et ami Josef Breuer de lui exposer plus précisément la méthode cathartique qu'il a expérimentée entre 1880 et 1882 avec une patiente hystérique, Bertha Pappenheim (1860-1936), qui souffrait de paralysies, d'inhibitions et d'états de confusion psychique. Ayant constaté la levée des symptômes lorsqu'elle exprimait sous hypnose le « fantasme affectif auquel elle [était] en proie » (*FPLM*, p. 69), Breuer l'avait encouragée à en parler. La patiente avait ainsi établi des relations entre ses symptômes, ce qui lui était impossible de faire à l'état de veille. Breuer avait inventé la « *talking cure* ». Cet échange donne à Freud une nouvelle compréhension de l'étiologie de la névrose et de nouvelles perspectives thérapeutiques. Il va dès lors mettre à l'épreuve cette technique sur ses propres patients. (Bertha Pappenheim deviendra le « cas Anna O. » lorsqu'il rédigera avec Breuer les *Études sur l'hystérie*, publiées en 1895.)

De 1886 à 1891, Freud fait peu de recherche scientifique et publie peu. « J'étais accaparé par l'obligation de me faire une place dans ma nouvelle profession et d'assurer mon existence matérielle ainsi que celle de ma famille qui s'accroissait rapidement » (*FPLM*, p. 63).

Publications

« Rapport sur mes études à Paris et à Berlin » : Freud y consigne son séjour à la Salpêtrière.

Leçons sur les maladies du système nerveux de Charcot : Freud traduit cet ouvrage en allemand et le publie avec une préface de l'auteur.

1887

16 octobre : naissance de Mathilde, premier enfant de Sigmund et Martha. Suivront Martin (1889), Oliver (1891), Ernst (1892), Sophie (1893), et Anna (1895).

Novembre : Freud fait la rencontre de Wilhelm Fließ (1858-1928), un oto-rhino-laryngologiste berlinois qui s'intéresse aux cycles chez la femme et chez l'homme, et à la bisexualité biologique. Fließ tente d'établir des relations de causalité entre les maladies du nez et l'appareil génital. Il pense qu'en intervenant chirurgicalement sur les muqueuses nasales on peut soigner les névroses. C'est le début d'une grande amitié et d'une correspondance (la première lettre est datée du 24 novembre) dans laquelle les deux hommes exposent leurs avancées et leurs déboires. Freud s'adresse souvent à Fließ pour tenter d'analyser ses troubles et ses doutes.

Freud renonce sans regret au traitement des maladies nerveuses organiques – « le petit nombre de gens qui en étaient affectés ne faisaient pas le poids face à la foule de nerveux, qui en outre se multipliaient du fait qu'ils passaient de médecin en médecin sans être délivrés de leur mal » (*FPLM*, p. 59).

1888

Freud traduit et publie le livre d'Hippolyte Bernheim (1840-1919), un professeur de médecine de l'université de Nancy, *De la suggestion et de ses applications à la thérapeutique*. Bernheim, qui a été guéri par un médecin de campagne, Auguste Liébeault (1823-1904), dont il a adopté la méthode hypnotique et tiré une théorie : « tout est dans la suggestion », donc tout est dans la relation, ce que Freud appelle le transfert. Bernheim introduit cette démarche dans le champ officiel de la psychiatrie, en constituant ce qu'on appelle l'école de Nancy.

1889

Mai : Freud commence le traitement de la baronne Fanny Moser, une femme de quarante ans qui souffre d'une phobie de certains animaux. Après avoir tenté de l'hypnotiser, il applique pour la première fois la méthode cathartique, en cherchant à faire revivre à sa patiente les événements traumatiques auxquels ses symptômes se révèlent être liés. La cure, qui dure six semaines, conjugue massages, séances d'hypnose et dialogue cathartique ; elle ne donnera pas de résultats durables. Lors de la séance du 1er mai, dans un moment de panique, Fanny Moser lance cet avertissement à Freud : « Restez tranquille, ne me parlez pas, ne me touchez pas ! » Cette injonction de non-intervention fera peu à peu son chemin chez Freud. (Fanny Moser deviendra le cas « Frau Emmy von N. » dans les *Études sur l'hystérie,* publiées en 1895 avec Breuer.)

Été : Freud, qui attribue ses relatifs échecs thérapeutiques à une maîtrise imparfaite de la technique hypnotique, se rend à Nancy où Liébeault et Bernheim utilisent avec succès la suggestion, avec ou sans hypnose, à des fins thérapeutiques. « J'en ramenai les impressions les plus prégnantes de la possibilité de processus psychiques puissants, qui ne s'en dérobent pas moins à la conscience de l'homme » (*FPLM*, p. 61).

6 décembre : naissance du premier fils de Freud, qu'il appelle Martin en l'honneur de Jean Martin Charcot.

Décembre : à partir de ce moment-là et jusqu'à fin 1890, l'hypnose est le « principal outil de travail » qu'utilise Freud pour traiter les maladies nerveuses, et « explorer l'histoire de la genèse des symptômes » (*FPLM*, p. 66), une histoire dont le patient ne peut parler que de manière superficielle à l'état de veille.

1890

« Le traitement psychique (traitement d'âme) » : cette contribution écrite pour une encyclopédie de vulgarisation médicale, *Die Gesundheit* (*La Santé*), est traditionnellement datée de 1890, bien qu'aucune édition correspondante n'ait été retrouvée. Il semble désormais établi que Freud l'a écrite vers 1895 et que sa première édition connue date de 1905. Il s'agit d'un texte pré-analytique où Freud introduit la notion d'« attente croyante » qui préfigure la mise en évidence du rôle du transfert comme moteur de la guérison autant que comme résistance. Commençant à déceler les limites de l'hypnose qui crée un état de dépendance du patient à l'égard du savoir du médecin, Freud s'oriente vers une thérapie où le rôle de celui-ci sera de « persuader par la parole » (*einreden)*, la parole du médecin servant d'induction à la parole du patient. Le verbe « *einreden* », composé du préfixe *ein* (dans) et du verbe *reden* (parler), signifie également « mettre ses mots dans les mots de l'autre ».

Dès lors, Freud ne pratique plus que la méthode cathartique de Breuer : « J'abandonnai l'hypnose, et ne retins d'elle que la position couchée du patient sur un lit de repos derrière lequel j'étais assis, de sorte que je le voyais sans être vu de lui » (*FPLM*, p. 49).

1891

Freud pense que les névroses sont dues à des séductions sexuelles commises par des adultes sur les enfants : c'est la théorie d'un trauma lié à une séduction réelle, qu'il nomme ses « *neurotica* ». (Il abandonnera cette théorie en 1897.)

Cette année marque le début des rencontres régulières entre Freud et Fließ, à Berlin ou à Vienne, rencontres qu'ils nomment leurs « colloques » ou leurs « congrès privés ».

19 février : naissance du deuxième fils de Freud, qu'il appelle Oliver en hommage à l'homme d'État anglais Oliver Cromwell.

Mai : *Contribution à la conception des aphasies* : Ce premier ouvrage de Freud montre que les troubles de mémoire et de langage, réunis sous le terme « aphasies », ne sont pas dus à un trouble central et physiologique, mais à un trouble fonctionnel de l'« appareil de langage » (« *Sprachapparat* » : ce terme permet à Freud de se démarquer de la neurologie et d'indiquer que les troubles psychiques proviennent de l'usage et de la fonction de la langue ou du langage en tant qu'instance de communication). Il y propose la distinction entre représentation de chose et représentation de mot, qu'il reprendra dans ses travaux métapsychologiques, en particulier dans son article « L'Inconscient » (1915).

Automne : Freud installe son cabinet et sa famille dans un appartement du 19, Berggasse. Il ne quittera cette adresse qu'en 1938, lorsqu'il sera contraint de s'exiler à Londres.

Autre publication

« Étude clinique sur la paralysie cérébrale hémilatérale des enfants » : article écrit en collaboration avec le pédiatre Oskar Rie (1863-1931), assistant à l'Institut Kassowitz, qui est l'ami de Freud, son partenaire au jeu de tarot et le médecin de la famille.

1892

Freud prend en traitement Ilona Weiss et Aurelia Öhm (elles deviendront « Mademoiselle Elisabeth von R. » et « Madame Katharina » dans les *Études sur l'hystérie*). Il collabore avec Breuer qui lui a révélé, à travers la cure de Bertha Pappenheim, que les symptômes hystériques remontent à des expériences passées qui ont fait « réprimer une pensée ou une impulsion, et que c'est à la place de celle-ci, et pour la représenter, qu'est apparu le symptôme » (*FPLM,* p. 71).

Avec Ilona Weiss, Freud inaugure son traitement du patient en position allongée, les yeux fermés, en le laissant parler. « Je parvins ainsi, dans cette première analyse complète d'une hystérie que j'entreprenais, à un procédé que j'élevai plus tard au rang de méthode et que j'introduisis dans un but conscient, un procédé de déblaiement par strates du matériel psychique pathogène, que nous avions l'habitude de comparer à la technique d'exhumation d'une ville ensevelie » (*EH, OCP,* II, p. 159).

8 avril : naissance du troisième fils de Freud, qu'il appelle Ernst en mémoire de son ami Ernst von Fleischl, décédé quelques mois plus tôt.

Juin : publication des *Leçons du mardi* de Charcot traduites en allemand, préfacées et annotées par Freud.

1893

Janvier : « Sur le mécanisme psychique des phénomènes hystériques » : Freud et Breuer ont recueilli un important matériel de traitements par la méthode cathartique et publient cette communication provisoire qui sera intégrée dans leurs *Études sur l'hystérie* (1895). Le symptôme hystérique est défini comme le retour du souvenir refoulé d'une séduction sexuelle : « L'hystérique souffre principalement de réminiscences », y lit-on (*EH*, p. 28).

12 avril : naissance de la deuxième fille de Freud, qu'il appelle Sophie, comme la fille de Samuel Hammerschlag, un professeur d'hébreu pour lequel il éprouve une grande admiration.

Juillet-août : « Quelques considérations pour une étude comparative des paralysies motrices organiques et hystériques ». Freud rédige cet article directement en français, « dans la langue de Charcot », lequel ne s'intéressait pas à la dimension psychique dans l'étiologie des névroses. Il découvre que « l'hystérie se comporte dans ses paralysies et autres manifestations comme si l'anatomie n'existait pas, ou comme si elle n'en avait nulle connaissance » (*RIP*, t. I, p. 55).

16 août : décès de Jean Martin Charcot dont le dernier article, « La foi qui guérit » (1893), signe son adieu à la neurologie. En septembre, Freud écrit un texte en son hommage, « Charcot », dans lequel il revient sur ce que ce dernier lui a apporté : « Jamais il n'apparaissait plus grand à ses auditeurs que lorsqu'il s'était efforcé de réduire le fossé entre maître et élèves, en rendant compte le plus fidèlement possible de ses démarches de pensée et en s'ouvrant au mieux de ses doutes et de ses scrupules » (*RIP*, t. I, p. 68). Freud cite une fois encore à ses étudiants cette réflexion de Charcot qui l'avait tant marqué et qu'il reprendra à son compte : « La théorie, c'est bon, mais ça n'empêche pas d'exister » (*RIP*, t. I, p. 63).

1894

Janvier : « Les psychonévroses de défense » (sous-titre de l'article : « Essai d'une théorie psychologique de l'hystérie acquise, de nombreuses phobies et représentations obsessionnelles et de certaines psychoses hallucinatoires ») : Freud montre que névroses et psychoses ont en commun d'être l'expression d'un conflit créé par une défense, qu'elles sont le produit d'un mécanisme de refoulement d'une représentation d'origine sexuelle inconciliable avec le moi. C'est le premier texte qui annonce la psychopathologie freudienne.

1895

Mai : publication des *Études sur l'hystérie* : cet ensemble de textes, écrits avec Joseph Breuer entre 1892 et 1894, constitue un tournant capital dans la mise en place et dans la conception de la cure par Freud. Les « histoires de malades » sont encadrées par une introduction théorique conjointement signée et deux conclusions – Breuer a refusé de suivre Freud dans sa nouvelle méthode thérapeutique. Freud met au jour l'idée que « l'hystérique souffre principalement de réminiscences » (*EH*, p. 28), c'est-à-dire de représentations. D'où l'importance de rechercher d'où viennent (*Woher*) ses souffrances. (Cette question du *Woher* restera une piste riche d'investigation pour Freud, en particulier dans sa recherche sur la sexualité infantile.) Freud découvre ainsi l'existence du corps psychique, marqué et délimité par des représentations venant du sujet lui-même. Les symptômes de conversion sont des formations de compromis entre des souhaits et des souvenirs inconscients et interdits. Freud relève déjà un élément décisif pour la cure : « Une remémoration sans affect est presque toujours sans effet » (*EH*, p. 27).

La disposition psychique qui caractérise l'attente hystérique permet à Freud de déceler le rôle du transfert dans la cure : s'offrir à l'autre au risque de mettre en jeu son identité, attente qui est une « mésalliance », et où le psychanalyste doit jouer le rôle de la « tierce personne » (*dritte Person*) pour permettre de renvoyer au passé ce qui est imputé à l'analyste et vécu comme du présent.

Freud continue de travailler et de publier sur l'hystérie : paraît « Du bien-fondé à séparer de la neurasthénie un complexe de symptômes déterminé, en tant que “névrose d'angoisse” ».

Juillet : en vacances dans une villa à Bellevue, près de Vienne, Freud fait le rêve dit « de l'injection faite à Irma », qui met en scène plusieurs médecins, les docteurs M., Otto et Leopold, qui s'affairent autour d'une patiente, Irma, laquelle se plaint de douleurs à la gorge et à l'estomac. Une injection censée la calmer déclenche une infection. C'est le premier rêve que Freud analysera longuement dans *L'Interprétation du rêve,* en le rapportant à l'épisode dramatique qui a failli coûter la vie à Emma Eckstein. Et c'est aussi celui qui lui permet de découvrir une fonction capitale du rêve : « Le rêve m'acquitte de l'état de santé de la patiente en ramenant celui-ci à d'autres facteurs [...]. *Son contenu est donc un accomplissement de souhait* » (*IR*, p. 141-156).

23 août-2 septembre : avec son frère Alexander, Freud entreprend son premier voyage en Italie et séjourne notamment à Venise. Il écrit plusieurs cartes postales par jour à ses proches, en particulier à Martha et à Fließ.

Dans le train du retour, Freud commence la rédaction d'un « Projet d'une psychologie » (*Entwurf einer Psycho-*

logie) qu'il adressera à Fließ avec une lettre, le 8 octobre 1895 (*LWF*, p. 183-185). Ce travail, resté inédit du vivant de Freud, signe son adieu à la neurophysiologie. Freud s'y détourne d'une psychologie à l'usage du neurologue au profit d'une psychologie de l'appareil psychique dont il fait la description, avec ses différentes productions, tels le rêve, l'accomplissement d'un souhait, l'hallucination, l'expérience de satisfaction.

3 décembre : naissance d'Anna, la fille cadette et dernier enfant de Freud, à qui il donne le prénom de sa propre sœur.

Freud traite Emma Eckstein pour des symptômes hystériques. Fasciné par les idées organicistes de Fließ, il demande à son ami d'opérer le nez de sa patiente. À la suite de saignements hémorragiques qui mettent en danger la vie d'Emma, Freud se rend compte que Fließ a oublié un morceau de gaze dans le nez de celle-ci qui devra subir une seconde intervention.

Les relations entre Freud et Breuer se détériorent. Breuer a été vexé par la violence de certaines critiques à propos des *Études sur l'hystérie* et il demeure attaché à l'idée d'une causalité physiologique. Freud prend de plus en plus en considération la sexualité dans l'étiologie des névroses ainsi que dans la vie normale. Les deux hommes vont peu à peu s'éloigner définitivement l'un de l'autre.

1896

Mars : « L'hérédité et l'étiologie des névroses » : c'est dans cet article, écrit directement en français et publié dans *La Revue neurologique*, que Freud utilise pour la première fois le terme « *Psycho-Analyse* » (qui deviendra

« *Psychoanalyse* » en allemand et « psychanalyse » en français). Les résultats de la psychanalyse permettent de penser qu'on a jusque-là surestimé le rôle de l'hérédité dans les maladies nerveuses.

21 avril : Freud donne une conférence devant l'Association pour la psychiatrie et la neurologie intitulée « Sur l'étiologie de l'hystérie », qui sera publiée en mai et juin. Il compare sa pratique thérapeutique avec le travail des archéologues, pour lesquels des strates d'époques différentes se trouvent situées sur le même plan, de façon intemporelle.

Mai : « Nouvelles remarques sur les psychonévroses de défense » : à partir de divers cas cliniques (hystérie, névrose obsessionnelle, paranoïa féminine), Freud montre dans cet article que la notion de défense est le point nucléaire, facteur des névroses (conversion hystérique, déplacement obsessionnel) et des psychoses (projection). Il y emploie pour la première fois le terme allemand « *Psychoanalyse* ».

Été : Il entreprend son deuxième voyage en Italie avec son frère Alexander. Ils visitent Padoue, Bologne, Ravenne, Faenza, Florence.

23 octobre : décès du père de Freud. Celui-ci confie à Fließ qu'il se culpabilise de l'avoir soupçonné d'être un séducteur. Cette culpabilité comptera dans l'abandon de sa théorie de la séduction, en 1897. Quelques jours après l'enterrement de Jacob, Freud commence l'écriture de *L'Interprétation du rêve*. Il se lance également dans une collection d'antiques.

6 décembre : Freud emploie pour la première fois le terme d'« appareil psychique » (*psychischen Apparat*) – avec ses trois inscriptions : conscient (cs), préconscient (pcs) et inconscient (ics) – dans une lettre capitale qu'il écrit à Fließ (*LWF*, p. 263-273). Il y parle également du refoulement (*Verdrängung*), différent selon les pathologies (hystérie, névrose de contrainte, paranoïa) auxquelles il attribue une étiologie sexuelle, se démarquant ainsi des idées de Fließ qui privilégie, lui, une approche organique.

Cette lettre contient une autre formulation décisive, qui illustre son avancée dans la connaissance de l'hystérie : « l'accès de vertige, les pleurs convulsifs, tout est imputé à l'autre, mais le plus souvent à cet autre préhistorique et inoubliable qu'aucun plus tard n'arrivera à égaler » (*LWF*, p. 270-271, traduction modifiée).

1897

14 août : c'est encore dans une lettre à Fließ que Freud mentionne pour la première fois sa propre « analyse » : « Le principal patient qui m'occupe, c'est moi-même [...]. Cette analyse est plus difficile que n'importe quelle autre [...]. Je crois pourtant que cela doit être fait et que c'est une pièce intermédiaire nécessaire dans mes travaux » (*LWF*, p. 331). Il fera référence à son « auto-analyse » à plusieurs reprises, au cours des mois suivants, tout en reconnaissant parfois l'impossibilité d'une telle démarche. Le 14 novembre, il confiera à son ami : « Je ne peux m'analyser moi-même qu'avec des connaissances objectivement acquises (comme un étranger), l'auto-analyse proprement dite est impossible, sinon il n'y aurait pas de maladie. Comme j'ai encore affaire à quelques énigmes dans mes cas, cela doit forcément m'arrêter dans mon auto-analyse aussi » (*LWF*, p. 357).

25 août-18 septembre : Freud entreprend un troisième voyage en Italie, en compagnie de Martha d'abord, puis d'Alexander et de Félix Gattel. Après avoir visité Venise et Pise, il arrive le 6 septembre à Sienne, où il décide de vaincre sa phobie du train et sa peur des voyages en allant plus avant. Direction Orvieto, où il admire les fresques de Luca Signorelli dans la cathédrale, puis Spolète, Assise, Pérouse et Florence.

En chemin vers Rome, Freud s'arrête et interrompt son voyage au bord du lac Trasimène. Comme Hannibal auquel il s'identifie (il veut venger son père humilié par un antisémite), Freud ne peut « prendre » Rome : il essaie de comprendre son inhibition, ce qui le met sur la voie d'Œdipe et de la difficulté à dépasser son père.

21 septembre : le lendemain de son retour à Vienne, Freud écrit « Je ne crois plus à mes neurotica » (*LWF*, p. 334). Freud a pris conscience que le facteur déclenchant de l'hystérie est un fantasme de séduction, et non une scène de séduction effective, car, si c'était le cas, cela signifierait que tous les hommes seraient des pervers. Cet abandon de la théorie de la séduction réelle va lui permettre de passer à la théorie du fantasme. C'est à ce moment qu'apparaissent dans les lettres à Fließ les premières références à Œdipe et à Hamlet (Freud n'introduira la notion de complexe d'Œdipe qu'en 1910).

1898

Janvier-février : « La sexualité dans l'étiologie des névroses ». Freud avait déjà souligné l'importance de la sexualité pour éclairer les névroses, en particulier dans les *Études sur l'hystérie*. Dans cet article, elle est explicitement désignée comme une cause des conflits psychiques, donc des symptômes névrotiques.

Août-septembre : en deux occasions, Freud aborde le phénomène d'oubli d'un nom propre. La première fois, dans une lettre à Fließ du 26 août, il s'interroge sur le fait qu'il a oublié le nom du poète allemand Julius Mosen. Il met en évidence qu'il a refoulé ce nom à cause de certaines relations avec d'autres noms, que « dans ce refoulement était aussi à l'œuvre du matériel infantile », et que « les noms substitutifs mis en avant sont apparus à partir de deux groupes de matériel, à l'instar des symptômes » (*LWF*, p. 413).

Le second oubli a lieu pendant son séjour en Dalmatie, au début de septembre : au cours d'une discussion avec un compagnon d'excursion en Bosnie, Freud ne parvient pas à se rappeler le nom du peintre Signorelli. Cet oubli deviendra paradigmatique dans l'article publié cette année-là, « Sur le mécanisme psychique de l'oubli ». L'analyse littérale du nom oublié, décomposé, éclaire le mécanisme inconscient : l'oubli porte sur ce à quoi renvoient certains éléments du nom. (Ce travail sera inclus dans *Psychopathologie de la vie quotidienne*, un titre publié en 1901.)

13-18 septembre : Freud voyage seul en Italie du Nord (Merano, Milan, Pavie, Monza, excursion à Bergame). Il achète des livres sur l'histoire de la peinture italienne, notamment sur Signorelli.

1899

Mai : « Je me suis offert l'Ilios de Schliemann » (*LWF*, p. 448). Freud, qui a toujours eu la passion des livres d'archéologie, suit avec intérêt l'avancée des fouilles de Heinrich Schliemann (1822-1890) en Grèce. Comparant volontiers la méthode psychanalytique à la démarche des archéologues, il établira une analogie entre l'analyse des rêves et le déchiffrage des hiéroglyphes. En 1931, il déclarera à Stefan Zweig (1881-1942) avoir « lu beaucoup plus d'ouvrages d'archéologie que de psychologie ».

Été : paraît « Sur les souvenirs-écrans ». Freud revient dans cet article sur son amour de jeunesse pour Gisela Fluss (en changeant les noms et les lieux ; *NPP*, p. 113-132). Apparemment anodins, ces souvenirs-écrans sont des souvenirs qui servent à en masquer d'autres, liés à des scènes importantes de l'enfance du sujet, mais soumises au refoulement. Ils sont des images déplacées de souvenirs d'enfance. Identifier ces souvenirs-écrans permet d'accéder à la mémoire infantile.

Novembre : parution de *Die Traumdeutung* (*L'Interprétation du rêve*), à laquelle Freud travaille depuis quatre ans (l'édition portera la date de 1900). À partir de rêves de ses patients, de ses collègues et de ses propres rêves, Freud montre qu'un rêve est une « *Wunscherfüllung* », « un accomplissement de souhait », qui ne peut être éclairée que par les associations du rêveur. Freud montrera progressivement qu'il en va de même pour les lapsus, les symptômes névrotiques, les actes manqués et les mots d'esprit. *L'Interprétation du rêve* apparaît comme l'œuvre fondatrice d'une nouvelle discipline, dans laquelle le rêve ne relève pas d'une symbolique générale, mais renvoie à l'histoire du sujet. Le sens du rêve, en tant qu'accomplissement d'un souhait lié au passé infantile du sujet, est une tentative pour retrouver le bonheur perdu.

1900

31 juillet-1er août : un « colloque » a lieu entre Freud et Fließ durant lequel ils s'opposent violemment – ce sera leur dernière rencontre. Fließ accuse Freud d'avoir plagié ses théories sur la bisexualité. Or ce n'est pas la bisexualité biologique qui intéresse Freud, mais l'existence d'une bisexualité psychique. Ce n'est que dans son ultime lettre à Fließ du 27 juillet 1904 qu'il reparlera de ce « colloque » qui l'a beaucoup marqué (*LWF*, p. 585-588).

Fin août-début septembre : Freud se rend dans le Tyrol du Sud, avec sa belle-sœur Minna Bernays. Il raconte à Martha par le menu ses promenades et ses découvertes : « Notre cœur tend vers le Sud, vers les figues, les châtaignes, le laurier, les cyprès, les maisons ornées de balcons, les marchands d'antiquités » (lettre du 1er septembre, *NC*, p. 132).

Octobre : Ida Bauer (futur « cas Dora ») entreprend une cure avec Freud, sur l'ordre de son père. Freud y voit l'occasion de vérifier sur le plan clinique sa théorie exposée dans *L'Interprétation du rêve*. Mais le 31 décembre Ida-Dora interrompt brutalement cette analyse, parce que la connivence entre Freud et son père lui paraît faire obstacle à sa propre parole. Décontenancé, Freud rédige en quinze jours un texte sur cette cure, qu'il projette d'appeler « Rêve et hystérie ». (Il ne le publiera qu'en 1905, sous le titre plus modeste de *Fragment d'une analyse d'hystérie*.)

1901

Début d'année : parution de *Sur le rêve*. Après avoir refusé d'écrire une version résumée de *L'Interprétation du rêve*, Freud a fini par accepter. Ce petit livre est aussi l'occasion pour lui de répondre aux critiques dont *L'Interprétation du rêve* a été l'objet.

Printemps : parution de *Psychopathologie de la vie quotidienne*. Dans cet ouvrage auquel il réfléchissait depuis deux ans, Freud montre que les actes manqués, les lapsus et les oublis de noms ou d'idées sont, comme les rêves, des accomplissements de souhaits refoulés.

Septembre : parvenant enfin à vaincre son inhibition, Freud entreprend, avec son frère Alexander, le voyage à Rome dont il rêvait depuis longtemps, après avoir consulté de nombreux guides et cartes. Le 6 septembre, dans une lettre à Martha, il évoque le choc de sa découverte dans l'église San Pietro in Vincoli : « Vu le *Moïse* de Michel-Ange (soudain, par méprise) » (*NC*, p. 142). (En 1914, il écrira un essai non signé sur le monumental chef-d'œuvre de Michel-Ange.)

1902

Fin août-début septembre : Freud retourne en Italie du Sud avec Alexander et sa belle-sœur Minna Bernays, et aussi à Venise, Orvieto (pour revoir les fresques de Signorelli) et à Rome.

Dans ses lettres à Martha, Freud multiplie les détails et les notations sur ce périple qui le remplit d'enthousiasme et de bonheur : « le raisin, véritable raison de ma venue » (à Naples), les citronniers et le *dolce farniente* à Sorrente, « bien-être merveilleux que je dois au long bain de mer, à l'excellent vin rouge et à cette belle quiétude, bref, je ne me suis jamais aussi bien porté » (*NC*, p. 153-158). Le 5 septembre, il découvre Pompéi et il en rapporte un fragment de mur pour sa collection d'antiquités. Cette visite jouera un rôle dans l'écriture en 1906 de *Le Délire et les rêves dans la* Gradiva *de W. Jensen* (publié en 1907). Le roman de Jensen, dont la lecture avait été conseillée à Freud par le psychiatre suisse Carl Gustav Jung (1875-1961), se déroule en effet à Pompéi.

Octobre : création de la Société psychologique du mercredi (Psychologische Mittwoch Gesellschaft, ou

PMG). Les premiers disciples de Freud se réunissent chez lui tous les mercredis : Alfred Adler (1870-1937), Rudolf Reitler (1865-1917), Wilhelm Stekel (1868-1940) et Max Kahane (1866-1923). Reitler est considéré comme le deuxième à avoir pratiqué la technique psychanalytique.

1904

27 juillet : une dernière lettre de Freud à Fließ confirme leur rupture, après les accusations de ce dernier de plagiat sur la bisexualité. Cette lettre signe également la fin du transfert de Freud à l'égard de Fließ : « le fait est que ces dernières années tu n'as plus montré d'intérêt pour moi et les miens ou pour mes travaux. Aujourd'hui j'en ai pris mon parti et je n'en ai plus besoin » (*LWF*, p. 587). (Le nom de Fließ sera définitivement effacé dans la deuxième édition des *Trois essais sur la théorie sexuelle*, celle de 1910.)

28 août-10 septembre : Freud fait un voyage en Grèce, avec son frère Alexander. Le 4 septembre, lors de la visite de l'Acropole, Freud éprouve un « sentiment d'étrangeté » (« *Entfremdungsgefühl* »). Il est troublé et presque paralysé par le bonheur d'avoir pu enfin réaliser son souhait : découvrir de ses yeux cette terre hellénique, au-delà de la Grèce imaginaire et mythique de son enfance.

Freud est heureux d'apprendre par le professeur de psychiatrie Eugen Bleuler (1857-1939), spécialiste de la démence précoce (dénommée par la suite schizophrénie), que la psychanalyse est pratiquée à la fameuse clinique du Burghölzli que celui-ci dirige à Zurich.

1905

Début d'année : parution de l'article « Sur la psychothérapie ». Freud y précise la différence entre sa méthode et la méthode cathartique de Breuer, qu'il a abandonnée en 1900 lorsqu'il a pris Ida Bauer (« cas Dora ») en traitement.

Pâques : Freud voyage avec Alexander en Italie, dans la vallée de l'Adige et dans la région des lacs.

Septembre : accompagné cette fois de sa belle-sœur Minna, Freud repart pour le nord de l'Italie et la région des lacs. Ils terminent leur voyage par Milan et par Gênes.

25 septembre : Carl Gustav Jung, qui travaille avec Bleuler au Burghölzli, écrit et envoie à Freud un « Rapport sur le cas de Sabina Spielrein ». Cette jeune femme de vingt ans, issue d'une famille juive russe, avait consulté de nombreux médecins pour de graves crises d'hystérie qui l'amenaient à réagir violemment à son encontre et à celle de son entourage. Hospitalisée au Burghölzli l'année précédente, elle y a été soignée par Jung qui, pour la première fois, a entrepris avec elle une cure d'orientation psychanalytique. Elle a ensuite pu quitter l'hôpital, entreprendre et terminer avec succès ses études de médecine à Zurich, et revenir au Burghölzli comme collaboratrice de Jung. Mais Jung s'est trouvé impliqué dans un rapport transférentiel et contre-transférentiel passionné avec sa patiente.

Sabina Spielrein (1885-1942) écrira une thèse de psychiatrie sur « la destructivité comme cause du devenir » (1911), qui inspirera Freud sur la question de la contrainte de répétition.

Octobre-novembre : parution de *Fragment d'une analyse d'hystérie. Le cas Dora*. Freud s'y intéresse avant tout à la vérification de ses théories sur l'interprétation du rêve, à partir de deux rêves qu'il analyse longuement et sur lesquels il focalise davantage son attention que sur les paroles de Dora. Freud reconnaît dans sa postface que cette analyse, que Dora a refusé de poursuivre, l'a laissé dans un état de « désarroi » : « Je n'ai pas réussi à me rendre maître à temps du transfert. »

Décembre : paraît *Le Mot d'esprit et sa relation à l'inconscient*. Freud donne au mot d'esprit « la place qu'il mérite dans la vie psychique » : c'est une formation de l'inconscient au même titre que le rêve, le lapsus ou l'acte manqué. Le mécanisme de condensation est commun à la production d'un mot d'esprit et au « travail du rêve ». (*Le Mot d'esprit*, *L'Interprétation du rêve* et *Psychopathologie de la vie quotidienne* sont les trois ouvrages dits « canoniques » qui mettent en évidence l'importance du langage et de la langue dans les formations psychiques. Les rêves, les symptômes, les actes manqués, les lapsus et les mots d'esprit sont autant de phénomènes langagiers qui sont des accomplissements de souhaits [*Wunscherfüllungen*] refoulés : ils représentent des formations de l'inconscient.)

Décembre : parution de *Trois essais sur la théorie sexuelle*. Freud y pose les fondements de la théorie de la sexualité infantile qui permet d'expliquer les fixations de la libido jusqu'à la puberté et l'âge adulte, donc d'éclairer les symptômes névrotiques. Il introduit les notions de pulsions partielles et de zones érogènes, de « disposition polymorphiquement perverse » de l'enfant et d'amnésie infantile. Les trois essais sont intitulés « Les aberrations sexuelles », « La sexualité infantile » et « Les métamorphoses de la puberté ».

1906

11 avril : première lettre de Freud à Jung, en réponse à son envoi de six études réalisées à la clinique du Burghölzli. C'est le début d'une longue correspondance qui durera jusqu'à leur rupture en 1913.

6 mai : pour les cinquante ans de Freud, ses disciples lui offrent un médaillon avec, à l'avers, son profil, au revers, Œdipe répondant au Sphinx. Sur la tranche est gravé en grec un vers de Sophocle extrait d'*Œdipe roi* : « Qui résolut l'énigme fameuse et fut un homme de très grand pouvoir ». Ernest Jones (1879-1958), disciple et futur biographe de Freud, rapporte que « Freud pâlit, s'agita et, d'une voix étranglée, demanda qui y avait songé » – lorsqu'il était étudiant et traversait la cour de l'université ornée de bustes d'hommes célèbres, il avait un jour imaginé que le sien y serait placé, avec ce vers d'*Œdipe roi* (E. Jones, *La Vie et l'œuvre de S. Freud*, t. II, p. 14-15.)

1907

27 février : Freud et Jung se rencontrent pour la première fois, à Vienne. Ils parlent treize heures durant. « Freud était la première personnalité vraiment importante que je rencontrais », écrit Jung dans *Ma vie* (Gallimard, 1966). Jung commence à participer aux réunions de la Société psychologique du mercredi et crée à Zurich la Société Freud, qui deviendra l'Association psychanalytique de Zurich. Leurs premiers échanges, très amicaux, notamment quant aux psychoses, laissent bientôt apparaître un différend capital qui se renforcera au fil des années et donnera des confrontations de plus en plus tendues. Pour Freud, la structuration de la psyché passe par les théories sexuelles et l'organisation de la sexualité, dans l'histoire personnelle du sujet. Pour Jung, en deçà d'un inconscient qui renvoie à la seule histoire du sujet, le travail de structuration psychique relève aussi d'un inconscient impersonnel ou collectif, marqué par les expériences de vie les plus cruciales que rencontrent tous les hommes depuis les premiers temps de l'humanité.

Printemps : parution de l'article « L'écrivain et le fantasmer », plus connu sous le titre « Le créateur littéraire et la fantaisie ». Freud s'y interroge sur ce qui opère entre l'auteur d'une fiction et son lecteur. C'est une mise en scène de l'inconscient de l'auteur qui parvient à mettre en mouvement l'inconscient du lecteur.

Mai : paraît *Le Délire et les rêves dans la* Gradiva *de W. Jensen*. Freud y propose une lecture psychanalytique de *Gradiva : une fiction pompéienne*, un roman de Jensen, publié en 1903, où le héros tombe amoureux d'une femme en effigie sur une fresque de Pompéi. Étudiant ce qui rapproche et différencie rêve et délire, Freud définit le rêve comme un « modèle normal » du délire.

Septembre : les désaccords se multiplient sur la pratique psychanalytique, notamment avec Adler et Stekel, un ancien analysant de Freud. Ces divergences conduisent Freud à dissoudre la Société psychologique du mercredi.

Octobre : Freud reçoit Ernst Lanzer (1878-1914) pour une analyse qui, commencée le 1er octobre, durera jusqu'à juillet 1908. Les difficultés de cette cure permettent à Freud d'entrevoir ce que sera la règle fondamentale : se mettre en position de *dritte Person*, laisser surgir ce qui vient. Lors de la première séance, Freud note : « je le laisse libre de son commencement ». (Freud publiera l'étude de ce cas sous le nom de « L'Homme aux rats », en 1909.)

1908

Janvier : parution de l'article « Les fantasmes hystériques et leur relation à la bisexualité ». Se démarquant ici de la notion de bisexualité biologique propre à Wilhelm Fließ, Freud démontre qu'un symptôme hystérique est l'expression de ce qu'il appelle la « bisexualité psychique », c'est-à-dire la présence en tout sujet (homme ou femme) d'une part de position psychique active et d'une part de position psychique passive, ce qui renvoie au masculin et au féminin, et non à la différence des sexes.

2 février : enthousiasmé par la lecture de *L'Interprétation du rêve*, le psychiatre hongrois Sándor Ferenczi (1873-1933) vient rencontrer Freud à Vienne. C'est le début d'une relation intense et d'une longue correspondance riche en inventions de notions psychanalytiques (comme celle du « contre-transfert ») et en innovations techniques. Ferenczi fera une analyse avec Freud entre 1914 et 1916. Il deviendra son disciple préféré et un brillant clinicien. Il saura accueillir les cas difficiles, les cas limites et les psychotiques, en innovant une méthode fondée sur l'« élasticité de la technique psychanalytique ».

Avril : première rencontre internationale de psychanalyse : le congrès de Salzbourg auquel participent des disciples de Freud, venus de plusieurs pays européens et des États-Unis. Freud y présente le cas de « l'Homme aux rats », improvisant un exposé de plusieurs heures devant ses collègues enthousiastes.

Août : le psychiatre allemand Karl Abraham (1877-1925) crée l'Association psychanalytique de Berlin.

La Société psychologique du mercredi devient la Société psychanalytique de Vienne (Wiener Psychoanalytische Vereinigung, WPV).

Décembre : parution de « Les théories sexuelles infantiles ». Dans ce texte, inspiré par l'analyse du petit Hans, Freud repère que l'activité de pensée chez l'enfant passe par l'élaboration de fausses théories qu'il s'invente en secret pour répondre à l'angoissante question de son origine : *Woher die Kinder kommen ?* (« D'où viennent les enfants ? »). Il dégage trois théories sexuelles infantiles : la théorie de la femme au pénis ; la théorie cloacale de la naissance ; la théorie sadique du coït.

1909

Février : « Analyse de la phobie d'un garçon de cinq ans » (« le petit Hans ») : ce texte résulte de deux rencontres avec le petit Herbert et des notes prises par son père, Max Graf, qui, suivant les conseils de Freud, entreprend d'analyser son fils de janvier à mai 1908. Depuis la naissance de sa sœur, le petit Herbert a développé une phobie envers les chevaux. Il projette son angoisse de castration, liée à la figure paternelle, sur le cheval. Freud découvre que le mécanisme de formation psychique des symptômes n'est pas limité à l'hystérie, mais s'applique aussi aux autres névroses. Le cas du petit Hans a également mis Freud sur la voie des théories sexuelles infantiles.

Août : Freud, invité par la Clark University (Worcester, Massachusetts) à présenter la toute jeune « science » (selon son expression) qu'est la psychanalyse aux États-Unis, embarque avec Ferenczi et Jung pour une traversée de sept semaines. Ils décident de mettre ce temps à profit pour pratiquer l'analyse mutuelle, chacun racontant ses rêves pour les proposer à l'interprétation des deux autres. Cela donne lieu à plusieurs incidents où se joue la relation de pouvoir entre Jung et Freud. Un jour, Freud refuse de raconter un de ses rêves intégralement, en disant : « je ne puis pourtant risquer mon autorité », rapporte Jung qui ajoute : « À ce moment même, il l'avait perdue ! » (*Ma vie*, *op. cit.*) Un autre jour, Freud tombe en syncope au moment où Jung évoque son intérêt pour des cadavres découverts dans des marais. « Plus tard, écrit Jung, il me dit avoir été persuadé que ce bavardage à propos des cadavres signifiait que je souhaitais sa mort » (*ibid.*, p. 183).

Septembre : Freud donne cinq conférences introductives à l'occasion du vingtième anniversaire de la fondation de la Clark University. La première concerne la méthode de Breuer et les acquis propres aux *Études sur l'hystérie*. La deuxième, l'apport spécifique de la psychanalyse, c'est-à-dire la notion de refoulement et la formation des symptômes. La troisième traite des associations d'idées comme méthode d'exploration des formations de l'inconscient que sont les actes manqués, les lapsus, les mots d'esprits et les rêves, qui sont autant d'accomplissements déguisés de souhaits refoulés. La quatrième met en évidence le rôle de la vie amoureuse et de la sexualité, notamment infantile, dans la construction des névroses. La cinquième conférence explicite le rôle du transfert dans une cure psychanalytique et les relations entre la pulsion et la culture. (Ces conférences seront publiées en 1910.)

Octobre : « Remarques sur un cas de névrose de contrainte » (« L'Homme aux rats »). Ernst Lanzer, que Freud a pris en analyse deux ans plus tôt, souffrait d'une obsession pour une dette et d'une angoisse liée au supplice chinois par les rats – d'où le surnom que lui donne Freud. C'est dans la relation transférentielle avec Freud qu'a pu se démonter la formation du symptôme obsessionnel en lien avec le thème de la dette. Il y a dans le discours du patient une équivalence signifiante entre divers homophones, notamment « *Rate* », « paiement en acompte », et « *Ratte* », « rat », ce qui confirme le déterminisme langagier des idées obsessionnelles contraignantes et des rituels obsessionnels.

1910

Janvier : Sergueï Constantinovitch Pankejeff (1887-1979) commence une analyse avec Freud. Interrompue en juin 1914, elle reprendra après la guerre, d'octobre 1919 à Pâques 1920. Ruiné par la révolution d'octobre (1917), Sergueï Pankejeff sera pris en charge, sur l'initiative de Freud, par la communauté psychanalytique jusqu'à sa mort et multipliera les analyses. (Freud relatera ce cas sous le nom de « L'Homme aux loups » dans « À partir de l'histoire d'une névrose infantile », en 1918.)

Début de l'année : parution de *Sur la psychanalyse. Cinq leçons données à l'occasion du vingtième anniversaire de la fondation de la Clark University, à Worcester (Massachusetts).* Il s'agit des conférences qu'il a données l'année précédente aux États-Unis.

Mars : parution d'*Un souvenir d'enfance de Léonard de Vinci*. À partir d'un souvenir de Léonard qui révèle un fantasme, Freud interroge les ressorts psychiques du génie créateur de l'artiste et du savant et théorise le mécanisme de la sublimation. « La libido se soustrait au destin du refoulement en se sublimant dès le début en désir de savoir [*Wissbegierde*] » (Gallimard, p. 85).

31 août-26 septembre : Freud voyage avec Ferenczi. Ils se rendent d'abord à Paris, pour « jeter un coup d'œil à Leonardo », au Louvre, puis à Florence, Naples, Rome, avant de faire la traversée jusqu'à Palerme et de rejoindre Syracuse. Pendant ce voyage, ils discutent du « cas Schreber » (sur lequel Freud publiera un texte l'année suivante). Les relations entre Freud et Ferenczi sont parfois tendues : Freud est agacé de voir Ferenczi se complaire dans une attitude infantile et dépendante à son égard.

Deuxième congrès de l'API, à Nuremberg en Allemagne. Freud y prononce une conférence intitulée « Perspectives d'avenir de la thérapeutique analytique », dans laquelle il souligne l'importance du contre-transfert chez l'analyste et l'importance d'entreprendre une auto-analyse (*Selbstanalyse*) qui ne cesse jamais.

Pour diffuser la psychanalyse, Freud et Ferenczi fondent l'Internationale Psychoanalytische Vereinigung (IPV), dont Carl Gustav Jung devient le président. Elle deviendra anglophone en 1936 et prendra le nom d'International Psychoanalytical Association ou IPA (en français : Association psychanalytique internationale, ou API).

Décembre : parution de « Sur la psychanalyse sauvage ». Freud y attire l'attention sur le mésusage que représente la psychanalyse sauvage et qui survient lorsque l'analyste se met en position d'apporter des interprétations théoriques au patient, substituant ainsi ses propres pensées aux siennes.

1911

Printemps : « Formulations sur les deux principes de devenir psychique ». Freud montre dans cet article que le « fonctionnement psychique » obéit à un double principe, le principe de plaisir/déplaisir et le principe de réalité. Dans la névrose comme dans la psychose, le principe de plaisir peut faire méconnaître la réalité extérieure ainsi que les limites de l'espace et du temps organisant cette réalité.

Juillet : la rupture est consommée entre Freud et Adler, un de ses premiers disciples, qui démissionne de la Société psychanalytique de Vienne. Adler rejette le primat de la libido et centre sa « psychologie individuelle » sur le sentiment d'infériorité, naturel chez l'enfant, qui cherche une compensation psychique dans un moi social et dans un sentiment d'appartenance à une communauté. Cette rupture affecte beaucoup Freud.

Été : « Remarques psychanalytiques sur un cas de paranoïa décrit sous forme autobiographique (Démence paranoïde) » [« Le président Schreber »]. Dans cet article, Freud fonde la théorie psychanalytique de la paranoïa à partir des *Mémoires d'un malade des nerfs* rédigés par Daniel Paul Schreber (1842-1911). Six mois après sa laborieuse élection en tant que président de la cour d'appel de Dresde, en 1893, ce magistrat, déjà fragile, est atteint d'hallucinations persécutives et développe une décompression psychotique. Hospitalisé, Schreber se dit convaincu que son psychiatre est de mèche avec Dieu, qu'il projette de le transformer en femme et de le féconder pour engendrer une nouvelle humanité. Freud considère qu'il existe une relation intime entre la paranoïa et des désirs homosexuels refoulés.

21-22 septembre : congrès de l'API à Weimar, en Allemagne, réunissant près de cent participants, dont Lou Andreas-Salomé (1861-1937) qui se passionne pour l'œuvre de Freud. Freud fait une communication axée sur « le cas Schreber », en évoquant le rôle des mythes dans la formation de l'individu.

Abraham Arden Brill fonde la New York Psychoanalytical Society. De leur côté, Ernest Jones et le neurologue James Jackson Putnam (1846-1918) fondent l'American Psychoanalytic Association. Cette année est également marquée par la publication en France du premier article authentiquement consacré à la psychanalyse, écrit par un médecin de Poitiers, Pierre Ernest René Morichau-Beauchant (1873-1952) : « Le rapport affectif dans la cure des névroses ». « Rapport affectif » est la première traduction du terme allemand « *Übertragung* », qui sera ensuite plus exactement traduit par « transfert ».

Décembre : paraît « Le maniement de l'interprétation des rêves en psychanalyse », l'un des premiers écrits techniques de Freud, où il relativise l'importance des rêves comme apport de matériel dans la cure : leur profusion peut apparaître comme un encombrement de l'espace de l'analyse, donc comme une forme de résistance.

1912

Janvier : dans « La dynamique du transfert », Freud souligne pour la première fois que le transfert, en analyse, est source de résistance. Résistance à la remémoration, dans la mesure où le patient vit le transfert comme « réel ou actuel », qu'il soit positif ou négatif. Et dans la mesure où le transfert relève d'un fondement érotique (« originellement nous n'avons connu que des objets sexuels »), le patient tente dès lors de maintenir une régression et une dépendance masochiste à l'égard de l'analyste.

Janvier : « Sur le plus général des rabaissements de la vie amoureuse ». Freud introduit en filigrane la notion de complexe d'Œdipe et analyse l'impuissance dans la sexualité masculine : « Le rabaissement psychique de l'objet sexuel est lié à la surestimation de l'objet incestueux. »

Août : création du Comité secret destiné à faire face à l'opposition de Jung. Il comprend Karl Abraham, Sándor Ferenczi, Otto Rank (secrétaire de Freud, 1884-1939), Ernest Jones qui en a eu l'idée, Max Eitingon (1881-1943) et Hanns Sachs (1881-1947). Pour Freud, il s'agit de combattre pour « la cause » (« *die Sache* ») et il offre à chacun une intaille antique à monter en chevalière. Les échanges se font par lettres circulaires (*Rundbriefe*). Ce comité poursuivra jusqu'en 1936 son rôle de défense d'une politique de la psychanalyse. Marie Bonaparte (1882-1962) et Anna Freud seront les seules femmes à y être admises.

Rupture entre Wilhelm Stekel et Freud. Stekel démissionne essentiellement en raison de ses rapports transférentiels difficiles avec Freud, qui portent notamment sur l'affirmation de ses prérogatives de vice-président de la Société psychanalytique de Vienne et de rédacteur en chef de la *Revue internationale de psychanalyse*.

Été : « Conseils aux médecins ». Freud poursuit la mise en place des fondements de ce que sera la règle fondamentale : du côté du patient, laisser surgir ce qui vient « pour se laisser surprendre par tout fait inattendu » ; du côté de l'analyste, « selon les besoins du patient, osciller d'une position psychique à une autre, en évitant toute spéculation ».

Septembre : en voyage à Rome, Freud écrit à Martha : « Je jouis d'une solitude délicieuse et quelque peu mélancolique ; [...] et je rends visite tous les jours au Moïse de Saint-Pierre-aux-Liens sur lequel j'écrirai un jour quelque chose » (lettre du 25 septembre, *NC*, p. 327).

Automne : Lou Andreas-Salomé vient passer six mois à Vienne pour entreprendre une analyse avec Freud. Entre lui et cette femme « redoutablement intelligente », amie de Nietzsche et de Rainer Maria Rilke, se nouent un dialogue intellectuel intense et une affection durable. Freud viendra souvent en aide à Lou Andreas-Salomé quand elle s'installera comme psychanalyste à Göttingen.

Novembre : au cours d'une réunion à Munich se produit un nouvel incident notoire entre Freud et Jung. Lors d'une discussion, Jung évoque le pharaon Aménophis IV qui a détruit sur des stèles les cartouches portant le nom de son père. Freud tombe en syncope ; il décèle des vœux de mort à son endroit de la part de Jung qu'il a pourtant institué comme fils et héritier (C.G. Jung, *Ma vie*, *op. cit.*, p. 184).

1913

14 janvier : mariage de Sophie Freud avec Max Halberstadt (1882-1940), un photographe renommé de Hambourg. Ils auront deux enfants : Ernst Wolfgang (1914), « l'enfant à la bobine », qui deviendra analyste sous le nom de E.W. Freud, puis Heinele (1918), qui mourra de tuberculose à l'âge de dix ans.

Début d'année : « L'engagement dans le traitement ». Reconnaissant l'erreur qu'il a faite à ses débuts, Freud critique l'adoption d'une « position de pensée intellectualiste » à l'égard du patient. Cette position, « dans laquelle nous ne faisions plus de différence entre notre savoir et le sien », confine l'analyste dans un état maniaque où il ne différencie plus ses pensées de celles de l'autre. La dénonciation d'une position de savoir confirme et complète ce que préconisait Freud dans ses « Conseils aux médecins », en 1912 : adopter une « position psychique » en fonction des besoins du patient.

Mars : Freud se rend à Venise avec sa fille Anna.

Printemps : parution de « Le motif du choix des coffrets ». L'article établit un rapprochement entre trois scènes extraites de l'œuvre de Shakespeare et une œuvre d'Offenbach où apparaît le motif du « choix des coffrets ». Cette récurrence dans la tradition littéraire et folklorique amène Freud à définir le mythe par rapport au fantasme et au symptôme : la structure du fantasme détermine la construction du symptôme.

19 mai : Ferenczi fonde la Société psychanalytique de Budapest.

Juin : parution de *Totem et tabou.* Cet ouvrage, qui consomme la rupture théorique et personnelle entre Freud et Jung, est une riposte au livre de celui-ci : *Métamorphoses et symboles de la libido*, paru en 1912 et suivi (la même année) de *Métamorphose de l'âme et ses symboles. Analyse d'une schizophrène.* Le texte très complexe de *Totem et tabou* fonde l'universalité de la culture sur un mythe : celui de la mise à mort du père par la horde primitive. C'est cette mise à mort qui fonde la culture, par la fin de la horde et l'égalité entre frères. Il préfigure ce que Freud développera, sur le plan individuel, dans « Le déclin du complexe d'Œdipe ».

Septembre : IVe congrès de l'API à Munich. Freud y fait un exposé sur « la question de la prédisposition à la névrose obsessionnelle ». Jung est réélu président de l'API avec 32 voix pour et 20 abstentions.

10-27 septembre : nouveau voyage de Freud à Rome. Il va chaque jour contempler le *Moïse* de Michel-Ange dans l'église Saint-Pierre-aux-Liens. Il commence la rédaction de son texte « Pour introduire le narcissisme » qui confirme et explicite sa rupture théorique avec Jung.

30 octobre : Ernest Jones fonde la London Psychoanalytical Society.

1914

Janvier : « Le Moïse de Michel-Ange ». Freud se livre à une « lecture » de l'impressionnante statue de Moïse sculptée sur la tombe de Jules II, qu'il va contempler encore et encore à l'occasion de chacun de ses séjours à Rome depuis 1901. « Aucune œuvre plastique n'a jamais produit sur moi un effet plus intense », écrit-il. Freud articule ici les notions d'affect et de représentation plastique. La démesure de ce Moïse l'impressionne trop pour qu'il signe ce texte.

Printemps : parution de *Contribution à l'histoire du mouvement psychanalytique*. Freud y relate la naissance de la psychanalyse, comment il s'est formé à l'hypnose et pourquoi il a abandonné cette pratique pour passer à la méthode cathartique avant d'inventer la méthode psychanalytique.

28 juin : on peut lire dans une lettre de Freud à Ferenczi : « Je vous écris sous le coup de l'assassinat surprenant de Sarajevo, dont les conséquences sont tout à fait imprévisibles. » Il s'agit de l'attentat contre l'archiduc François-Ferdinand qui va, comme on le sait, provoquer la Première Guerre mondiale.

Été : « Remémorer, répéter, perlaborer ». Freud introduit le concept de « névrose de transfert » pour désigner la situation transférentielle dans la cure comme une « maladie artificielle » qui intervient de manière déterminante. L'analysant peut ainsi passer de la contrainte de répétition à la remémoration. La perlaboration étant le processus qui permet de dépasser la répétition du passé afin qu'il ne pèse plus sur le présent. La situation transférentielle ne fait que déployer la névrose du patient par la répétition de scènes du passé ressenties comme si elles appartenaient au présent, dans le transfert sur l'analyste qui, lui, représente des figures du passé.

Septembre : Ferenczi arrive à Vienne pour suivre une analyse avec Freud mais, appelé sous les drapeaux, il doit l'interrompre après trois semaines. Il reprendra cette analyse en 1915 et 1916, chaque fois pour quelques semaines. Jung abandonne la présidence de l'API et finit par démissionner aussi en tant que membre. Karl Abraham est nommé président par intérim et le demeurera jusqu'à sa mort.

Fin 1914 : « Pour introduire le narcissisme ». Ce texte confirme l'importance du narcissisme, déjà présent dans *Un souvenir d'enfance de Léonard de Vinci* (1910) et dans « Le cas Schreber » (1911). Le narcissisme est « ce stade nécessaire de l'évolution sexuelle, intermédiaire entre l'auto-érotisme et l'amour d'objet », ce moment où le sujet « commence par se prendre lui-même, son corps propre, comme objet d'amour ». Le narcissisme est donc « une libido du moi » – différenciée de la libido d'objet – qu'il faut prendre en compte dans la clinique psychanalytique. Ce texte isole pour la première fois une instance nommée « moi idéal » et introduit la notion de narcissisme dans la théorie du rêve.

1915

25 janvier : « En ce moment, je suis dans la nuit polaire et j'attends que le soleil se lève », écrit Freud à Karl Abraham. Ces mots illustrent ce que seront pour Freud et sa famille les quatre années de guerre. La mobilisation de Martin, Oliver et Ernst remplit les autres d'anxiété, la raréfaction des patients entraîne de grosses difficultés matérielles. La situation politique et l'avenir de l'Autriche inquiètent Freud.

Début d'année : « Remarques sur l'amour de transfert » : lié à la névrose de transfert, l'amour de transfert n'est que la réalisation de relations infantiles qui témoignent de la résistance à la remémoration de situations passées, qui, dans la relation analytique, sont vécues au présent.

Mars-avril : « Actuelles sur la guerre et la mort ». Ce texte en deux parties évoque d'une part « la désillusion causée par la guerre » qui entraîne un désinvestissement de la culture : « être des étrangers dans un monde si beau » ; d'autre part, « notre rapport à la mort », la guerre ayant banalisé la mort.

Printemps-automne : parution de « Pulsions et destins des pulsions », « Le refoulement », « L'Inconscient ». Ces trois essais constituent le noyau fondamental du recueil publié en cette année 1915 sous le titre *Métapsychologie*, terme inventé par Freud pour désigner les modalités du fonctionnement psychique : « Je propose de parler de présentation métapsychologique lorsque nous réussissons à décrire un processus psychique sous les rapports dynamique, topique et économique. »

C'est dans « L'Inconscient » que Freud expose ce qui deviendra la première topique : l'appareil psychique est défini par trois instances – le conscient, le préconscient et l'inconscient – qui ont chacune leur modalité de fonctionnement et sont séparées entre elles par des phénomènes de censure.

« Vue d'ensemble des névroses de transfert », rédigé la même année, appartient aux écrits métapsychologiques, mais ne sera retrouvé que près de soixante-dix ans plus tard et publié en 1985.

Fin d'année : « Communication d'un cas de paranoïa contredisant la théorie psychanalytique » : la contradiction est surmontée par le mécanisme de la projection qui rend compte de la formation du délire paranoïaque. C'est dans ce texte que Freud introduit la notion de fantasmes originaires (fantasme d'observation sexuelle des parents, de séduction, de castration et autres).

1916

Janvier : « Difficile de dire quoi que ce soit de la guerre. Il semble que nous nous trouvions désormais dans le calme qui précède la tempête. [...] L'épuisement est déjà considérable. En Allemagne on a aussi perdu cet optimisme irréfléchi », écrit Freud à Eitingon, dans sa lettre de vœux, le 1er janvier (S. Freud-M. Eitingon, *Correspondance 1906-1939*, Hachette Littératures, 2009, p. 133).

Début d'année : « Éphémère destinée » (*Vergänglichkeit*, traduit d'abord par « Passagèreté », puis par « Fugitivité » ou « Éphémérité »). Dans cette méditation sur le caractère éphémère de toute beauté, Freud montre que la libido ne supporte pas la perte des objets – d'où la tentation de se retirer du monde pour éviter toute perte – et doit passer par le travail de deuil pour pouvoir se libérer et retrouver sa capacité à investir d'autres objets. Lou Andreas-Salomé et Rainer Maria Rilke constituent les modèles de l'« ami taciturne » (en fait, une amie) et du « jeune poète en renom » de cette méditation sur l'écoulement du temps.

Mai : Freud ne souhaite pas de faste pour célébrer son soixantième anniversaire dans cette période de restrictions alimentaires et de tension. Il évoque cela ainsi, le 8 mai, dans une lettre à Eitingon : « Pensez avec quelle tristesse s'est déroulée cette journée qui signifie en réalité qu'on franchit le seuil de la vieillesse » (*Correspondance…*, *op. cit.*, p. 136).

1917

Juin : parution des textes des *Conférences d'introduction à la psychanalyse*, prononcées par Freud entre 1915 et 1917 à l'université de Vienne. Au nombre de vingt-huit, elles sont réparties en trois sections : « les actes manqués », « le rêve » et la « doctrine générale des névroses ». Dans cette dernière section, Freud aborde également des questions telles que « le sens des symptômes », « la vie sexuelle humaine », « l'angoisse », « le transfert » et « la thérapie analytique ».

Automne : « Un souvenir d'enfance à partir de "Poésie et vérité" » (de Goethe). Freud évoque la rivalité entre frères et sœurs à partir d'un sentiment de culpabilité, qu'il partage avec Goethe, surgie à l'occasion de la naissance puis de la mort d'un puîné.

20 novembre : « J'ai très durement travaillé et me sens épuisé, à bout de forces ; je commence à prendre le monde en dégoût. L'idée superstitieuse que ma vie s'achèvera en février 1918 me semble parfois agréable. Je suis quelquefois obligé de lutter beaucoup pour retrouver la maîtrise de moi-même », écrit Freud à Ferenczi. Il est de plus en plus critique à propos de l'Allemagne et se montre très pessimiste quant à l'issue de la guerre dans ses lettres à Ferenczi et Abraham. Ses difficultés pécuniaires s'aggravent.

Fin 1917 : « Deuil et mélancolie ». Dans ce texte (écrit en 1915 et qui sera intégré à la *Métapsychologie* en 1924), Freud souligne le rôle ambivalent de l'objet, dans le deuil comme dans la mélancolie. Le deuil renvoie à la souffrance du travail pour se détacher de l'objet perdu. La mélancolie, au contraire, est le signe d'un impossible travail de séparation d'avec l'objet perdu qui conduit à introjecter fantasmatiquement l'objet dans le moi. C'est dans cet écrit qu'on trouve la célèbre formule : « L'ombre de l'objet tomba ainsi sur le Moi. » Les auto-accusations et l'autodépréciation sont des reproches inconsciemment adressés à l'objet perdu, mais qui se retournent contre le Moi.

1918

Printemps : « À partir de l'histoire d'une névrose infantile » (« L'Homme aux loups »). Dans ce récit de l'analyse de Sergueï Constantinovitch Pankejeff, Freud montre comment une névrose infantile peut se nouer autour d'un traumatisme sexuel, en l'occurrence une scène d'enfance qui prend un statut de scène originaire, primitive, transposée dans le « rêve des loups » fait par le petit Sergueï à l'âge de quatre ans. Freud aborde ici les fantasmes originaires et le « rejet » (« *Verwerfung* ») de la réalité de la castration par le patient dans son enfance. (J. Lacan traduira « *Verwerfung* » par « forclusion ».)

Été : parution de *L'Inquiétante Étrangeté* (*Das Unheimliche*). Freud y montre le déterminisme inconscient du sentiment d'inquiétante étrangeté, « lorsque des complexes infantiles refoulés sont ranimés par quelque impression extérieure, ou bien lorsque des convictions primitives surmontées semblent être de nouveau confirmées ».

Septembre : V^e^ congrès de l'API à Budapest. Freud prononce une conférence sur « Les voies nouvelles de la thérapie psychanalytique ». Il préconise d'introduire des « traitements gratuits » pour les patients victimes des conséquences de la guerre. Il maintient que l'analyste n'a pas à « inculquer ses idéaux » ni à « modeler le patient à [son] image », en ajoutant cette métaphore désormais célèbre : « mêler à l'or pur de l'analyse le cuivre de la suggestion directe ». Au cours de ce congrès, Hermann Nunberg (1884-1970) propose une motion pour instaurer la règle selon laquelle tout analyste doit avoir suivi une analyse. La motion est rejetée du fait de l'opposition énergique d'Otto Rank, Sándor Ferenczi et Viktor Tausk (1879-1919). Ultérieurement, Anna Freud s'y opposera elle aussi, dans la mesure où, selon elle, l'expérience de la psychanalyse fragilise le moi.

Ferenczi et Anton von Freund, grand ami et bienfaiteur de Freud et de l'API, se mobilisent pour atténuer les difficultés de ravitaillement. De plus, un riche patient que Freud a guéri lui envoie, en guise de remerciement, une somme d'argent que Freud répartit entre les membres de sa famille.

1919

18 février : « Ces derniers mois sont pires que ce que j'ai eu à endurer pendant la guerre, écrit Freud à Ernest Jones. Mon fils aîné est toujours prisonnier en Italie. Notre santé, notre poids s'en ressentent et je puis vous assurer que nous ne sommes pas ici les seuls dans ce cas. L'avenir nous apparaît sombre. Je suis prêt à confesser que le sort ne s'est pas montré injuste et qu'une victoire allemande aurait sans doute assené un coup plus dur encore aux intérêts de l'humanité en général, mais l'on ne ressent aucun soulagement à donner sa sympathie à la partie gagnante quand votre bien-être a été misé sur la partie perdue » (E. Jones, *La Vie et l'œuvre de Sigmund Freud*, t. II, p. 219.) Tel est l'état d'esprit dans lequel Freud se trouve au lendemain de la guerre. Cependant, les patients, notamment des étrangers, commencent à revenir et Freud se remet à écrire.

Mars : parution de « Faut-il enseigner la psychanalyse à l'université ? ». Au moment où la Hongrie s'interroge sur l'intégration de la psychanalyse dans le cursus médical, où Sándor Ferenczi se voit confier la première chaire de psychanalyse à l'université de Budapest, Freud prend position sur les conditions et la nécessité d'un tel enseignement. Il s'était déjà étonné de ce que l'université « avale poils et os » la psychanalyse. Si elle trouve « naturellement » sa place dans les enseignements universitaires (l'essentiel étant que l'étudiant en médecine apprenne non « la psychanalyse, mais quelque chose sur la psychanalyse et quelque chose venant de la psychanalyse »), le psychanalyste, lui, peut se passer de l'université, tant sur le plan théorique que pratique (pour la conduite des cures). Il doit avoir été analysé et faire contrôler sa pratique par un analyste expérimenté.

Printemps : « Un enfant est battu. Contribution à la connaissance de la genèse des perversions sexuelles ». S'appuyant sur l'étude de divers cas d'enfants (dont celui de sa fille Anna), Freud se penche sur la genèse du masochisme à partir du fantasme œdipien de fustigation : dans cette construction fantasmatique inconsciente, l'accès au père n'est réalisable que dans une position masochiste.

1920

25 janvier : Sophie Halberstadt, la « fille chérie » de Freud, meurt, emportée par la grippe espagnole. Cette disparition, qui le bouleverse, a lieu cinq jours après celle d'Anton von Freund auquel il était très attaché.

14 février : une polyclinique est ouverte, à Berlin, par l'Institut psychanalytique de cette ville. Ce projet a été initié par Freud qui, après la guerre de 1914-1918, avait eu l'idée de proposer des soins gratuits pour les plus démunis. La polyclinique, dirigée par Max Eitingon, deviendra également un carrefour international pour la formation des analystes.

Mai : parution de *Au-delà du principe de plaisir* (dont Freud a commencé la rédaction en 1919). Freud y introduit la pulsion d'emprise, à partir de l'observation du jeu du « *fort-da* » que son petit-fils Ernst a inventé dans son berceau. Il y met également au jour le processus de répétition de déplaisir (contrainte de répétition, cauchemars, traumas) contredisant le principe de plaisir qui organise la vie psychique. Dans les chapitres (VI et VII) rédigés après la mort de sa fille Sophie, le 25 janvier 1920, Freud avance l'idée d'une « pulsion de mort ». Il souligne qu'il ne s'agit pas d'une « hypothèse scientifique » mais d'une « croyance (« *Glaube* ») à la nécessité interne de la mort ». Cette hypothèse demeure source de divisions et d'interprétations divergentes dans la communauté analytique. À la tendance de la pulsion de vie à former des unités, Freud oppose une tendance à la déliaison.

1921

Août : parution de *Psychologie des masses et Analyse du moi*. Freud considère que ce texte indique le chemin qui mène de l'analyse de l'individu à la compréhension de la société. L'Église et l'armée sont les paradigmes des phénomènes de masse. Après avoir examiné la dialectique entre « objet » et « idéal du moi », Freud en arrive à « la formule de la constitution libidinale d'une foule », soit une somme d'individus qui ont placé un seul et même objet – le leader – à la place de leur idéal du moi et qui s'identifient ensuite les uns aux autres. À cette occasion, Freud développe et précise la notion d'identification et reconsidère la question de l'hypnose : le couple hypnotiseur/hypnotisé crée une « foule à deux ».

Septembre : le comité exécutif de l'API se retrouve pour la première fois au grand complet, après la guerre, à Berlin, puis entreprend un périple de vacances à travers l'Allemagne. À cette occasion, Freud lit un texte, « Psychanalyse et télépathie », qui sera publié à titre posthume (1942). Il pense que le phénomène télépathique relève de l'activité de l'inconscient.

Fin d'année : Freud et Ferenczi confient à Eugénie Sokolnicka (1884-1934) la mission d'introduire la psychanalyse en France. Elle a successivement fait une analyse avec le premier puis avec le second et elle est devenue l'une des pionnières de la psychanalyse des enfants. Cette jeune Polonaise s'installe à Paris, où elle prendra en analyse Édouard Pichon, André Gide, ainsi que d'autres écrivains et des médecins qui participeront à la création de la Société psychanalytique de Paris en 1926, tel René Laforgue (1894-1962). Le milieu littéraire français, au sein duquel elle a beaucoup d'amis, commence à se passionner pour la psychanalyse, mais les réticences du monde médical demeurent très fortes. Quand Gaston Gallimard, voulant concurrencer Payot, écrit à Freud pour lui proposer de publier ses textes dans la *Nouvelle Revue française*, Freud lui répond très favorablement, mais il ajoute avec une certaine amertume : « jusqu'à présent, de tous les pays civilisés, la France s'est comportée de la manière la plus revêche à la psychanalyse » (A. de Mijolla, « Document : correspondance inédite Freud Sigmund-Gallimard Gaston (1921-1922) », *Revue internationale d'histoire de la psychanalyse*, n° 4, 1991).

1922

Janvier : « Rêve et télépathie ». Dans cet article qui prolonge sa communication au congrès de l'API, Freud admet avoir constaté dans sa pratique la réalité de la transmission de pensée. Ce phénomène, qui relève de l'activité de l'inconscient, s'apparente à l'accomplissement du souhait dans le rêve.

30 mars : « Mon intérêt se fatigue si facilement, c'est-à-dire se détourne volontiers du présent… Quelque chose se hérisse en moi contre la contrainte de continuer à gagner beaucoup d'argent qui ne pourra quand même jamais être assez, et de continuer les mêmes tours de force psychologiques qui depuis trente ans m'ont tenu debout contre le mépris des hommes et le dégoût du monde », écrit Freud à Ferenczi. À l'étranger, sa notoriété ne cesse de croître.

Printemps : « Sur quelques mécanismes névrotiques dans la jalousie, la paranoïa et l'homosexualité ». Dans ce texte bref, Freud rassemble des réflexions sur trois formes de jalousie (« la jalousie semble pouvoir nous donner la compréhension la plus profonde de la vie psychique, aussi bien normale que pathologique »), quelques cas de paranoïa et d'homosexualité, sans prétendre à une approche exhaustive. Ce texte a été traduit en 1932 par Jacques Lacan (1901-1981) qui en a dégagé le mécanisme de projection.

Août : durant les vacances familiales, Freud séjourne à Obersalzbourg, dans une auberge proche de celle où il a écrit une grande partie de *L'Interprétation du rêve*.

25-27 septembre : congrès de l'API à Berlin où se retrouvent plus de deux cent cinquante participants. C'est le dernier congrès auquel Freud participe. Sa communication, « Quelques remarques sur l'inconscient », qui prolonge ce qu'il a écrit dans *Le Moi et le Ça*, ne sera pas publiée.

1923

Janvier : « Remarques sur la théorie et la pratique de l'interprétation du rêve ». Ce texte se présente comme un chapitre complémentaire de *L'Interprétation du rêve* à l'usage des psychanalystes. Il s'agit de ne pas surestimer le « mystérieux inconscient », car « le rêve n'est le plus souvent qu'une pensée comme une autre ». L'inconscient n'est saisi qu'à travers ses effets et ses manifestations. Il n'y a pas d'accès direct à celui-ci dans le rêve, dans la mesure où les pensées du rêve subissent des effets de censure.

Avril : un diagnostic de cancer de la mâchoire est posé. Freud subit une première intervention chirurgicale par le Pr Hans Pichler, qui sera suivie d'une trentaine d'autres. On lui place une prothèse du palais chaque fois plus volumineuse – « le monstre », selon son expression.

Parution de *Le Moi et le Ça*. Freud modifie la conception qu'il avait donnée de l'appareil psychique en 1915 (des localités ou instances psychiques séparées : inconscient, préconscient, conscient) et propose une deuxième topique constituées de trois instances différentes : moi, ça, surmoi. L'inconscient n'est plus assigné à une seule instance psychique, du fait des mécanismes de défense et de refoulement qui mettent en jeu des effets inconscients, au sein de chacune de ces trois instances.

Septembre : septième et dernier voyage de Freud à Rome, avec sa fille Anna. Ils tiennent un journal quotidien de toutes leurs visites. « Les réactions de ma mâchoire me font plus que jamais souffrir. Anna est gaie comme un pinson », écrit Freud à Martha.

1924

Printemps : les deux articles « Névrose et psychose » et « La perte de réalité dans la névrose et dans la psychose » précisent les mécanismes psychiques spécifiques à la névrose et à la psychose. Dans la névrose, c'est le refoulement interne d'un conflit qui est source de la maladie. Dans la psychose, la construction délirante vient à la place d'une partie de la réalité qui a été rejetée et niée.

Avril : Freud, terrassé par une grippe, suivie de graves complications, doit renoncer à participer au congrès de l'API, à Salzbourg.

Mai : à l'initiative de Stefan Zweig, Freud reçoit la visite de l'écrivain Romain Rolland (1866-1944), avec qui il a commencé de correspondre depuis mars 1923. Ce sont leurs échanges épistolaires, la confrontation de leurs idées durant une dizaine d'années, qui nourriront la réflexion présente dans *Malaise dans la culture* (1929).

Juin : « Le problème économique du masochisme ». Freud y reprend les questions cliniques abordées dans « Un enfant est battu » (1919), où il traitait du fantasme de fustigation dont on ne peut décider s'il est sadique ou masochiste. Outre certaines formes de masochisme telles que le masochisme érogène, le masochisme féminin, le masochisme moral, Freud aborde le masochisme ordinaire, position d'un sujet qui veut « être traité comme un petit enfant en détresse [*hilflos*] et dépendant ». Dans ses modalités diverses, le masochisme représente une tendance à vouloir se soumettre à un autre idéalisé. Et, à ce titre, il est évidemment présent dans la cure analytique.

Juillet : « Le déclin du complexe d'Œdipe ». Le 14 mars 1924, Freud écrit à Lou Andreas-Salomé : « Je suis en train de rédiger "Le déclin du complexe d'Œdipe", ce qui résonne, j'espère, aussi tragiquement que le titre du livre de Spengler. » S'inspirant en effet du *Déclin de l'Occident* de Spengler, ce texte « tragique » expose l'enjeu psychique du complexe d'Œdipe, où l'on renonce aux investissements multiples des personnes liées à notre bisexualité psychique pour accéder à une identification : faire sa propre place implique de renoncer à occuper la place de l'autre.

1925

Février : « Autoprésentation ». Freud y retrace son parcours et dresse un bilan de ses recherches. Il conclut par ces mots : « Aussi puis-je dire, en embrassant d'un coup d'œil rétrospectif l'œuvre fragmentaire qu'a produite le travail de ma vie, que j'ai mis en œuvre bien des commencements et prodigué de nombreuses incitations dont il devrait advenir quelque chose dans le futur. Je ne peux moi-même savoir si cela sera beaucoup ou peu. Mais il m'est permis de formuler l'espoir que j'ai ouvert la voie à un important progrès dans notre connaissance. »

Au passage, Freud revient sur la déception que lui a causée le manque de réceptivité des Français : « Des objections d'une incroyable niaiserie se font entendre, telles celle-ci : "La délicatesse française est choquée du pédantisme et de la lourdeur de la nomenclature psychanalytique [...]. Le génie latin ne supporte absolument pas le mode de pensée de la psychanalyse." »

2-5 septembre : au congrès de l'API, à Bad Homburg, la règle « un analyste doit avoir fait une analyse » est enfin votée (après avoir été rejetée en 1918). Freud est contraint de rester à Vienne (il subit plusieurs interventions chirurgicales dans l'année). Il charge donc sa fille Anna de lire sa contribution, « Quelques considérations psychiques de la différence des sexes au niveau anatomique ». Ce texte reprend celui du « Déclin du complexe d'Œdipe » et en précise les enjeux pour le garçon et pour la fille. Le complexe d'Œdipe chez le garçon disparaît sous le complexe de castration. Chez la fille, il est rendu possible par le complexe de castration et ne disparaît jamais. C'est le premier texte où Freud s'oppose aux analystes femmes sur la sexualité féminine.

L'API commence à instaurer des règles pour la formation des psychanalystes. Un standard de « psychanalyse didactique » est exigé pour toutes les associations qui y sont affiliées.

Septembre : la princesse Marie Bonaparte (1882-1962), arrière-petite-nièce de Napoléon Bonaparte, se rend à Vienne pour entreprendre une analyse avec Freud. Elle tient un journal de sa cure. C'est le début d'une relation d'amitié et de travail. La princesse deviendra son mécène et une ambassadrice passionnée de la psychanalyse. Elle participera activement à la fondation de la Société psychanalytique de Paris, l'année suivante, et traduira de nombreux articles et livres de Freud en français, avec Rudolph Loewenstein et sa secrétaire, Anne Berman.

Automne : « La dénégation ». Ce texte très concis porte sur l'épreuve de réalité et sur la fonction du jugement. Il arrive qu'un sujet ne puisse exprimer que sous forme négative ce qui relève d'un souhait inconscient. La dénégation (*Verneinung*) consiste à ne pas reconnaître une pensée ou un souhait comme venant de soi. Le moi fait alors une confusion entre ce qui lui est propre et ce qui est extérieur à lui. « Le mauvais, l'étranger au moi, ce qui se trouve au dehors est pour le moi tout d'abord identique. »

1926

Février : parution de *Inhibition, Symptôme et Angoisse*. Ce texte capital, qui bouleverse la théorie du Moi et de l'angoisse, est écrit en réaction au livre de Rank, *Le Traumatisme de la naissance* (1924), pour qui le traumatisme n'est pas d'ordre psychique, mais renvoie à une catastrophe physiologique, celle de la naissance. Freud passe ici de l'angoisse comme effet de l'insatisfaction pulsionnelle à une angoisse signal opéré par le Moi devant la montée d'un danger extérieur, représenté par l'autre, toujours énigmatique et indéchiffrable.

19 mars : dans une lettre à Eitingon, Freud énumère les complications dues à son cancer, notamment cardiaques, et termine néanmoins sur une note optimiste : « Avoir vécu si vieux, avec tant d'amour chaleureux de la part de ma famille et de mes amis, tant d'aspiration à la victoire dans une entreprise aussi risquée, sinon la victoire elle-même : qui a obtenu si vite des choses analogues ? » (S. Freud-M. Eitingon, *Correspondance*, *op. cit.*, p. 439). Il doit réduire ses activités en raison de ses problèmes de santé. Toujours à ses côtés, sa fille Anna veille sur lui comme une infirmière. Ferenczi se propose de venir en aide à Freud en l'analysant, offre que Freud décline. L'approche de ses soixante-dix ans le préoccupe, il redoute les festivités organisées en son honneur à cette occasion.

8 mai : le jour de son anniversaire, Freud prononce un discours d'adieu devant les membres de l'API, les engageant à demeurer vigilants face à la forte opposition que rencontre encore la psychanalyse.

Été : parution de *La Question de l'analyse profane*. Freud explique pourquoi il est important de ne pas réserver la pratique de la psychanalyse aux médecins. « La médecine fournit à la psychanalyse son plus gros lot de charlatans. » Il a rédigé ce texte en soutien à Theodor Reik (1888-1969) qui, parce qu'il pratique la psychanalyse sans être médecin, a été attaqué en justice pour exercice illégal de la médecine.

Novembre : création de la Société psychanalytique de Paris (SPP), notamment par Marie Bonaparte, Eugénie Sokolnicka et René Laforgue, après une longue négociation entre Laforgue et Freud, lequel considère que les Français caricaturent sa doctrine. C'est le début de l'institutionnalisation de la psychanalyse en France.

« Psychanalyse ». Dans cet article rédigé en anglais pour l'Encyclopaedia Britannica, Freud dresse un bref bilan de la psychanalyse depuis ses origines. Il met l'accent sur la dimension subjective qu'est le choix d'entrée dans la névrose.

1927

La santé toujours précaire de Freud l'oblige à réduire le nombre de ses patients. Il continue de correspondre avec de nombreux interlocuteurs.

Freud sent que Ferenczi s'éloigne de plus en plus de lui : il multiplie les voyages et interventions aux États-Unis, en Europe, sans plus rendre souvent visite à Freud qui s'inquiète de cette forme d'émancipation.

Septembre : X^{e} congrès de l'API à Innsbruck. Début du conflit entre Européens et Américains sur l'analyse profane (*Laienanalyse*) : contre le point de vue de Freud, Ernest Jones et les Américains veulent limiter la pratique de la psychanalyse aux médecins. Aux États-Unis, la psychanalyse sera effectivement réservée à ceux-ci.

Novembre : parution de *L'Avenir d'une illusion*. Freud montre que les représentations religieuses sont des « accomplissements des souhaits les plus anciens » de l'humanité, et constituent en cela des illusions. Il considère que le secret de la force de ces représentations, c'est « la force de ces souhaits ».

1928

Le début de l'année est marqué pour Freud par de nouvelles préoccupations concernant sa prothèse qui le fait de plus en plus souffrir et l'épuise. Son fils Ernst finit par le convaincre d'aller consulter le Pr Schroeder, à Berlin. Il s'y rend et y reste trois mois, en compagnie d'Anna. L'intervention qu'il y subit semble réussir et Freud retrouve une vie plus supportable. Mais il n'écrit pratiquement rien de nouveau au cours de cette année.

Automne : « Dostoïevski et la mise à mort du père ». Ce texte, destiné à introduire une édition des *Frères Karamazov*, est écrit à la lumière du complexe d'Œdipe. Freud y explique la fascination de l'écrivain pour le crime par le vœu inconscient de mise à mort du père tyrannique. Cette culpabilité face à un père tout-puissant conduit à l'acte – le meurtre – qui vise à étancher un sentiment de culpabilité antérieur à l'acte. L'acte vient en quelque sorte confirmer après coup un sentiment de culpabilité préexistant.

Automne : « Le fétichisme ». Faisant suite à « La dénégation », ce texte porte sur un mécanisme de désaveu (« *Verwerfung* ») qui, à travers « le substitut du phallus maternel auquel l'enfant a cru », permet de contourner l'angoisse de castration chez l'homme. Pour Freud, ce mécanisme psychique est typique de la position perverse en tant que compromis avec l'angoisse de castration et sa suppléance qui vient masquer le manque chez la femme.

Automne : « L'humour ». Dans ce texte rédigé en avril 1927, quelques mois avant « Le fétichisme », Freud montre que, à la différence du comique, l'humour comporte une dimension grandiose qui se manifeste par le triomphe du narcissisme sur le monde extérieur par lequel on ne se laisse pas atteindre. Freud introduit ainsi une nouvelle version du Surmoi, qui n'est pas seulement sévère mais qui sait « parler au moi intimidé en le consolant avec amour ».

1929

Marie Bonaparte, toujours très présente, apporte son soutien financier à l'API et trouve un nouveau médecin pour Freud, le Dr Max Schur, qui a une formation psychanalytique et avec lequel s'établit aussitôt une relation de confiance. Anna veille en permanence sur son père et retranscrit ses textes.

Été : Freud travaille à son livre *Le Malaise dans la culture*, qui paraîtra en novembre (l'édition portera la date de 1930 et ce texte sera souvent traduit par *Le Malaise dans la civilisation*). Dans la continuité du « Déclin du complexe d'Œdipe », il y montre que le malaise dans la culture tient à l'horreur de l'individuation et à la volonté d'« être en indivis avec l'objet externe ». La tentation de se réfugier et de fusionner dans la « masse compacte » est pour Freud une préfiguration des totalitarismes politiques. Ne vouloir faire qu'un avec le tout revient à faire l'économie d'un processus de subjectivation, seul processus qui permette de se vivre comme un sujet autonome par rapport à l'autre.

1930

4 mai : Freud arrive à Berlin, où l'on doit lui poser une nouvelle prothèse. Il y séjourne six semaines durant lesquelles il rédige, avec le diplomate américain William Christian Bullitt (1891-1967), le portrait psychologique du président Thomas W. Wilson, qui ne paraîtra qu'en 1966.

30 juillet : Freud reçoit le prix Goethe. Trop éprouvé par sa maladie, il charge sa fille Anna de lire son discours à Francfort, le 28 août, dans la maison de Goethe. Tout comme Léonard de Vinci et Shakespeare, Goethe représente pour Freud la « figure du grand homme de culture » universel. Il est l'intellectuel et l'artiste qui s'est le plus approché de l'inconscient et de la vie onirique, comme l'illustrent ces vers cités par Freud : « Ce qui est inconnu des hommes/Ou par eux dédaigné/À travers le labyrinthe du cœur/Chemine dans la nuit. »

12 septembre : mort d'Amalia, la mère de Freud, à l'âge de quatre-vingt-quinze ans. Physiquement, Freud n'est pas en mesure d'aller à l'enterrement et c'est sa fille Anna qui le représente. Le 15, il écrit à Jones : « Je ne puis détecter que deux choses : d'abord une plus grande liberté personnelle du fait que j'étais toujours terrifié à la pensée qu'elle puisse apprendre ma mort ; ensuite, la satisfaction qu'elle ait trouvé la délivrance à laquelle elle avait droit. »

C'est après la mort de sa mère que Freud pourra vraiment aborder la question de la sexualité féminine, en établissant une différence entre la mère et la femme : « La grande question restée sans réponse et à laquelle moi-même n'ai jamais pu répondre malgré mes trente années d'étude de l'âme féminine est la suivante : “Que veut la femme ?" ["*Was will das Weib ?*"] », confiera-t-il alors à Marie Bonaparte (rapporté par E. Jones, *La Vie et l'œuvre…*, *op. cit.*, t. II, p. 445).

1931

Avril : Freud doit subir une nouvelle intervention qui entraîne des complications pulmonaires et l'oblige à renoncer à toute vie publique.

8 mai : Freud, convalescent, passe son soixante-quinzième anniversaire dans l'intimité familiale, cependant que lui parviennent de Londres, de New York, des manifestations de grande estime de la part de nombreux collègues, écrivains et amis.

Octobre : « Sur la sexualité féminine ». Freud y décrit les principes de la sexualité féminine à partir du complexe de castration et du lien à la mère ; le détournement de la mère donne accès au père puis à l'amour de l'homme. Freud révise ici son point de vue à partir du constat clinique d'un très fort et durable attachement de la fille à son père, qui prend la suite du fort attachement à la mère et marque tout le développement psychique ultérieur de la femme. C'est dans cet article que la notion de phase préœdipienne est introduite.

1932

Mars : Freud reçoit la visite de l'écrivain Thomas Mann (1875-1955), dont le premier volume des *Histoires de Jacob* (1933) l'impressionnera beaucoup.

Avril : il reçoit la visite du psychiatre suisse Ludwig Binswanger (1881-1966). Le nombre de ses patients a tendance à diminuer et ses fils sont au chômage. Ses difficultés financières s'aggravent.

Printemps : parution de *Pourquoi la guerre ?* Albert Einstein (1879-1955), répondant favorablement à une invitation de la Société des Nations pour servir la cause de la paix, a convié Freud à échanger avec lui sur la question : « Existe-t-il un moyen d'affranchir les hommes de la menace de la guerre ? » Une correspondance entre les deux hommes s'ensuit (qui sera publiée en 1933, à Paris, en trois langues : allemand, anglais, français), où Freud évoque une « pulsion de haine et d'extermination ». Cette « pulsion de destruction » est à l'œuvre chez tous les humains. L'État idéal serait une « communauté d'hommes qui auraient soumis leur vie pulsionnelle à la dictature de la raison ». (Le 18 août 1933, Freud avouera dans une lettre à Eitingon qu'il n'est pas satisfait de cette « ennuyeuse et stérile soi-disant discussion avec Einstein » et d'un texte qui est aussi peu brillant que sa santé.)

Décembre : *Nouvelle suite des conférences d'introduction à la psychanalyse* (texte daté de 1933). Freud y présente les récents apports théoriques et cliniques des conférences d'introduction qu'il a prononcées à l'université de Vienne entre 1915 et 1917, à travers sept nouvelles conférences : « Révision de la théorie du rêve », « Le rêve et l'occultisme », « La décomposition de la personnalité psychique », « Angoisse et vie pulsionnelle », « La féminité », « Éclaircissements, applications, orientations » et « Sur une Weltanschauung ».

1933

Mars : parution d'*Edgar Poe, une étude psychanalytique* de Marie Bonaparte, pour laquelle Freud a rédigé directement en français une très courte préface dans laquelle on peut lire : « De telles recherches ne prétendent pas expliquer le génie des créateurs, mais elles montrent quels facteurs lui ont donné l'éveil et quelle sorte de matière lui a été imposée par le destin. »

10 mai : le ministre de la Propagande Joseph Goebbels (1897-1945) préside à Berlin une nuit d'autodafé (Hitler a été nommé chancelier de la République de Weimar le 30 janvier). Des étudiants nazis brûlent en public des milliers de « mauvais livres » d'auteurs juifs, pacifistes, marxistes ou psychanalystes, tels Marx, Freud et Kant. Des milliers d'opposants, notamment des savants et des intellectuels, fuient l'Allemagne, parmi lesquels Albert Einstein. La terminologie psychanalytique est progressivement bannie de la psychiatrie et de la psychologie. La psychanalyse est qualifiée de « science juive ». Les psychanalystes juifs commencent à émigrer aux États-Unis et en Argentine. Freud, lui, n'envisage toujours pas de quitter Vienne.

24 mai : mort de Sándor Ferenczi, qui s'est peu à peu marginalisé par sa pratique de la « technique active » et en raison de ses problèmes de santé. Freud rend tout de même un vibrant hommage à son disciple le plus inventif et le plus génial, qui s'est confronté à toutes les limites de la psychanalyse.

1934

Août : Freud, handicapé par la grande fragilité de son état de santé, commence la rédaction de *L'homme Moïse. Un roman historique*, qu'il interrompra et reprendra en 1937 avec une ambition moins « fictionnelle », plus « historique », et qui deviendra *L'Homme Moïse et la religion monothéiste* (1939).

1935

Ernest Jones prône une politique de « sauvetage » de la psychanalyse, qui consiste à accepter que les analystes juifs soient exclus de la Société allemande de psychanalyse (DPG), pour obtenir son rattachement à l'Institut allemand de recherche psychologique et de psychothérapie, l'Institut Göring. Matthias Göring (1879-1945), psychiatre, cousin du maréchal Hermann Göring, est responsable de l'organisation de la psychothérapie dans le Reich. Le nom de Freud est effacé des publications, le terme même « psychanalyse » est remplacé par la formule « psychologie des profondeurs », et les notions de complexe d'Œdipe et de sexualité sont liquidées.

1936

Janvier : à l'occasion du soixante-dixième anniversaire de Romain Rolland, Freud lui adresse une lettre d'hommage intitulée « Un trouble de mémoire sur l'Acropole ». Freud y décrit le « sentiment d'étrangeté » ressenti soudain à Athènes (1904) alors qu'il visitait l'Acropole en compagnie de son frère Alexander : « Ainsi tout cela existe réellement comme nous l'avons appris à l'école ! [...] Je doutais seulement de voir jamais Athènes de mes propres yeux. Aller si loin, “faire si bien mon chemin” me paraissait hors de toute possibilité. Ce sentiment était lié à l'étroitesse et à la pauvreté de nos conditions de vie dans ma jeunesse. » Il évoque alors ce qu'avait dit Napoléon Ier à son frère Joseph, lors de son couronnement à Notre-Dame : « Que dirait monsieur notre père s'il pouvait être ici maintenant ? » Freud se rend compte que ce qui l'avait empêché de jouir de son voyage était un « sentiment de piété » à l'égard de ce père qu'il avait dépassé.

Mars : la Gestapo saisit tous les biens de l'API.

6 mai : Freud fête ses quatre-vingts ans dans l'intimité, après une nouvelle opération.

1937

Janvier : « Analyse finie et analyse infinie ». En écho à ses longs échanges avec Ferenczi, Freud montre qu'on ne peut apporter de réponse univoque à cette question, car les capacités de chacun à parvenir à une profonde modification du moi diffèrent trop. Freud s'attarde ici sur le rôle qu'ont les deux « pulsions originaires » – Éros et destruction – dans les résistances à l'analyse. Il insiste également sur la nécessité que le psychanalyste ait fait un travail analytique et le reprenne au besoin (« sans avoir honte de sa démarche »). « Cela signifierait donc que l'analyse personnelle, elle aussi, et pas seulement l'analyse thérapeutique pratiquée sur le malade, cesserait d'être une tâche ayant une fin pour devenir une analyse sans fin ». Car analyser (de même qu'éduquer et gouverner) est un « métier impossible ».

Marie Bonaparte annonce à Freud qu'elle est parvenue à racheter ses lettres à Fließ à un libraire berlinois. Freud est rassuré de savoir ces lettres en de bonnes mains, mais il est réticent quant à leur publication : « Je ne voudrais pas qu'elles viennent même en partie à la connaissance de la soi-disant postérité », écrit-il à la princesse le 3 janvier. Convaincue de leur intérêt scientifique, elle fera mettre ces lettres en sécurité, dans plusieurs pays successifs, jusqu'à la fin de la guerre. En 1950, elle fera publier, avec l'aide d'Anna Freud et d'Ernst Kris, un choix de lettres et d'extraits sous le titre *Naissance de la psychanalyse* (1950).

2 mars : Freud écrit à E. Jones : « La situation politique semble devenir de plus en plus sombre. Il n'y a probablement pas moyen d'endiguer l'invasion nazie et son cortège de malheurs, pour la psychanalyse comme pour le reste. Mon seul espoir est que je ne vivrai pas assez longtemps pour le voir. »

17 novembre : Freud confie à Stefan Zweig : « Mon œuvre est derrière moi, comme vous le dites vous-même. Personne ne peut savoir d'avance comment la postérité la jugera. Je n'en suis moi-même pas tellement sûr ; le doute, vous le savez, est inséparable de la recherche et ce n'est certainement qu'une petite parcelle de la vérité qu'on a découverte. L'avenir immédiat paraît sombre pour ma psychanalyse aussi » (cité par E. Jones, *La Vie et l'œuvre…*, *op. cit.*, t. III, p. 246).

Décembre : « Constructions dans l'analyse ». Ce texte prolonge le précédent sur la technique psychanalytique. Les souvenirs ne sont pas des reflets exacts d'une vérité historique de l'analysant, mais une élaboration psychique qu'on doit prendre en compte, dans la mesure où elle réélabore des souvenirs de notre histoire et les construit.

1938

Janvier : « Le clivage du moi dans le processus de défense ». Ce texte écrit d'une seule traite et daté du 2 janvier ne sera publié qu'après la mort de Freud. Revenant sur le cas de « L'Homme aux loups », Freud apporte une innovation conceptuelle : le Moi n'est pas unifié, et il peut se scinder dans une position défensive, face à un danger qu'on reconnaît d'une part et qu'on désavoue de l'autre. Souvent intitulé « troisième topique », ce texte éclaire le désaveu (*Verleugnung*) comme mécanisme typique du sujet qui peut accepter la reconnaissance de la réalité tout en évitant cependant la confrontation à la relation au père et à la mère. Le terme « *Verleugnung* », introduit à partir du cas de l'Homme aux loups, ne concerne pas seulement un mécanisme pervers, mais bien des positions qu'on retrouve à l'adolescence ou dans les névroses (hystérie, névrose de contrainte).

Mars : le 11, l'armée allemande envahit l'Autriche. Hitler est accueilli triomphalement à Vienne. Le lendemain, il proclame l'*Anschluss*, le rattachement de l'Autriche au IIIe Reich. Le 15, l'appartement de Freud est envahi par des membres de la SA. Anna Freud passe une journée dans les locaux de la Gestapo. Alors qu'il refusait jusque-là de quitter l'Autriche, Freud se décide à partir, sous la pression notamment de Marie Bonaparte qui arrive à Vienne le 17 mars et y demeure jusqu'au 10 avril pour préparer le départ.

La Société psychanalytique de Vienne prend la décision de se dissoudre.

4 juin : Freud quitte Vienne. Marie Bonaparte a versé une rançon aux nazis et organisé son voyage avec l'ambassadeur des États-Unis à Paris, William C. Bullitt, qui a fait intervenir le président Roosevelt et l'ambassadeur d'Allemagne en France, Otto Abetz. Sur le chemin de l'exil, Freud s'arrête une nuit à Paris chez Marie Bonaparte.

6 juin : Freud arrive à Londres et s'installe d'abord au 39, Elsworthy Road, dans une maison louée par

Ernst Freud. Il emménage en septembre au 20, Maresfield Gardens (Anna y vivra jusqu'à sa mort, en 1982, et la maison deviendra le Freud Museum en 1986).

29 juillet : le XVe congrès de l'API se tient à Paris, sous la présidence d'Ernest Jones, en présence de nombreux psychanalystes autrichiens et allemands en exil.

Juillet : « Abrégé de psychanalyse ». Dans ce texte resté inachevé, Freud tente de dresser un état des acquis de la psychanalyse en rassemblant un grand nombre de concepts psychanalytiques : moi, angoisse, surmoi, pulsion, Éros, pulsion de destruction, pulsion de mort, libido, conscience, inconscient, processus primaire, processus secondaire, rêve, transfert, résistance, complexe d'Œdipe, complexe de castration, clivage du moi.

Août : *L'Homme Moïse et la religion monothéiste* paraît à Amsterdam. Dans cet ouvrage formé de trois traités, Freud va plus loin dans son interrogation sur la signification de la religion, après *L'Avenir d'une illusion* paru en 1927. Il explore là les liens entre l'homme Moïse et les raisons de la naissance du monothéisme. C'est le retour du refoulé qui donne à la religion toute sa force.

16 juin-22 août : Freud rédige deux ultimes pages de notations, qu'il intitule « Résultats, idées, problèmes ». Ce titre sera repris et choisi pour la traduction française d'un recueil de textes en 2 volumes (1984-85).

1939

1er août : les souffrances de Freud le contraignent à fermer son cabinet. Sa dernière lecture est *La Peau de chagrin*, ce roman de Balzac dans lequel le héros fait l'acquisition d'une peau qui rétrécit à chaque expression d'un désir.

23 septembre : Freud meurt un peu avant minuit chez lui, au 20, Maresfield Gardens. Il a demandé à son médecin, Max Schur, d'abréger ses souffrances. Marie Bonaparte assiste aux obsèques ; Ernest Jones et Stefan Zweig prononcent l'oraison funèbre. Son corps est incinéré le 26. Ses cendres reposent au crématorium de Golders Green, à Londres, dans une urne grecque offerte par Marie Bonaparte.

Jacques SÉDAT
avec la collaboration de Françoise BIENFAIT

Table

Introduction

Métapsychologie

Annexes

Mise en page par Meta-systems
59100 Roubaix

N° d'édition : L.01EHBN000566.N001
Dépôt légal : août 2012
Imprimé en Espagne par Novoprint (Barcelone)